改訂版

初めての
建築法規

〈建築のテキスト〉編集委員会 編

学芸出版社

まえがき

　西日本工高建築連盟では、工業高校建築科の生徒が自主的に学習を行い、建築に関する基礎知識の修得のための手引き書となるよう、1996年に「建築のテキスト」シリーズ第一弾として「建築環境」、「建築一般構造」、「建築構造設計」、「建築積算」、「建築製図」を発刊した。その後、残る分野についても早期に発刊をという要請が強くあり、ここに新たな編集委員会のもとに本シリーズ第二弾として「建築計画」、「建築構造力学」、「建築材料」、「建築施工」、「建築法規」、「建築設備」および「建築CAD」の7巻を刊行することとなった。

　内容は、前シリーズと同様、工業高校建築科の生徒はもとより、専門学校、短期大学、大学の建築関係の学生および若い実務家に至るまでの幅広い読者層を考慮するものとなっている。

　「建築計画」は、建築物を計画するための基本的な考え方や、住宅をはじめ集合住宅、事務所、幼稚園、図書館を取り上げ、各種建築物の計画手法をわかりやすく解説している。

　「建築構造力学」は、建築物の安全性を考えるうえで重要な部材に生ずる力を解析する能力を養うため、各種の解法や断面性能について例題を多く取り入れて、わかりやすく解説している。

　「建築材料」は、建築物に用いられる様々な建築材料を構造材料と仕上材料などに大別し、各種材料の特性や使用方法などについて図版を数多く用いて、詳しくていねいに解説している。

　「建築施工」は、木造軸組在来工法および枠組壁構法による住宅、鉄筋コンクリート造の共同住宅ならびに鉄骨造の事務所の工事例をとおして、建築物がつくり出される過程や施工上のポイントについて、具体的にやさしく解説している。

　「建築法規」は、建築基準法をはじめ、難解な建築関係法規が容易に理解できるよう各条文の考え方や規定の内容について数多くの図版を用いて、詳しく解説している。

　「建築設備」は、快適で便利な建築空間をつくり出すうえで重要な要素の一つである空気調和設備、給排水衛生設備、電気設備などの計画に関する基本事項について、具体的にわかりやすく解説している。

　「建築CAD」は、前シリーズの「建築製図」で取り上げた木造住宅と鉄筋コンクリート造事務所建築の設計図を例題として、CADの活用方法や入力方法などについて、わかりやすく解説している。

　なお、本シリーズは、日頃建築教育にたずさわる本連盟の会員が知恵を出し合い、多くの図版を用いて初学者の皆さんが楽しく学べるように工夫し、編集したものである。皆さんが多少の努力をおしまず、根気よく学べば、建築に関する基礎的知識が、必ず修得できるものと確信している。

　発刊にあたり、貴重な資料の提供と適切な助言を賜った関係各位に、深い感謝の意を表するとともに、出版を引き受け積極的な助言をいただいた㈱学芸出版社社長をはじめ、編集部の諸氏に厚くお礼申し上げます。

改訂版へのまえがき

　本シリーズも発行から15年を超え、法規、規格等の変更や工法、材料の変化など種々の状況変化に対応する必要がでてきた。従来から増刷等に応じて小規模な改訂は加えてきたが、今回、改めて大きな見直しを行い、ここに改訂版を発行することとした。

建築のテキスト（増補版）編集委員会

◎目次

まえがき

1章　建築法規の概要 ——————————— 7

1・1　建築法規の歴史 ——————————— 8
1 建築法規の誕生　8
2 わが国の建築法規の歴史　9

1・2　建築法規の役割 ——————————— 12
1 建築物の安全と衛生　12
2 健全な都市づくり　13

1・3　建築法規の体系 ——————————— 14
1 建築基準法の位置と構成　14
2 法令の用語　15

2章　用語の定義 ——————————— 17

2・1　建築物に関する用語 ——————————— 18
1 建築物などの定義　18
2 工作物の定義　20

2・2　防火に関する用語 ——————————— 21
1 防火部分の定義　21
2 耐火構造などの定義　23
3 防火材料　25
4 耐火建築物と準耐火建築物　26
5 防火設備と遮炎性能　29

2・3　建築手続に関する用語 ——————————— 31
1 建築、大規模の修繕、大規模の模様替　31
2 行政機関　32

2・4　面積と高さ ——————————— 34
1 面積の算定　34
2 高さの算定　37
3 地盤面、地階、階数　38

3章　建築物の健全性（単体規定） ——————————— 39

3・1　一般構造 ——————————— 40
1 敷地の衛生と安全　40
2 採光　41
3 換気　45
4 地階に設ける居室　48
5 天井の高さと床の高さ　49
6 界壁の遮音構造　50
7 階段と傾斜路　51

3・2　構造強度 ... 53
1. 建築物の構造耐力　53
2. 木造　54
3. 組積造　58
4. 補強コンクリートブロック造　59
5. 鉄骨造　61
6. 鉄筋コンクリート造　62
7. 保有水平耐力計算　65
8. 限界耐力計算　66
9. 許容応力度等計算　67
10. 荷重と外力　68
11. 許容応力度と材料強度　69

3・3　防火と内装制限 ... 70
1. 大規模建築物の主要構造部　70
2. 法22条区域内の建築物の防火　70
3. 大規模木造建築物等の防火措置　72
4. 耐火建築物などとしなければならない特殊建築物　73
5. 防火区画　75
6. 内装制限　78

3・4　避難 ... 80
1. 避難規定の適用の範囲　80
2. 避難経路　80
3. 避難階段　82
4. 屋外への出口、屋上広場　84
5. 避難と防災のための設備　84
6. 敷地内通路　87
7. 避難上の安全の検証　88

3・5　建築設備 ... 89
1. 給排水設備　89
2. 空気調和設備　91
3. エレベーター、エスカレーター　92
4. 避雷設備　92

4章　都市と街区の健全性（集団規定） ... 93

4・1　道路と敷地 ... 94
1. 道路の定義　94
2. 接道義務　96
3. 道路内の建築制限　96
4. 私道の変更・廃止　97
5. 壁面線　97

4・2　用途地域 ... 98
1. 用途地域の指定　98
2. 用途の制限　100

4・3　容積率と建ぺい率 ——————————————— 103
- **1** 容積率　103
- **2** 建ぺい率　108
- **3** 外壁の後退距離　109

4・4　高さ制限 ——————————————————— 110
- **1** 絶対高さの制限　110
- **2** 道路斜線制限　111
- **3** 隣地斜線制限　114
- **4** 北側斜線制限　116
- **5** 日影規制　119

4・5　防火地域 ——————————————————— 122
- **1** 防火地域内の建築制限　122
- **2** 準防火地域内の建築制限　123
- **3** 防火地域・準防火地域内の共通の制限　124

4・6　総合設計制度・地区計画など ——————————— 125
- **1** 総合設計制度　125
- **2** 総合的設計による一団地の建築物　125
- **3** 連担建築物設計制度　126
- **4** 地区計画等　127
- **5** 建築協定　128

5章　確認申請と手続規定 ————————————— 129

5・1　確認と許可 —————————————————— 130
- **1** 確認申請　130
- **2** 建築許可、認定と認可　134
- **3** 型式適合認定　135
- **4** 法の適用除外　136

5・2　工事の着工と完了 ———————————————— 140
- **1** 各種の届け　140
- **2** 検査　141
- **3** 工事現場の危害防止　144

5・3　違反建築物に対する措置 ————————————— 145
- **1** 命令　145
- **2** 保安上危険な建築物などに対する措置　146
- **3** 罰則　146

6章　関連法令 ————————————————————— 149

6・1　都市計画法 —————————————————— 150
- **1** 都市計画の概要　150
- **2** 開発行為　152

6・2　消防法 ———————————————————— 154
- **1** 消防法の目的　154

- **2** 防火対象物　154
- **3** 防火対象物に設置する消防用設備　156
- **4** 消防用設備の適用除外と遡及適用　157

6・3　バリアフリー法　158
- **1** バリアフリー法の概要　158
- **2** 特定建築物・特別特定建築物と建築物特定施設　158
- **3** 特別特定建築物の基準適合業務　159
- **4** 特定建築物の努力業務　159
- **5** 認定建築物　159

6・4　住宅品質確保法　160
- **1** 品確法の概要　160
- **2** 住宅の性能表示基準と性能評価　160
- **3** 紛争処理体制の整備　161
- **4** 瑕疵担保責任の特例　161

6・5　耐震改修促進法　162
- **1** 耐震改修促進法の目的　162
- **2** 基本方針と耐震改修促進計画　162
- **3** 要安全確認計画記載建築物　162
- **4** 特定既存耐震不適格建築物の所有者の努力　162
- **5** 特定既存耐震不適格建築物の所有者への指導・助言・指示　163
- **6** 計画の認定　163

6・6　建築士法　164
- **1** 建築士法の概要　164
- **2** 建築士の種類　164
- **3** 建築士でなければできない設計・工事監理　164
- **4** 建築士の業務の内容　165
- **5** 建築士事務所　165

6・7　建設業法　166
- **1** 建設業法の概要　166
- **2** 建設業の許可　166
- **3** 建設工事の請負契約　167
- **4** 主任技術者と監理技術者　168

7章　実例の検討　169

7・1　木造2階建住宅　170
- **1** 集団規定関連事項　170
- **2** 単体規定関連事項　172

7・2　鉄筋コンクリート6階建事務所　180
- **1** 集団規定関連事項　180
- **2** 単体規定関連事項　182

索　引　188

1章

建築法規の概要

1・1　建築法規の歴史

1 建築法規の誕生

　現在知られている最古の成文法は、紀元前25世紀に、西アジアのチグリス川とユーフラテス川にはさまれ、「肥沃な三日月」と呼ばれた地域のシュメール都市国家で生まれた。この流れをくむ成文法に、バビロン第1王朝第6代の王ハンムラビの法典がある。「目には目を、歯には歯を」の同害復讐原理で有名なこのハンムラビ法典には、建築に関するおそらく最古の条文がある。それは、「建築家が建てた家が堅固でないために倒壊し、家主を死に至らしめたときは、建築家を死刑に処する。家主の息子を死に至らしめたときは、建築家の息子を死刑に処する」と、建築技術者の責任を恐ろしいほど厳格に規定している。

　古代ローマには、インスラと呼ばれる共同住宅があった（図1・1）。初めは低層の木造やレンガ造であったが、次第に高層化し、9階建のものまであったという。インスラは、構造的に弱く、よく倒壊したので、ローマの初代皇帝アウグストゥス（オクタビアヌス）は、建築物の高さを70フィート（約21.5m）以下とする命令を出した。ネロの治世に起こった西暦64年の大火の後には、インスラの構造をコンクリート造にし、沿道の建築物の高さを道路幅員の2倍以下に制限した[1]。古代ローマの建築法規には、このほかに近隣関係に関するものや一般構造に関するものもあった。

　このように国家が生まれ都市が発展するにつれ、都市防災や街並みの形成、近隣関係の調整のために、世界中、どの地域においても類似の建築法規が生まれている。

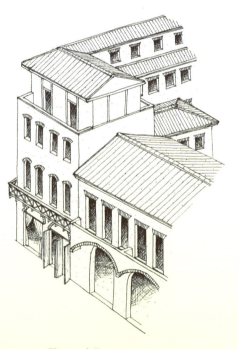

図1・1　古代ローマのインスラ

❷ わが国の建築法規の歴史

1）古代から近世

　701年（大宝元年）に制定された大宝律令の中に、「私邸を建てるに当たって、近隣の家を監視する楼閣を設けることを禁じる」という内容のものがあり、これがわが国の最初の建築法規といわれている[1]。現在の民法第235条に、「隣地境界線から1m未満の窓には目隠しが必要」という内容の条文があるが、これとよく似ていて面白い。平安時代には、敷地の規模や建築物の各部のつくりに、封建制を反映した規制が多く見られ、鎌倉時代には、現在の建築基準法にもある接道義務（道路に接していない敷地に建築物を建てることを禁止する規定）があった[2]。

　江戸時代に入り、100万人の大都市に成長した江戸では、1657年（明暦3年）の振袖火事、1772年（明和9年）の目黒行人坂火事、1855年（安政2年）の大地震（図1・2）など、約1800件の大火災が発生し、頻繁に防災のための御触書が出された。明暦の大火は3日間燃え続け、江戸城本丸や900余りの大名、旗本屋敷をはじめ、江戸の建築物の60％が焼け、死者は10万人にのぼった。ちょうどこのころ（1666年）イギリスではロンドンの大火が起こり、6日間燃え続け数万人が罹災したが、その後すべての建築物の外壁をレンガや石で造り、開口部枠に堅い樫材を用いることが建築法に盛り込まれた。わが国でも同様に、明暦の大火の後には、道路の拡幅、延焼防止用の「火除地」の指定の他、屋根の土塗りの奨励や、町屋の三階櫓の禁止などの措置がとられた[3]。また、瓦については火災時の崩落で多数の死者が出たことから、土蔵以外に用いることを禁止した。しかし、桟瓦葺きが発明された後、1720年（享保5年）には瓦葺きの禁止は解除され、1843年（天保14年）の御触書では、火災の後に再建する町屋は必ず屋根を瓦葺きとし、壁を土塗りとすることとされた。

図1・2　江戸火事図巻 (写真提供：東京都江戸東京博物館)

2）建築基準法前史

　明治時代をとおして、建築法規に関しては全国的なものはなく、東京、神奈川、大阪、兵庫などで個別の規則が設けられていた。1879年（明治12年）の大火の後に出された東京府の行政命令では、主要道路の両側の建築物をレンガ造、石造、土蔵造とする路線防火の考え方が取り入れられていた[1]。

　全国的に適用される建築法規として、1919年（大正8年）に、「都市計画法」とともに「市街地建築物法」が誕生した。「市街地建築物法」は、現在の建築基準法の原型となるものであるが、都市計画や建築物の安全と衛生に関わる制限を、法律自体に明確に規定するのではなく、政府の命令によって加えることが多かった。

　第二次世界大戦中は、軍需工場を分散させるために用途地域の規定を停止するなど、この法律の一部が停止された。また、敗戦後の物資欠乏の時期には、料理店や映画館など不要不急のものは原則として禁止され、住宅建設に力が注げるよう、臨時の建築制限がいくつか公布された。これらの制限も1949年（昭和24年）頃までには順次緩和され、1950年（昭和25年）に現在の建築基準法が制定された。

3）建築基準法の変遷

　新しい建築基準法も、社会と経済の移り変わりとともに改訂が繰り返されている。例えば、用途地域は当初、住居、商業、準工業、工業の4種類であったものが、1970年（昭和45年）に第一種住居専用、第二種住居専用、近隣商業、工業専用が加わって8種類になり、1992年（平成4年）、2018年（平成30年）の改正で現在の13種類になっている（p.100参照）。

　また、当初、建築物の形態は、建ぺい率（建築面積の敷地面積に対する割合、p.108）と高さ制限によって規制されており、容積率（延べ面積の敷地面積に対する割合、p.103）による制限はなかった。

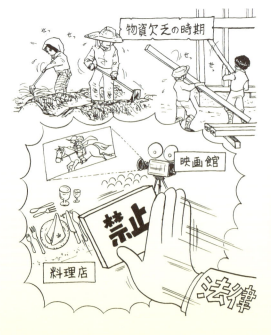

絶対高さの制限が31mのもとで建てられた御堂筋沿いの事務所や百貨店は、スカイラインが一直線に揃っている。
図1・3　スカイラインの揃う大阪市の御堂筋

当時の用途地域別の高さ制限は、住居系が 20m、その他が 31m の絶対高さの制限であった（図 1･3）。しかし、経済の成長と地価の高騰などにより、土地の高度利用の要求が高まり、1963 年（昭和 38 年）に容積率と隣地斜線制限（p.114 参照）が導入された（図 1･4）。一方、都市への人口の集中と建築物の高層化の中で、日照阻害が問題となり、1976 年（昭和 51 年）には北側斜線制限（p.116 参照）と日影規制（p.119 参照）が設けられた。しかし、1980 年代後半以降は、さらなる高層化と高密度化に向け、道路斜線と隣地斜線のセットバック緩和（p.111、115 参照）、幅員 15m 以上の特定道路からの距離に応じた容積率緩和（p.105 参照）など、規制の緩和が相次いでいる。

建築物の構造上の安全性を確保するためにも、地震の被害調査や研究の成果をもとに幾度かの改正が行われている。1980 年（昭和 55 年）には、「新耐震設計」と呼ばれる構造計算に関する抜本的な改訂（政令改正）が行われ、翌年施行された。その結果、それ以後発生した大地震時に、新耐震後の建築物の本体については大きな被害が報告されていない。

4）建築物の性能規定化

1998 年（平成 10 年）には、建築基準法の大改正が行われ、建築確認･検査の民間開放とともに、構造強度、防火、避難に関する性能規定化が強化された（図 1･5）。それまで、構造、材料や寸法などを具体的に定めた仕様規定が主であったが、最新の技術的成果を建築物に適用するうえで、仕様規定が妨げとなることが少なからずあった。性能規定は、法の目的に適合する性能を満足すれば、構法の採用が自由に行えるというもので、性能規定化によって合理的な技術を建築物に適用することが容易になった。

図 1･4　容積制導入後の建築物が並ぶ大阪市の御堂筋

建築基準法の一部を改正する法律
（1998年6月12日公布）

- 第一条（公布の日から施行）
  - ・住宅の居室の日照規定の廃止など
- 第二条（1999年5月1日施行）
  - ・建築確認・検査の民間開放、中間検査の導入
  - ・準防火地域内の木造3階建共同住宅の解禁
  - ・連担建築物設計制度の導入など
- 第三条（2000年6月1日施行）
  - ・構造や材料の性能規定化、指定認定機関と指定性能評価機関の設置
  - ・38条（特殊な材料または構法による建築物の国土交通大臣認定）の廃止*
  - ・採光規定の緩和など

＊新技術の円滑な導入のために新たに38条が設けられた（2014年6月4日公布、翌年施行）。

図 1･5　建築物の性能規定化

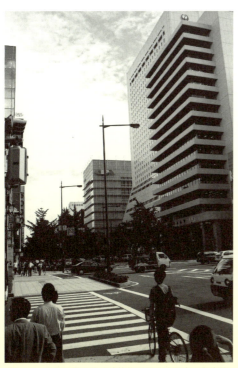

1・2 建築法規の役割

建築基準法の第1条は、「建築物の敷地、構造、設備及び用途に関する最低の基準を定めて、国民の生命、健康及び財産の保護をはかり、もって公共の福祉の増進に資すること」と、法の目的を明確に述べている。建築基準法は、生命、健康、財産を守るための必要最小限の決まりであり、建築技術者は、この法のもとに豊かな生活環境を生み出していく責任がある。

❶建築物の安全と衛生

1）構造的安全性
建築物は、それ自体の重さと人や家具などの重さを日常的に支え、強風や地震に対しても安全性を損なってはならない（図1・6）。

2）防火と避難
万一の火災に対する安全性も、建築物の欠くことのできない要件である。防火については、仕上材料の燃えにくさと、躯体そのものの防火性や耐火性が必要である。また、避難のための階段の設置や避難経路の確保なども重要である。建築基準法においては、建築物の用途や規模によってこれらの規制が異なり、とりわけ不特定多数の人々が使用する特殊建築物において、厳しい規定が設けられている。

3）快適性と衛生
健康で快適な生活のために、建築物や居室に日照や採光を得たり、空気環境を良好に保つことは必要不可欠のことである。建築基準法では、住宅の居室や学校の教室などの床面積に応じて、採光に有効な窓の面積を定め、また、空気衛生を保ち有害物質を排除するための換気を義務づけている。

(a) 駅舎の倒壊

(b) 木造家屋の倒壊

図1・6 阪神・淡路大震災による建築物の倒壊 （写真提供：山田修）

4）品質の確保

建築技術者は、建築主に対して「設計どおりの品質」を保障しなければならない。ここでいう品質とは、構造上・防火上・避難上の安全性や快適性などに関するものである。これらを建築法規で規定することにより、建築物に一定の品質を確保し、また、建築技術者の責任を明確にすることができる。

2 健全な都市づくり

1）都市の環境

都市の建築物と、それを支える電気・ガス・上下水道・交通網などの都市施設とのバランスは、健全な都市生活に不可欠であることから、無計画な開発行為（p.152 参照）は、都市計画法などで規制されている。都市には、住宅のほか、商業施設や工業施設が高密度に集まっている。これらが無秩序に混在すると、生活環境が劣悪になったり、商工業の活力を阻害したりするので、建築物の用途に応じたある程度の住み分けが必要である（図1・7）。

2）都市の防災

大都市における地震、風水害、火災では、一度に数千人、数万人規模の犠牲者を出すこともある。災害の防止と避難路を確保するための都市施設の充実や、都市の中心部を防火地域にするなどの密集地の建築物の不燃化は、都市計画上最も重要な要素の一つである。

3）街並みの環境

道路の上空が明るく開けていることや、建築物の周辺に過密感や圧迫感がなく風通しがよいことは、健康で快適な生活にとって重要である。道路の幅に応じて高さを制限したり、地域の特性に合わせて建築物のボリュームを制限することで、調和のとれた街並み形成の一助となる（図1・8）。

図1・7　活気のある商店街

図1・8　閑静な住宅地

1・3 建築法規の体系

■ 建築基準法の位置と構成

1) 一般法規の体系

憲法第98条には「憲法は、国の最高法規であって、その条規に反する法律…は、その効力を有しない」とある。憲法の三原則、すなわち国民主権、基本的人権、平和主義の下に、あらゆる「法律」は国会の議決を経て制定されている。法律の枠組みの中で、具体的な規定が必要となる場合は、内閣が「政令」を定めることができる。また、各省大臣の命令を「省令」、各省大臣が個別に法令上の技術的基準などを示したものを「告示」という。地方自治に委ねられる部分について、地方議会で議決されたものを「条例」、地方自治体の長の命令を「規則」(一般に「細則」という名称がつく)という。

2) 建築基準法と関連法規

建築法規の根幹をなす法律が「建築基準法」である。この下の政令は「建築基準法施行令」、省令は「建築基準法施行規則」、告示は「国土交通省告示」である。従って、基準法の中で「政令で定める」とあれば施行令に、「国土交通省令で定める」とあれば施行規則に、基準法やその施行令の中で「国土交通大臣が定める」とあれば告示に具体的内容が示される。

建築物を設計し、建設する場合には、建築基準法のほかに都市計画法、宅地造成等規制法、消防法など種々の関連法規の規制を受ける。各用途の建築物については、たとえば学校には学校教育法や設置基準、病院には医療法など、各々に必要な施設や面積を規定しているものもある。また、建築士や建設業の業務に関しては、建築士法や建設業法に従わなければならない。

なお、本書においては、表1・1のように各法令名を略記することにする。

表1・1 法令名の略記

建築基準法	法
建築基準法施行令	令
建築基準法施行規則	規則
国土交通省告示および旧建設省告示	告示
都市計画法	都計法
消防法	消法
高齢者、障害者等の移動等の円滑化に促進に関する法律	バリアフリー法
住宅の品質確保の促進等に関する法律	品確法
建築物の耐震改修の促進に関する法律	耐促法
建築士法	士法
建設業法	業法

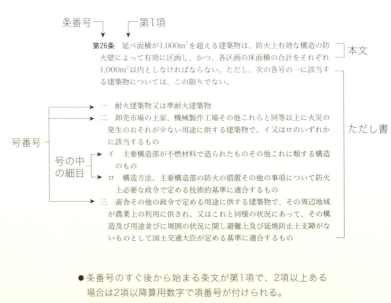

図1・9 条文の構成

3）建築基準法の構成

　建築物が、それ自体の安全や衛生を確保するとともに、健全な都市環境の一要素として機能しなければならないことは先に述べた。この前者のための規定を「単体規定」といい、主として建築基準法の第2章がこれに当たる。後者のための規定を「集団規定」といい、主として建築基準法の第3章がこれに当たる。また、単体規定と集団規定を合わせて「実体規定」と呼ぶことがある。これに対し、建築確認や検査などに関する規定を「手続き規定」という。

4）条文の構成

　法令の各条文は、図1・9のように、項、号からなる。条文の中に「ただし」で始まり、その前の文の例外を規定することがあるが、これを「ただし書（がき）」といい、前段の文を「本文」という。

2 法令の用語

1）「以上・以下」と「超える・未満」

　面積や高さなど、数値上の規制に関して、「以上・以下」と「超える・未満」が用いられる。「以上・以下」は起点となる数値を含み、「超える・未満」は起点となる数値を含まない（図1・10）。「超えない」という表現も多用されているが、これは「以下」と同じである。

2）「及び・並びに」と「又は・若しくは」

　語句や文節を並列的に並べる場合、それが二つの場合は「及び」で結び、三つ以上の場合は読点と「及び」を用いて「○○、○○及び○○」と表す。並列する語句群が並列するような複雑な文の場合は、小さなまとまりに「及び」を用い、それを大きくまとめるのに「並びに」を用いて、「○○及び○○並びに○○及び○○」と表す（図1・11（a））。

(a) 以上・以下

(a) 及び・並びに

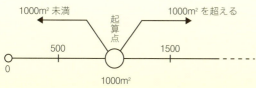

(b) 超える・未満

(b) 又は・若しくは

図1・10　「以上・以下」と「超える・未満」　　　図1・11　「及び・並びに」と「又は・若しくは」

語句や文節を選択的に並べる場合、それが二つの場合は「又は」で結び、三つ以上の場合は読点と「又は」を用いて「○○、○○又は○○」と表す。選択的語句群が複雑な場合は、小さな選択語句のつなぎに「若しくは」を用い、それらの語句群のつなぎに「又は」を用いる（図1・11（b））。

3）「準用する」と「この限りでない」

類似の規定を異なる対象に適用する場合、「準用する」を用いる。また、ある規定に対して、条件を付けて不適用とする場合は、「この限りではない」を用いる。

4）「以下○○において同じ」

令121条1項二号に「…物品販売業…（床面積の合計が1,500m^{2}を超えるものに限る。第122条第2項…において同じ。）…」という条文がある。そこで、令122条2項を見ると、「3階以上の階を物品販売業を営む店舗の用途に…」とあり、物品販売業の規模が明記されていない。こういう類の記述は随所に見られるが、あとの条文を単独で読むと誤解が生じるので、「以下○○において同じ」という文を見つけたら、指示された条文中にカッコ書きを付しておいた方がよい。この場合には、「(1,500m^{2}超)」または「(→令121条1項二号)」などと記しておけばよい*（図1・12）。

5）「以下○○等という」

法別表第1(2)項の用途を見ると、「病院、診療所…政令で定めるもの」とあり、令115条の3第一号を見ると「児童福祉施設等」とある。この「等」が何を指すかは、令19条1項の「児童福祉施設、助産所…（以下「児童福祉施設等」という。）を見て初めてわかる。

また、令126条の2第1項二号に、「学校、体育館、ボーリング場…（以下「学校等」という。）」というのもある。この条以降にある126条の4や128条の4、129条の「学校等」はこれに該当し、令19条3項など、この条以前のものはこれに該当しない。

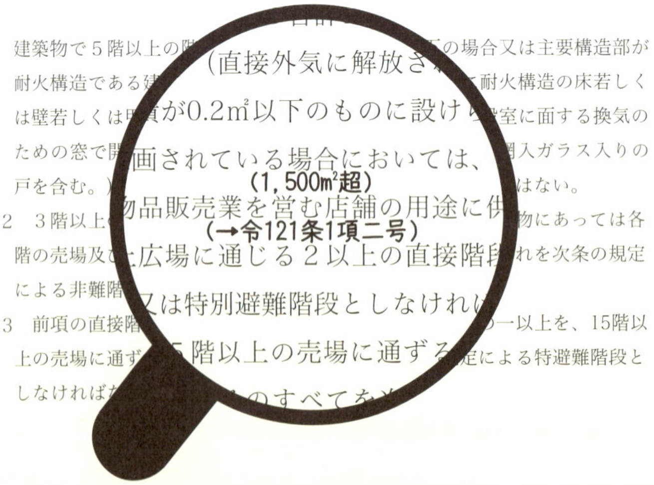

図1・12 法令集への書き込みの例

---

* 建築士試験に持ち込む法令集には、原則として文字を書き込むことはできない。

参考文献
1) 建設省住宅局建築指導課『図解建築法規』新日本法規、1996
2) 松本光平監修『建築法規』実教出版、1995
3) 東京都江戸東京博物館編『江戸東京博物館総合案内』1993

ptg
2章
用語の定義

2・1　建築物に関する用語

建築基準法の様々な規定を実効あるものにするためには、法令で使用する用語を厳密に規定して使用する必要がある。

❶建築物などの定義

法の用語の定義の初めに建築物を定義することにより、法が規制の対象にするものが何かを明確にしている。

1）建築物（法2条一号）

建築物とは、土地に定着する*工作物のうち、次のものをいう（図2・1）。

①屋根と柱、または屋根と壁のある構造のもの（簡易式立体駐車場なども含む）。
②①の建築物に付属する門や塀。
③観覧のための工作物（各種競技場、野球場などの観覧席などで、屋根の有無は問わない。）
④地下または高架工作物内に設けられた事務所、店舗、興業場や倉庫などの施設。
⑤①～④に附属する建築設備。

ただし、次のものは建築物から除外する。これらは、他の法令によって安全性の確保が図られているため、建築基準法により規制する必要の少ないものである。

①鉄道や路面電車の軌道の線路敷地内に設ける運転保安のための施設（信号所、踏切小屋、転てつ所などが該当し、駅舎、駅待合所などは建築物となる）。
②跨線橋、プラットホームの上屋
③貯蔵槽（ガスタンク、サイロなど）

(a) あずまや

(b) 住宅に付属する門、塀

(c) 簡易式立体駐車場

(d) 競技場の観覧席

(e) 高架工作物内に設けられた店舗

(f) 附属する建築設備

図2・1　建築物に含まれるもの

---

*　「土地に定着する」の「土地」とは、通常の陸地に限らず、建築的利用が可能な水面・海面・水底・海底などを含み、「土地に定着する」とは、桟橋による係留などのように長期間にわたって一定の場所に置かれる場合も「土地に定着するもの」として扱う。

2) 特殊建築物（法2条二号）

　特殊建築物とは、住宅や事務所建築などの一般的な建築物に対して、用途上特に防災上の安全性を高めなければならないものや、周囲に及ぼす衛生上または環境上の影響が大きい建築物をいう。特殊建築物を用途上分類すると表2・1のようになる。

　特殊建築物は、その用途や規模に応じて一般的な建築物よりも法規上厳しい規制を受けるが、法令の規定によって対象となる建築物の範囲が異なるので注意する必要がある。

3) 建築設備（法2条三号）

　建築設備とは、建築物に設ける電気、ガス、給水、排水、換気、暖房、冷房、消火、排煙、汚物処理の各設備、煙突、昇降機、避雷針をいう。建築設備は、建築物の機能を維持増進するためのもので、浄化槽のように建築物の内部になくてもこれに含まれる。

4) 居室（法2条四号）

　居室とは、居住、執務、作業、集会、娯楽などの目的のために人が継続的に使用する室をいう。居室について法律が定義するのは、居住者の衛生環境の維持や防災上の安全性の確保を目的に、いろいろな制限を加える必要があるからである。表2・2に、居室とみなされるものとみなされないものの区別を、表2・3に、居室に対する各種の制限を示す。

表2・1　特殊建築物

	特殊建築物の特性	建築物の用途
(1)	不特定多数の人々が利用する特殊建築物	学校（専修学校および各種学校を含む）、体育館、病院、遊技場、ダンスホール、公衆浴場、旅館、劇場、観覧場、集会場、展示場、百貨店、市場、共同住宅、寄宿舎、下宿、児童福祉施設、博物館、美術館、図書館、ボーリング場、スキー場、スケート場、水泳場、スポーツの練習場、飲食店、料理店、物品販売業を営む店舗など
(2)	危険物を取扱う特殊建築物	工場、倉庫、自動車車庫、危険物の貯蔵場
(3)	処理施設などの特殊建築物	ごみ焼却場、汚物処理場など

表2・2　居室

居室とみなされるもの	住　宅	居間、応接間、寝室、台所*、食堂、書斎、家事室など
	事務所	事務室、応接室、会議室、食堂、厨房、守衛室など
	病　院	病室、診察室、手術室、処置室、看護婦室、待合室など
	店　舗	売場、店員の休憩室、事務室、喫茶店、調理室など
	学　校	教室、準備室、特別教室、体育館、職員室、保健室など
	ホテル	ロビー、宿泊室、レストラン、喫茶室の客席、厨房など
	旅　館	宿泊室、食堂、宴会場、娯楽室、厨房など
	工　場	作業場、食堂、娯楽室、事務室、集会室など
居室とみなされないもの		玄関、廊下、階段、浴室、脱衣室、洗面所、便所、納戸、倉庫、無人の機械室、車庫、更衣室、リネン室、物置など

*　小規模なものはみなされない

表2・3　居室に対する各種の制限

居室に対する各種の制限	①天井の高さ ②木造である最下階の床の高さ ③採光面積の制限 ④内装の制限 ⑤直通階段の数および直通階段までの歩行距離など

2 工作物の定義（法88条、令138条）

　自然物に対して人為的に地上や地中に作られた構造物を工作物という。建築物に該当しない工作物の中でも、種類や高さによっては構造的な安全性が求められるので、表2・4に示す工作物には法の一部が適用される。これらの工作物を、準用工作物と呼ぶ（図2・2）。法88条には、準用工作物に適用される条項が示されている。

表2・4　準用工作物

工作物の指定条項	政令で指定される工作物とその規模
令138条1項 （一般工作物）	・擁壁　　　　　　　　　　　　　　　　　　　　　　　　　　　　　　　　　高さ＞2m ・広告塔、広告板、装飾塔、記念塔　　　　　　　　　　　　　　　　　　　　高さ＞4m ・煙突　　　　　　　　　　　　　　　　　　　　　　　　　　　　　　　　　高さ＞6m ・高架水槽、サイロ、物見塔　　　　　　　　　　　　　　　　　　　　　　　高さ＞8m ・鉄筋コンクリート造の柱、鉄柱・木柱（旗ざお除く）　　　　　　　　　　　高さ＞15m
令138条2項 （昇降機・遊戯施設）	・観光用の乗用エレベーター、エスカレーター ・高架の遊戯施設　　　　　　　　ウオーターシュート、コースターなど ・原動機を使用する回転遊技施設　　メリーゴーランド、観覧車、オクトパス、飛行塔など
令138条3項 （製造施設、工作物である自動車車庫など）	・製造施設　　　　　クラッシャープラント、生コンプラントなど ・貯蔵施設　　　　　飼養、肥料、セメントなどの貯蔵 ・都市計画区域内にあるごみ焼却場、その他の処理施設 ・自動車車庫（機械式）

(a) 擁壁

(b) サイロ

(c) 観覧車

(d) 生コンプラント

(e) 機械式自動車車庫

図2・2　準用工作物の例

2・2 防火に関する用語

❶防火部分の定義

建築物は大規模化、高層化され、地下建築物や窓のない建築物なども数多く建設されている。これらの建築物で火災が発生し、拡大した場合には、被害が非常に大きくなることが予想される。これらを防ぐためには、計画上、構造上、設備上で、防火・避難対策を行っておくことが不可欠であり、建築基準法や消防法などは、各種の火災安全対策を義務づけている。

1）主要構造部（法2条五号）

建築物の上部構造の中で、柱や梁などには、火災発生後しばらくの間はできるだけ健全性を保つことが求められる。法においては、このような防火上主要な部分を主要構造部として定義している。

主要構造部は表2・5に示すように、壁、柱、床、梁、屋根または階段をいい、建築物の構造上重要でない間仕切壁、間柱、付け柱、揚げ床、最下階の床、廻り舞台の床、小梁、庇、局部的な小階段、屋外階段、その他これらに類する建築物の部分を除いている。

2）延焼のおそれのある部分（法2条六号）

市街地のように建築物が密集して建っている場合、火災による延焼のおそれが大きい。そこで「延焼のおそれのある部分」として、建築物から火災が発生した場合に、隣接する建築物に延焼するおそれのある部分を定義している。

具体的には、隣地境界線または道路中心線から、1階は3m以内、2階以上は5m以内の距離にある建築物の部分をいう（図2・3）。また、同一敷地内に2棟以上の建築物がある場合、それらの延べ面積の合計が500m²以内の場合は1棟とみなすが、500m²を超える場合は、図2・4のように500m²以内ご

表2・5 主要構造部（法2条5号）

壁	構造上重要でない間仕切壁を除く。
柱	間柱、付け柱を除く。
床	揚げ床、最下階の床、廻り舞台の床を除く。
梁	小梁を除く。
屋根	庇を除く。
階段	局部的な小階段、屋外階段を除く。

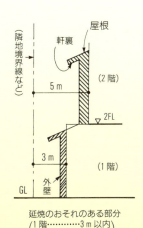

図2・3 延焼のおそれのある部分

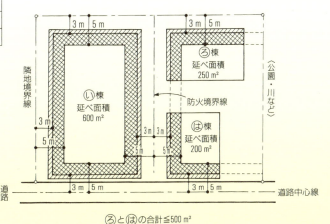

図2・4 同一敷地内に2以上の建築物がある場合の延焼のおそれのある部分

とのブロックに区画して、ブロックとブロックの間に防火境界線（隣接する建築物相互の外壁間の中心線）を引き、その防火境界線より1階は3m以内、2階以上は5m以内を延焼のおそれのある部分とする。ただし、隣地境界線または前面道路の反対側が、防火上有効な公園、広場、川、耐火構造の建築物の壁などの場合や、隣地境界線などとの角度に応じて緩和される範囲にある外壁面は除く（図2・5）。

隣地からの延焼を防止するために、延焼のおそれのある部分に該当する建築物の部分（外壁、屋根、軒裏、壁、開口部）は、構造、材料などについて防火上の規制を受ける。

【例題2・1】 図2・5に示す木造総2階建の建築物の1階および2階部分の外壁で、延焼のおそれのある部分の壁の長さの合計を求めよ。

【解】 隣地境界線または道路中心線から、1階は3m以内、2階は5m以内にある外壁は、図2・5〔解〕の太線で示したとおりで、長さを合計すると1階は18m、2階は36mとなる。

【例題2・2】 図2・6のような敷地内に、木造平屋建と木造総2階建の2棟の建築物がある場合、それらの1階部分および2階部分の外壁のうち、延焼のおそれのある部分の壁の長さの合計を求めよ。

【解】 延べ面積の合計が500m²を超えるので、2棟の外壁の間の中心線を防火境界線として設定する。また、川のある隣地側からの延焼を考えなくてもよいことに注意する。図2・6〔解〕は1階および2階の外壁のうち延焼のおそれのある部分を太線で示しており、長さを合計すると1階は45m、2階は32.5mとなる。

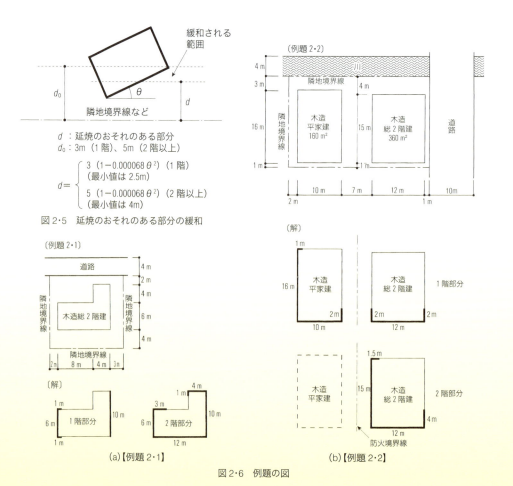

d：延焼のおそれのある部分
d_0：3m（1階）、5m（2階以上）

$$d = \begin{cases} 3(1-0.000068\theta^2) \text{（1階）} \\ \quad \text{（最小値は2.5m）} \\ 5(1-0.000068\theta^2) \text{（2階以上）} \\ \quad \text{（最小値は4m）} \end{cases}$$

図2・5 延焼のおそれのある部分の緩和

(a)【例題2・1】　(b)【例題2・2】

図2・6 例題の図

2 耐火構造などの定義

建築物は、居住者のためにそれ自体を燃えにくくする必要がある。さらに建築物は、隣地境界線と道路境界線に面するだけでなく、同一敷地内の他の建築物に面している場合もあるので、相互の延焼を防ぐために、建築物の各部を耐火構造、準耐火構造、または防火構造にしなければならない場合がある。

1）耐火と防火の性能に関する尺度

耐火や防火に関して性能で規制する場合、非損傷性、遮熱性、遮炎性を共通の尺度として用いる。

ⓐ 非損傷性 建築物の部分に火災による火熱が一定時間加えられた場合に、構造耐力上支障のある変形、溶融、破壊その他の損傷を生じないこと。

ⓑ 遮熱性 建築物の部分に火災による火熱が一定時間加えられた場合に、その加熱面以外の面（屋内に面するもの）の温度が可燃物の延焼のおそれのある温度として国土交通大臣が定める温度（可燃物燃焼温度、平均温度が160℃、または最高温度が200℃）以上に上昇しないこと。

ⓒ 遮炎性 外壁または屋根に、屋内で発生する通常の火災による火熱が一定時間加えられた場合に、屋外に火炎を出す原因となる、き裂その他の損傷を生じないこと。

2）耐火性能と耐火構造（法2条七号、令107条）

ⓐ 耐火性能 通常の火災が終了するまでの間、その火災によって建築物の倒壊と延焼を防止するために建築物の部分に必要とされる性能をいう。

表2・6 耐火性能

部位				通常の火災		屋内における通常の火災
				非損傷性	遮熱性	遮炎性
壁	間仕切壁	耐力壁	①	1時間	1時間	—
			②	1.5時間		
			③④⑤	2時間		
		非耐力壁		—		
	外壁	耐力壁	①	1時間	1時間	1時間
			②	1.5時間		
			③④⑤	2時間		
		非耐力壁	延焼のおそれのある部分	—		
			上記以外の部分	—	30分	30分
柱			①	1時間	—	—
			②	1.5時間		
			③	2時間		
			④	2.5時間		
			⑤	3時間		
床			①	1時間	1時間	—
			②	1.5時間		
			③④⑤	2時間		
梁			①	1時間	—	—
			②	1.5時間		
			③	2時間		
			④	2.5時間		
			⑤	3時間		
屋根				30分	—	30分
階段				30分	—	—

建築面積の1/8以下の塔屋部分は階数に含まない

- ① 最上階
- ② 最上階から1〜4階
- ③ 最上階から5〜9階
- ④ 最上階から10〜14階
- ⑤ 最上階から15〜19階
- 最上階から20階以上

非損傷性	H	t
3時間	40cm以上	8cm以上
2時間	25cm以上	6cm以上
1時間	—	4cm以上

(a) 鉄骨と鉄網モルタルの場合

(b) 間柱・下地を木材とする場合

図2・7 耐火構造の例

ⓑ 耐火構造 壁、柱、床などを鉄筋コンクリート造・レンガ造などの構造としたもので、以下の技術的規準を満足するものとして国土交通大臣が定めた構造方法を用いるもの(H12告示1399号。一例を図2・7に示す)、または、国土交通大臣の認定を受けたものをいう。

①当該部分に通常の火災による火熱がそれぞれ表2・6に示す時間加えられた場合に、非損傷性を有する。

②壁および床にあっては、通常の火災による火熱が1時間（非耐力壁である外壁の延焼のおそれのある部分以外は30分）加えられた場合に、遮熱性を有する。

③外壁および屋根にあっては、これらに屋内において発生する通常の火災による火熱が1時間（非耐力壁である外壁の延焼のおそれのある部分以外と屋根は30分）加えられた場合に、遮炎性を有する。

3）準耐火性能と準耐火構造（法2条七号、令107条の2）

ⓐ 準耐火性能 通常の火災によって他の建築物に対しての延焼または他の建築物からの延焼を抑制するために建築物の部分に必要とされる性能をいう。

ⓑ 準耐火構造 耐火構造と同様に、準耐火性能に関する以下の技術的基準を満足するものとして国土交通大臣が定めた構造方法を用いるもの（H12告示1358号。一例を図2・8に示す）、または、国土交通大臣の認定を受けたものをいう。

①壁、柱、床、梁、屋根、階段について、通常の火災の火熱が、表2・7に示す時間加えられた場合に、非損傷性を有する。

②壁、床および延焼のおそれのある軒裏にあっては、これらに通常の火災による火熱が45分間（非耐力壁である外壁と軒裏の、延焼のおそれのある部分以外は30分間）加えられた場合に、遮熱性を有する。

③外壁および屋根にあっては、これらに屋内において発生する通常の火災による火熱が45分間（非耐力壁である外壁の延焼のおそれのある部分以外と屋根は30分間）加えられた場合に、遮炎性を有する。

表2・7 準耐火性能

部位			通常の火災		屋内の通常の火災
			非損傷性	遮熱性	遮炎性
壁	間仕切壁	耐力壁	45分	45分	—
		非耐力壁	—		—
	外壁	耐力壁	45分		45分
		非耐力壁 延焼のおそれのある部分	—		45分
		非耐力壁 上記以外の部分	—	30分	30分
柱			45分	—	—
床			45分	45分	—
梁			45分	—	—
屋根	軒裏 下記以外	延焼のおそれのある部分	—	45分	30分
		上記以外の部分	—	30分	
	外壁によって小屋裏または天井裏と防火上有効に遮られているもの		—	—	
	上記以外		30分	—	
階段			30分	—	—

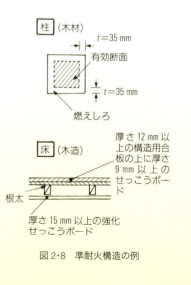

図2・8 準耐火構造の例

4）防火性能と防火構造（法2条八号、令108条）

ⓐ防火性能　建築物の周囲で発生する通常の火災による延焼を抑制するために建築物の外壁または軒裏に必要とされる性能をいう。

ⓑ防火構造　外壁や軒裏を鉄網モルタル塗やしっくい塗などとしたもので、以下の技術的基準を満足するものとして、国土交通大臣が定めた構造方法を用いるもの（H12告示1359号、一例を図2・9に示す）、または、国土交通大臣の認定を受けたものをいう。

①表2・8に示すように、耐力壁である外壁にあっては、これに建築物の周囲において発生する通常の火災による火熱が30分間加えられた場合に、非損傷性を有する。

②外壁および軒裏にあっては、これらに建築物の周囲において発生する通常の火災による火熱が30分間加えられた場合に、遮熱性を有する。

3 防火材料

1）不燃性能と不燃材料（法2条九号、令108条の2）

不燃性能とは、通常の火災による火熱が加えらた場合に、加熱開始後20分間次の①～③の要件を満たしていることをいう。また、この性能を満足するものとして国土交通大臣が定めたもの（表2・9）、または国土交通大臣の認定を受けたものを不燃材料という。

①燃焼しない。

②防火上有害な変形、溶融、亀裂その他の損傷を生じない。

③避難上有害な煙またはガスを発生しない（ただし、外壁材には③は適用しない）。

表2・8　防火性能

部位		周囲において発生する通常の火災	
		非損傷性	遮熱性
外壁	耐力壁	30分	30分
	非耐力壁	―	
軒裏		―	30分

表2・9　不燃材料（H12告示1400号）

(1)	コンクリート
(2)	れんが
(3)	瓦
(4)	陶磁器質タイル
(5)	繊維強化セメント板
(6)	厚さ3mm以上のガラス繊維混入セメント板
(7)	厚さ5mm以上の繊維混入ケイ酸カルシウム板
(8)	鉄鋼
(9)	アルミニウム
(10)	金属板
(11)	ガラス
(12)	モルタル
(13)	しっくい
(14)	厚さ10mm以上の壁土
(15)	石
(16)	厚さ12mm以上のせっこうボード
(17)	ロックウール
(18)	グラスウール板

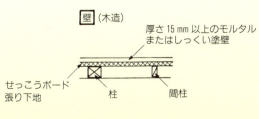

図2・9　防火構造の例

2）準不燃材料（令1条五号）

建築材料のうち、通常の火災による火熱が加えられた場合に、加熱開始後10分間、上記の1）の①～③の要件を満たしているものとして、国土交通大臣が定めたもの（表2・10）、または国土交通大臣の認定を受けたものを準不燃材料という。準不燃材料には、不燃材料が含まれる。

3）難燃材料（令1条六号）

建築材料のうち、通常の火災による火熱が加えられた場合に、加熱開始後5分間、上記1）の①～③の要件を満たしているものとして、国土交通大臣が定めたもの（表2・11）、または国土交通大臣の認定をうけたものを難燃材料という。難燃材料には、不燃材料、準不燃材料が含まれる（図2・10）。

■4 耐火建築物と準耐火建築物

1）耐火建築物（法2条九号の二、令109条、令109条の2）

通常の火災時の加熱に対し、特定主要構造部*が非損傷性と延焼防止の性能をもち、一部を修繕すれば再利用できるような建築物で、次の①と②に適合するものを耐火建築物という。

　①特定主要構造部は、耐火構造または令108条の4の技術的基準に適合するものとする。
　②外壁開口部で延焼のおそれのある部分に、防火戸その他政令で定める防火設備を設ける。

表2・10　準不燃材料の例（H12 告示 1401 号）

(第1)通常の火災時に加熱開始後10分間令108条の2各号の要件を満たしているもの	一	不燃材料のうち通常の火災による火熱が加えられた場合に、加熱開始後20分間令108条の2各号の要件を満たしているもの
	二	厚さ9mm以上のせっこうボード
	三	厚さ15mm以上の木毛セメント板
	四	厚さ9mm以上の硬質木片セメント板
	五	厚さ30mm以上の木片セメント板
	六	厚さ6mm以上のパルプセメント板
(第2)通常の火災時に加熱開始後10分間令108条の2第一号、二号の要件を満たしているもの	一	不燃材料
	二	(第1)第二号～六号に定めるもの

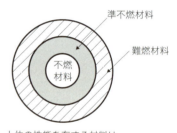

上位の性能を有する材料は、下位の材料に包含される

図2・10　不燃・準不燃・難燃各材料の包含関係

表2・11　難燃材料の例（H12 告示 1402 号）

(第1)通常の火災時に加熱開始後5分間令108条の2各号の要件を満たしているもの	一	準不燃材料のうち通常の火災による火熱が加えられた場合に、加熱開始後10分間令108条の2各号の要件を満たしているもの
	二	難燃合板で厚さ5.5mm以上のもの
	三	厚さ7mm以上のせっこうボード
(第2)通常の火災時に加熱開始後5分間令108条の2第一号、二号の要件を満たしているもの	一	準不燃材料
	二	(第1)第二号および三号に定めるもの

＊　主要構造部のうち、防火上・避難上支障がなく火災による損傷が許容できる部分（令108条の3）以外の部分（法2条九号の二イ）。

2）耐火建築物の特定主要構造部の性能に関する技術的基準（令108条の4）

耐火建築物の特定主要構造部に関する技術的基準は、特定主要構造部が次の性能を有することを「耐火性能検証法」によって確かめたもの、または、これと同等のものとして国土交通大臣の認定を受けたものとする。

①屋内において発生が予想される火災による火熱が加えられた場合に、火災終了時までに次の要件を満足すること。
- 耐力壁、柱、床、梁、屋根、階段が、自重および積載荷重（多雪区域ではこれに積雪荷重を加える）に対して非損傷性を有する。
- 壁および床が、遮熱性を有する。
- 外壁および屋根が、遮炎性を有する。

②建築物の周囲において発生する通常の火災による火熱が1時間（延焼のおそれのある部分以外は30分間）加えられた場合に、次の要件を満足すること。
- 外壁の耐力壁が、自重および積載荷重（多雪区域ではこれに積雪荷重を加える）に対して非損傷性を有する。
- 外壁が、遮熱性を有する。

3）耐火性能検証法（令108条の4）

耐火性能検証法においては、特定主要構造部ごとに次の2点を確認すればよい（図2・11）。

①各主要構造部の屋内火災保有耐火時間が、火災の継続時間以上であること。
②各外壁の屋外火災保有耐火時間が、1時間（延焼のおそれのある部分以外は30分間）以上であること。

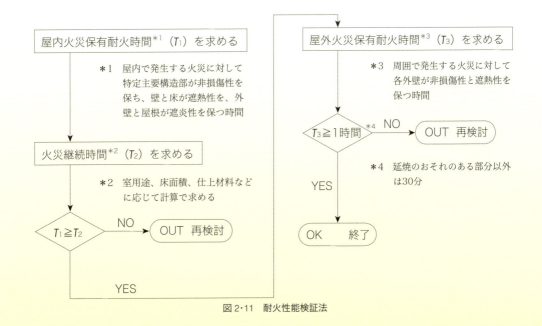

図2・11 耐火性能検証法

ⓐ **屋内火災保有耐火時間**　屋内において発生が予想される火災時において、上記の2）の①の要件を保つことができる加熱時間をいう。

ⓑ **屋外火災保有耐火時間**　建築物の周囲において発生する通常の火災時において、上記の2）の②の要件を保つことができる加熱時間をいう。

ⓒ **火災の継続時間**　室用途、床面積、室内表面積および仕上材料などに応じて算出した各室の可燃物の発熱量（MJ）を、当該室の用途、床面積、開口部の面積と高さに応じて算出した可燃物の1秒間あたりの発熱量（MW）で除したもの。

4）準耐火建築物

建築物の周囲および内部からの火災の加熱の際に、延焼を抑制し容易に倒壊しない構造で、次の①と②に適合するものを準耐火建築物という。このうち、主要構造部を準耐火構造としたもの（法2条九号の三イ）をイ準耐と呼ぶ。

①主要構造部は、準耐火構造または令109条の3の技術的基準に適合するものとする。

②外壁開口部で延焼のおそれのある部分に、防火戸その他政令で定める防火設備を設ける。

5）イ準耐と同等の耐火性能を持つ建築物の技術的基準（令109条の3）

主要構造部が準耐火構造と同等の性能を有するとみなされるものには、外壁が耐火構造のもの（ロ準耐一号）と主要構造部が不燃性のもの（ロ準耐二号）がある。

表2・12　準耐火性能を有する屋根の延焼のおそれのある部分の構造〔ロ準耐一号〕（H12告示1367号）

（第1）屋内の通常の火災時に加熱開始後20分間屋外に火災を出す原因となるき裂などを生じさせない構造方法	一	準耐火構造		
	二	次のイ～ハの構造。ただし、イ、ロは野地板および垂木が準不燃材料でつくられている場合、または、軒裏が防火構造である場合に限り、ハは、金属板に接する垂木（またはもや）が不燃材料でつくられている場合に限る。	イ	瓦で葺いたもの
			ロ	木毛セメント板の上に金属板を葺いたもの
			ハ	金属板で葺いたもの

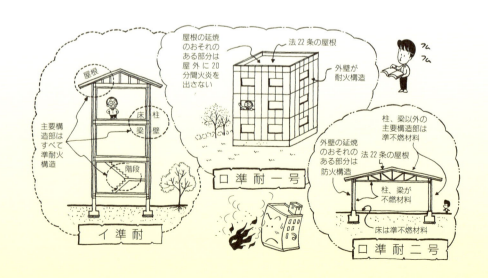

ⓐ ロ準耐一号の技術的基準　外壁が耐火構造であることに加え、次の条件を満足しなければならない。
①屋根が、通常の火災の火の粉によって、防火上有害な発炎や損傷を生じないこと。
②屋根の延焼のおそれのある部分が、屋内の通常の火災によって、20分間屋外に火炎を出すような損傷を生じないものとして国土交通大臣が定めた構造方法を用いるもの（表2・12）、または、国土交通大臣の認定を受けたものであること。

ⓑ ロ準耐二号の技術的基準　柱および梁が、不燃材料で、その他の主要構造部が準不燃材料であることに加え、次の条件を満足しなければならない。
①外壁の延焼のおそれのある部分を、防火構造とする。
②屋根が、通常の火災の火の粉によって、防火上有害な発炎や損傷を生じないこと。
③床を準不燃材料でつくり、3階以上の階の床またはその直下の天井を、屋内の通常の火災によって30分間非損傷性と遮熱性を有するものとして国土交通大臣が定めた構造方法を用いるもの（表2・13）、または、国土交通大臣の認定を受けた構造とする。

5 防火設備と遮炎性能

1）防火設備（令109条）

耐火建築物、準耐火建築物、防火・準防火地域内の建築物の延焼のおそれのある部分に用いる防火設備は、防火戸、ドレンチャーその他火炎を遮る設備をいう。また、隣地境界線などで開口部から1階にあっては3m、2階以上にあっては5m以下の距離にあるものと、その開口部の間にあって、有効に火炎を遮るような外壁や塀なども防火設備とみなす。この防火設備は、次の2）または3）の性能を有するものとして国土交通大臣が定めたもの、または、国土交通大臣の認定を受けたものでなければならない。

表2・13　準耐火性能を有する床またはその直下の天井の構造〔ロ準耐二号〕（H12告示1368号）

（第1）屋内の通常の火災時に加熱開始後30分間構造耐力上支障のある部分にき裂などが生じず、かつ、加熱面以外の面の温度が可燃物燃焼温度以上に上昇しないこと	一	準耐火構造		
	二	根太および下地を不燃材料でつくった床、またはつり木、受け木などを不燃材料でつくった天井にあっては、イ〜ハのいずれかの構造とする	イ	鉄網モルタル塗で塗厚さが1.5cm以上のもの
			ロ	木毛セメント板張またはせっこうボード張の上に厚さ1cm以上のモルタルまたはしっくいを塗ったもの
			ハ	木毛セメント板の上にモルタルまたはしっくいを塗り、その上に金属板を張ったもの
	三	根太若しくは下地を不燃材料以外の材料でつくった床にあっては、イ〜チのいずれかの構造とする	イ	鉄網モルタル塗または木ずりしっくい塗で塗厚さが2cm以上のもの
			ロ	木毛セメント板張またはせっこうボード張の上に厚さ1.5cm以上のモルタルまたはしっくい塗
			ハ	モルタル塗の上にタイルを張ったもので厚さの合計が2.5cm以上のもの
			ニ	セメント板張または瓦張の上にモルタルを塗ったものでその厚さの合計が2.5cm以上のもの
			ホ	土蔵造
			ヘ	土塗真壁造で裏返塗りをしたもの
			ト	厚さが1.2cm以上のせっこうボード張の上に亜鉛鉄板を張ったもの
			チ	厚さが2.5cm以上の岩綿保温板張の上に亜鉛鉄板を張ったもの

2）遮炎性能（法2条九号のニロ、法2条九号の三、令109条の2）

遮炎性能は、耐火建築物や準耐火建築物に設ける防火設備に要求される性能で、通常の火災による火熱が加えられた場合に加熱開始後20分間加熱面以外の面に火炎を出さない性能をいう。

3）準遮炎性能

準遮炎性能は、防火・準防火地域内の建築物に設ける防火設備に要求される性能で、建築物の周囲において発生する通常の火災による火熱が加えられた場合に加熱開始後20分間加熱面以外の屋内面に火炎を出さない性能をいう。この性能を有する防火設備を20分間防火設備という。

4）特定防火設備（令108条の3、令112条）

防火区画に用いる防火設備のうち、通常の火災時に1時間、その加熱面以外の面に火炎を出さないものを特定防火設備という（図2・12）。

また、主要構造部の耐火性能について耐火性能検証法（p.27）などの技術的基準を満たす建築物の壁や床の開口部に設ける防火設備については、「防火区画検証法」によって確かめられたものや国土交通大臣の認定を受けたものは特定防火設備とみなす。この検証法は、耐火性能検証法と同様に、開口部設備の保有遮炎時間が、火災継続時間以上であることを確かめるものである。

防火設備の種類と性能を表2・14に示す。

表2・14 防火設備の種類と性能

名　称	法　令	火災の種類	遮炎時間
防火設備	耐火建築物および準耐火建築物の外壁の開口部で延焼のおそれのある部分に設ける防火設備（法2条九号のニロ、令109条の2）	通常の火災	20分
20分間防火設備	準防火地域内の建築物で地階を除く階数2以下かつ延べ面積500m²以下の木造建築物等の外壁の開口部で延焼のおそれのある部分に設ける防火設備など（法61条、令136条の2三号イ、令137条の10）	周囲において発生する通常の火災	20分（屋内面）
10分間防火設備	病院・診療所・児童福祉施設等で階数3かつ延べ面積200m²未満の建築物の居室・倉庫の部分にスプリンクラー設備などを設けたものの竪穴部分に設ける防火設備（令112条12項）	通常の火災	10分
特定防火設備	防火区画に用いる防火設備（法36条、令112条1項）	通常の火災	1時間

図2・12　階段室を区画する特定防火設備

2・3　建築手続に関する用語

　建築主は、建築物の用途や構造、規模により、建築（新築、増築、改築、移転）、大規模の修繕、大規模の模様替の工事の着手前に確認の申請書を提出して、建築主事または指定確認検査機関の確認を受けなければならない。どのような工事がこれらに該当するかを明確にするために、法2条1項十三号～十五号において建築などが定義されている。また、各種の行政機関については、各条項にその役割が示されている。

❶建築、大規模の修繕、大規模の模様替

1）建築（法2条十三号）

　建築物を新築、増築、改築、または移転する行為を総称して建築という。表2・15に新築、増築、改築、移転の定義を示す。

2）大規模の修繕と大規模の模様替（法2条十四号、法2条十五号）

　大規模の修繕とは、既存建築物の主要構造部の過半に対して、おおむね同様の形状、寸法、材料により行われる工事をいう。たとえば、雨漏りがするので、屋根の過半を修繕することなどがこれに該当する。ただし、屋根葺き材のみの改修や既存の屋根の上に新たに屋根をかぶせる改修は該当しない。

　大規模の模様替とは、既存の建築物の主要構造部の過半に対して、形状、寸法、材料、構造などが異なるような工事をいう。たとえば、木造の過半の柱を鉄骨造の柱とするなどの工事がこれに該当する。なお、過半とは、半分を超えていることをいう。

　表2・15に、大規模の修繕、大規模の模様替についての定義を示す。いずれにおいても、当該改修後の建築物は、これらに該当するか否かにかかわらず、防火上・構造耐力上安全でなければならない。

表2・15　建築および大規模の修繕と大規模の模様替

種別	条項	分類	定義
建築	法2条十三号	①新築	建築物の建っていない土地に建築物を建てることをいう。使用する建築材料の新・旧は問題としない。
		②増築	一つの敷地内の既存建築物の床面積を増加させること。同一敷地内に新たに別棟を建てた場合も、増築となる。
		③改築	建築物の全部または一部を除去して、または災害などで失った後、引き続いて以前の用途、構造、規模、位置が著しく異ならないものを建て直すことをいう。
		④移転	既存建築物の位置を移動することをいう。別の敷地に移すときは、新築または増築となる場合がある。
大規模の修繕と模様替	法2条十四号	①大規模の修繕	主要構造部（壁、柱、床、梁、屋根、階段）の一種類以上について行う過半の修繕をいう。二種類以上にわたっても、そのいずれかが過半とならなければ大規模な修繕とはいわない。
	法2条十五号	②大規模の模様替	主要構造部の一種類以上について行う過半の模様替をいう。

2 行政機関

1）建築主事と確認検査員（法4条、法5条、法6条の2、法74条の24、法97条の2〜3）

　建築主事は、建築基準適合判定資格者検定に合格した都道府県または市町村の職員のうちから、都道府県知事または市町村長により任命された、建築などに関する確認申請などの事務担当者である。地方公共団体の長の指揮監督下に置かれる職で、都道府県および人口25万人以上の市には必ず置かれるが、その他の市町村にも置くことができる。

　確認検査員は、建築基準適合判定資格者検定合格者として登録された者のうちから、指定確認検査機関が選任した者をいう。1998年6月の大幅な法改正で、建築確認・検査の民間開放が行われたことによりできた。確認検査員は、民間人として指定確認検査機関の業務に就く者で、民間建築主事といえる。

2）指定確認検査機関（法6条の2、法7条の2、法7条の4、法77条の18〜35）

　指定確認検査機関は、非営利法人、営利法人を問わず、民間において確認・検査の業務を行おうとする者が設立して、国土交通大臣または都道府県知事に申請し、指定を受けたものをいう。この指定は、2以上の都道府県において業務を行う場合は国土交通大臣が、それ以外の場合は知事が行う。

　また、指定の基準は、確認検査員が一定数以上あること、役職員の兼職の禁止、兼業の禁止などがある。

　検査確認検査機関が確認・検査を行ったものは、建築主事の確認・検査を受けたものとみなされる。また、指定確認検査機関は必要な事項を特定行政庁に照会することもできる。

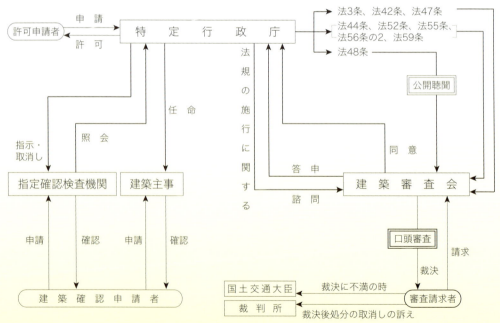

図2・13　建築主事および指定確認検査機関と特定行政庁、建築審査会の関係

3）特定行政庁（法2条三十五号）

　特定行政庁とは、建築主事を置く市町村の場合は市町村長を、それ以外の場合は都道府県知事をいう。建築主事は、法の中の確認に関する事務を行い、特定行政庁は、主として許可や道路位置指定などの確認以外の事務を行う。

　また、特定行政庁は、指定確認検査機関に必要な指示および確認などの取消しを行うことができる。

4）建築審査会（法78条～83条）

　建築審査会は、法の審査会同意を必要とするものに対する審査・同意のほかに、特定行政庁の諮問に応じて、法の施行に関する重要事項を調査審議するために、建築主事を置く市町村および都道府県に設置される。また、法の施行に関する事項について、関係行政機関に対して建議（意見を申立てること）できる建築行政上の重要な機関の一つである。

　建築審査会は、5人または7人の委員で組織され、委員は法律、経済、建築、都市計画、公衆衛生または行政に関する学識経験者のうちから、市町村長または都道府県知事が任命する。

　図2・13は、建築主事および指定確認検査機関と、特定行政庁、建築審査会の三者の関係を示したものである。また、それらの業務および権限には、表2・16に示す事項がある。

表2・16　建築主事・特定行政庁・建築審査会の業務および権限の主なもの

業務権限	条項	業務・権限の内容
建築主事の業務	法6条1項	確認申請書の受理、審査、確認の通知
	法7条	工事完了検査申請の受理、検査、検査済証の交付
	法7条の3	工事中間検査申請の受理、検査、検査合格証の交付
	法12条5項	施工状況の報告の請求
特定行政庁の業務	法4条、9条の2	建築主事および建築監視員の任命
	法6条の2第6項、7項	指定確認検査機関への指示および確認済証の取消し
	法7条の3	特定工程の指定および解除
	法7条の6	工事中の建築物の仮使用の承認
	法9条	違反建築物に対する是正命令
	法10条	保安上危険、衛生上有害な建築物に対する是正命令
	法11条	既存不適格建築物に対する是正措置
	法12条	特殊建築物の所有者の定期報告・定期検査の報告受理
	法44、55、86条など	建築基準法の運用上必要な事柄の認定または指定
	法48、52、53条など	特例（原則に建基法で禁止されている事項）の許可
	法90条の3	工事中の安全措置などの計画の届出受理
建築審査会の権限	法3条、法42条など	建築基準法に規定する事項の同意
	法44条、法52条など	特定行政庁の認可、認定、指定に対する審議、同意
	法78条2項	建築基準法の施行に関する関係行政機関への建議
	法94条1項	不服申立てについての審査、裁決

2・4 面積と高さ

■1 面積の算定

1）敷地面積（令2条1項一号、法42条2項）

敷地面積は、図2・14に示すように敷地の水平投影面積による。従って、敷地が傾斜地で高低差がある場合でも、水平面での面積を算定する。

敷地は、図2・15のように特定行政庁の指定によって道路とみなされた幅員4m未満の道（法42条2項）に接している場合、当該道路の中心線から水平距離2m（特定行政庁が指定する区域内は3m）の線を道路境界線とみなし、ここにかかる敷地の部分は敷地面積に算入しない。ただし、当該道路の中心線から2m未満でがけ地、川、線路敷地に接するときは、がけ地などの側の道路境界線から水平距離4m（特定行政庁が指定する区域内は6m）の線を道路境界線とみなす。このような場合は、建ぺい率や容積率の算定に注意する。

2）建築面積（令2条1項二号）

建築面積は、図2・16のように建築物の外壁またはこれに代わる柱の中心線で囲まれた部分の水平投影面積による。ただし、建築面積の算定にあたっては次の部分は算入しない。

①地階（p.38）で地盤面上1m以下にある部分。
②軒・庇・はね出し縁などは先端から1m以内の部分*。

また、図2・17のようなカーポート、自走式自動車車庫などで、国土交通大臣が高い開放性を有すると認め指定する構造の建築物やその部分については、その先端から1m以内の部分を建築面積に算入しない。

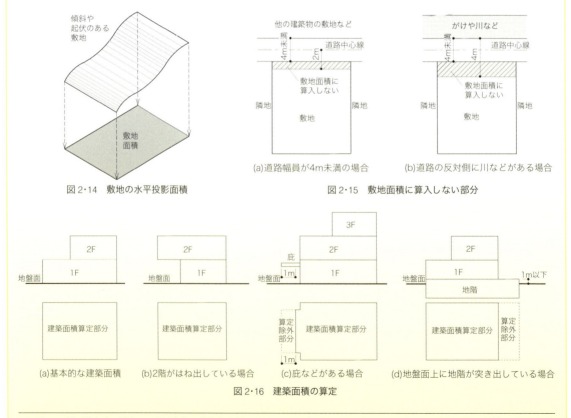

図2・14　敷地の水平投影面積　　図2・15　敷地面積に算入しない部分
(a)道路幅員が4m未満の場合　　(b)道路の反対側に川などがある場合

(a)基本的な建築面積　(b)2階がはね出している場合　(c)庇などがある場合　(d)地盤面上に地階が突き出している場合

図2・16　建築面積の算定

---

*　建ぺい率の算定時に限り、工場・倉庫の貨物積み卸しなどのための軒のうち国土交通大臣が定めるもの（特例軒等：R5告示143号）は、先端から最大5mまで不算入とすることができる。

3）床面積（令２条１項三号）

床面積は、建築物の各階またはその一部で、図2･18に示すように壁や壁に代わる柱、手すりなどの区画の中心線で囲まれた部分の水平投影面積による。従って、それぞれの室や屋内階段の部分は原則として床面積に算入し、吹抜けは算入しない。

次に掲げる建築物の部分の床面積の算定方法は、旧建設省住宅局建築指導課長通達（S61住指発115号）によって定められている。

ⓐバルコニー、吹きさらし廊下　外気に十分な開放性を有し、屋外部分とみなすことができるものは、床面積に算入しないが、隣接する建築物との空きが不十分で閉鎖的な場合は、算入される場合がある。

ⓑポーチ　開放的な空間として通行専用であれば床面積に算入されないが、自動車車庫などの屋内的用途として使用する場合は算入される。

ⓒピロティ　これが接する道路または空地と一体の空間を形成し、人の通行が可能なよう十分に外気に開放されており、かつ、屋内的用途に利用しない場合は算入されない。

ⓓ屋外階段　最上部に屋根がなく外気に有効に開放されている場合は床面積に算入されない。

ⓔパイプシャフト、ダクトスペース　各階で横引きして利用するものは算入される。

ⓕエレベーターシャフト　着床可能な階は床面積に算入されるが、乗降口がなく着床不可能な階は算入されない。

ⓖ出窓　図2･19に示す条件のものは床面積に算入されない。

(a)カーポートの例　(b)自走式駐車場の例

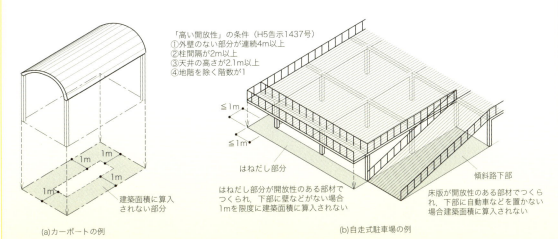

図2･17　高い開放性を有する建築物

(a)木造の場合　(b)RC造の場合

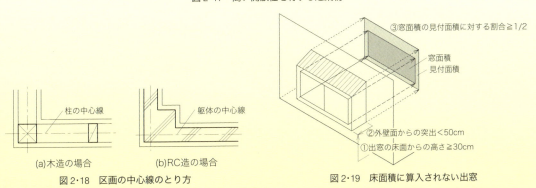

図2･18　区画の中心線のとり方

図2･19　床面積に算入されない出窓

4) 延べ面積（令2条1項四号、3項）

　延べ面積は、建築物の各階の床面積の合計による。ただし、法52条の容積率算定にあたって、自動車車庫などの床面積は、建築物の各階の床面積を合計した値（自動車車庫などの部分の面積を含む）の一定の割合（自動車車庫などの部分は1/5、防災用の備蓄倉庫部分と蓄電池設置部分は1/50、自家発電設備設置部分と貯水槽設置部分および宅配ボックス設置部分は1/100）を限度として延べ床面積に算入しない。

【例題2・3】 図2・20の(a)、(b)の建築物について、建築面積、各階床面積、延べ面積をそれぞれ算定しなさい。

(a) 庇、吹抜けがある場合
　　ア) 建築面積　　庇の先端から1mの部分は、建築面積に算入されない。
　　　　　　　　　　$8 \times 10 + 4 \times (1.5 - 1) = 82 m^2$
　　イ) 床面積　　　(1F) $8 \times 8 = 64 m^2$
　　　　　　　　　　2階の吹き抜け部分は床面積に算入されない。(2F) $8 \times 10 - 5 \times 3 = 65 m^2$
　　ウ) 延べ面積　　各階の床面積の合計が延べ面積となる。
　　　　　　　　　　$64 + 65 = 129 m^2$

(b) 地階がある場合
　　ア) 建築面積　　庇の出は、1mであるので建築面積に算入されない。また、地階は、地盤面上に1mを超えて突き出ているので建築面積に算入される。$10 \times 14 = 140 m^2$
　　イ) 床面積　　　(地階) $10 \times 14 = 140 m^2$
　　　　　　　　　　(1F) $10 \times 12 = 120 m^2$　　(2F) $10 \times 8 = 80 m^2$
　　ウ) 延べ面積　　$140 + 120 + 80 = 340 m^2$
　　　　　　　　　　※住宅の場合、容積率の算定では地下室の床面積が一部緩和される（p.104参照）

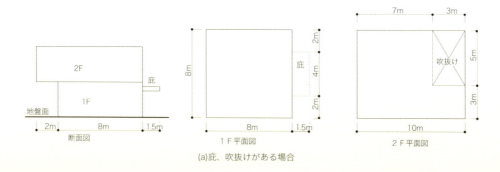

(a)庇、吹抜けがある場合

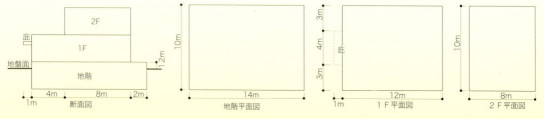

(b)地階がある場合

図2・20　建築面積・床面積・延べ面積の算定

2 高さの算定

1) 建築物の高さ（令 2 条 1 項六号）

建築物の高さは、一般に、建築物の地盤面からの高さをいうが、表 2・17 のようにそれぞれの条文によって測定基点や塔屋の取り扱いが異なる。

測定の基点は、道路斜線制限（法 56 条 1 項一号）では前面道路の中心線とし、これ以外は地盤面とする。また、階段室、昇降機塔、装飾塔、物見塔、屋窓などの屋上部分については、避雷設備の設置の場合などを除き、その水平投影面積の合計が建築面積の 1/8 以下の場合には、その測定目的によって、5m または 12m まで高さに算入されない。

なお、棟飾、防火壁、その他これらに類する屋上突出部（パイプ・ダクトスペースの立上がり部分、避雷針・アンテナなどの設備、採光・通風を妨げない柵・手すりなど）は、建築物の高さに算入しない。

2) 軒の高さ（令 2 条 1 項七号）

軒の高さは、図 2・21 に示すように地盤面（令 130 条の 12 第 1 項一号イの道路斜線制限に関しては前面道路の中心）から建築物の小屋組、またはこれに代わる横架材を支持する壁、敷げたまたは柱の上端までの高さによる。

建築物の屋上部分に塔屋がある場合の軒の高さの算定に関する規定はないが、建築物の高さに算入されない塔屋のある建築物の場合は、建築物の本体部分で軒の高さを算定し、建築物の高さに算入される塔屋のある建築物の場合は、塔屋部分で軒の高さを算定する。

表 2・17 建築物の高さの算定

条文	測定の目的	基点	塔屋*
法 33 条	避雷設備	地盤面	すべて算入する
法 56 条 1 項三号	北側斜線制限		
法 58 条	高度地区（斜線制限による場合）		
法 55 条	絶対高さの限度	地盤面	5m まで算入しない
法 56 条の 2	日影規制の対象建築物の高さ	平均地盤面	
法 56 条 1 項二号	隣地斜線制限	地盤面	12m まで算入しない
法 58 条	高度地区（絶対高さの制限による場合）		
法 56 条 1 項 1 号	道路斜線制限	前面道路の中心	

＊（令 2 条 1 項六号）屋上部分の階段室、昇降機塔、装飾塔、物見塔などで、その水平投影面積の合計が建築面積の 1/8 以内のもの

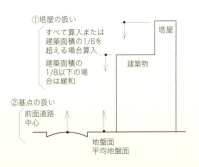

①塔屋の扱い
すべて算入または建築面積の 1/8 を超える場合算入
建築面積の 1/8 以下の場合は緩和

②基点の扱い
前面道路中心
地盤面
平均地盤面

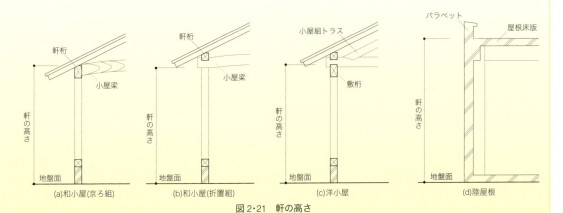

(a)和小屋(京ろ組)　(b)和小屋(折置組)　(c)洋小屋　(d)陸屋根

図 2・21 軒の高さ

3 地盤面、地階、階数

1）地盤面（令2条2項、別表第4）

建築面積、建築物の高さ、軒の高さなどの算定にあたっての地盤面とは、図2·22に示すように建築物が周囲の地面と接する位置の平均の高さにおける水平面をいう。ただし、高低差が3mを超える場合には、高低差3m以内ごとの平均高さにおける水平面をいい、このときには区画された部分ごとに地盤面が存在することになる。図2·23は、高低差のある敷地に建つ共同住宅の例である。

日影規制（法56条の2）に用いる平均地盤面とは、当該建築物が周囲の地面と接する位置の平均の高さにおける水平面をいう。従って、地盤面と違い高低差が3mを超える場合でも平均地盤面は一つしか存在しない。

2）地階（令1条二号）

地階とは、図2·24に示すように床が地盤面下にある階で、床面から地盤面までの高さがその階の天井の高さの1/3以上のものをいう。

3）階数（令2条1項八号）

建築物の階数は、図2·25に示すように吹抜けなどによって部分的に異なることがあり、建築物の階数といえば、その建築物における最大の階数をいう。また、屋上部分の塔屋や地階部分は、次の場合には階数に算入しない。

①塔屋部分で、昇降機塔、装飾塔、物見塔などの水平投影面積の合計が建築面積の1/8以下の場合。
②地階部分で、倉庫、機械室などの水平投影面積の合計が建築面積の1/8以下の場合。

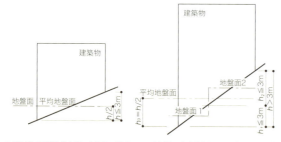

(a)地盤の高低差が3m以下の場合　(b)地盤の高低差が3mを超える場合

図2·22　敷地の高低差と地盤面・平均地盤面

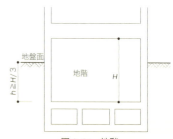

図2·24　地階

図2·23　敷地に高低差のある共同住宅

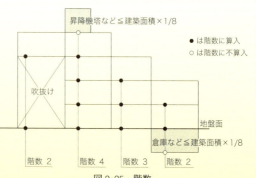

図2·25　階数

3章

建築物の健全性（単体規定）

3・1　一般構造

建築物と敷地は、人が居住し使用するものであるから、居住環境上、衛生的かつ安全な機能をもっていることが必要である。衛生的に生活することができないような室や、安全に使用することのできないような廊下や階段などの構造を制限し、建築物と敷地の基本的な機能を確保していくため、法には各建築物の一般構造の規定として最低限必要なものを定めている。

■1 敷地の衛生と安全（法19条）

建築物を衛生的かつ安全な状態に維持するために、建築物の敷地は、これに接する道の境よりも高くしなければならない。また、建築物の地盤面は、これに接する周囲の土地よりも高くなければならない。ただし、敷地内の排水に支障がない場合、または建築物の用途により防湿の必要がない場合においては、この限りでない。

また、敷地は、次のような点も満足しておく必要がある。

① 湿潤な土地、出水のおそれの多い土地、または、ごみなどで埋め立てられた土地に建築物を建築する場合においては、盛土、地盤の改良など衛生上、安全上必要な措置を講じなければならない。
② 建築物の敷地には、雨水および汚水を排出または処理するための適当な下水管、下水溝、ためますなどの施設を設けなければならない（図3・1）。
③ 建築物ががけ崩れ等による被害を受けるおそれのある場合においては、擁壁の設置など安全上必要な措置を講じなければならない（図3・2）。

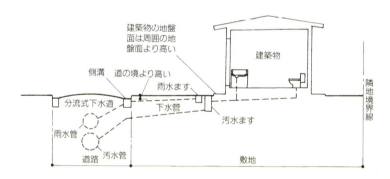

図3・1　敷地と衛生

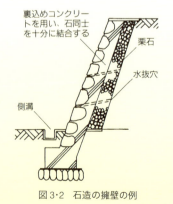

図3・2　石造の擁壁の例

2 採光（法28条1項）

住宅、学校、病院などの居室のうち、居住のための居室、学校の教室、病院の病室などには、居住環境を維持するために採光の確保が義務づけられている。

1) 採光に有効な部分の必要開口部面積（令19、20条）

採光の必要な建築物の居室においては、窓その他の開口部で採光に有効な部分の面積（有効採光面積）のその室の床面積に対する割合は、居室の種類に応じて表3・1に示す割合以上でなければならない。ただし、同表の(1)〜(6)の居室で国土交通大臣の定める基準（S55告示1800号）に従い、照明設備の設置などが措置されているものにあっては、同表の値から1/10までの範囲内において国土交通大臣が別に定める割合以上とすることができる。なお、ふすま、障子その他随時開放することができるもので仕切られた2室は、1室とみなす。

2) 有効採光面積（令20条）

開口部が隣地境界線や同一敷地内の他の建築物、またはその建築物の他の部分に接近しすぎていると、その開口部は暗くて採光上有効とみなされなくなる。

法28条1項に規定する居室の有効採光面積は、その居室の開口部ごとの面積に、それぞれの採光補正係数を乗じて得た面積を合計して算定する（図3・3）。ただし、国土交通大臣が別に算定方法を定めた建築物の開口部については、この限りではない。

採光補正係数は、原則として次の**ⓐ〜ⓒ**に掲げる地域または区域の区分に応じて計算した数値とする。ただし、採光補正係数が3.0を超えるときは、3.0とする。また、計算式において、水平距離（D）と採光関係比率（D/H）は次のように定義する。

表3・1　採光が必要な建築物の居室

	居室の種類	割合
(1)	幼稚園、小学校、中学校、義務教育学校、高等学校、中等教育学校、幼保連携型認定こども園の教室	1/5
(2)	保育所、幼保連携型認定こども園の保育室	
(3)	住宅の居住のための居室	1/7
(4)	病院、診療所の病室	
(5)	寄宿舎の寝室、下宿の宿泊室	
(6)	児童福祉施設等*の寝室（入居者が使用するものに限る） 児童福祉施設等（保育所を除く）の居室のうち、入所者、通所者に対する保育、訓練、日常生活に必要な便宜の供与などの目的のために使用するもの	
(7)	(1)の学校以外の学校の教室	1/10
(8)	病院、診療所、児童福祉施設等の居室のうち、入院患者、入所者の談話、娯楽などの目的のために使用されるもの	

＊　児童福祉施設、助産所、身体障害者社会参加支援施設、老人福祉施設などで、令19条1項に規定する諸施設をいう。

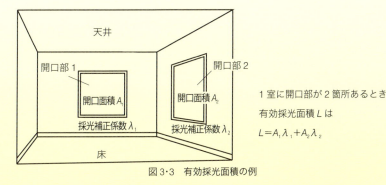

図3・3　有効採光面積の例

1室に開口部が2箇所あるとき
有効採光面積 L は
$L = A_1\lambda_1 + A_2\lambda_2$

①水平距離（D）は、隣地境界線または同一敷地内の他の建築物若しくは当該建築物の他の部分（隣地境界線など）に面する開口部の部分で、その開口部の直上にある建築物の各部分からその部分の隣地境界線などまでの水平距離をいう。このとき、開口部が道に面する場合の隣地境界線は道の反対側の境界線とし、公園、広場、川などに面する場合の隣地境界線は、これらの幅の1/2だけ本来の隣地境界線の外側にあるものとする（図3・4）。

②採光関係比率（D/H）は、水平距離（D）を、開口部の直上にある建築物の各部分から開口部の中心までの垂直距離（H）で除した数値のうち、最も小さい数値をいう。

ⓐ住居系の用途地域　次式によって得た数値を採光補正係数（λ）とする（図3・5）。

$$\lambda = 6\,(D/H) - 1.4$$

ただし、次の①〜③に掲げる場合は、それぞれ①〜③に定める数値とする。

①開口部が道に面する場合で、算定値が1.0未満となる場合は1.0とする。

②開口部が道に面しない場合で、水平距離が7m以上であり、かつ、算定値が1.0未満となる場合は1.0とする。

③開口部が道に面しない場合で、水平距離が7m未満であり、かつ、算定値が負数（0未満）となる場合は0とする。

ⓑ工業系の用途地域　次式によって得た数値を採光補正係数（λ）とする。

$$\lambda = 8\,(D/H) - 1.0$$

ただし、次の①〜③に掲げる場合は、それぞれ①〜③に定める数値とする。

①開口部が道に面する場合で、算定値が1.0未満となる場合は1.0とする。

②開口部が道に面しない場合で、水平距離が5m以上であり、かつ、算定値が1.0未満となる場合は1.0とする。

③開口部が道に面しない場合で、水平距離が5m未満であり、かつ、算定値が負数（0未満）となる場合は0とする。

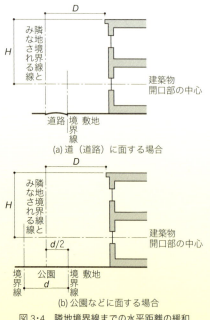

図3・4　隣地境界線までの水平距離の緩和

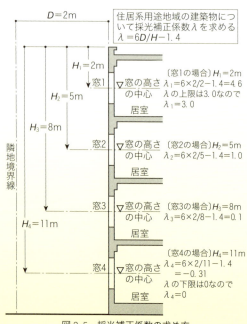

図3・5　採光補正係数の求め方

❻商業系の用途地域および用途地域に指定のない区域　次式によって得た数値を採光補正係数（λ）とする。

$$\lambda = 10\ (D/H) - 1.0$$

ただし、次の①〜③に掲げる場合は、それぞれ①〜③に定める数値とする。

①開口部が道に面する場合で、算定値が1.0未満となる場合は1.0とする。

②開口部が道に面しない場合で、水平距離が4m以上であり、かつ、算定値が1.0未満となる場合は1.0とする。

③開口部が道に面しない場合で、水平距離が4m未満であり、かつ、算定値が負数（0未満）となる場合は0とする。

3）天窓および縁側のある開口部の採光補正係数（令20条2項）

天窓の採光補正係数は上記2）の方法で求めた数値に、3.0を乗じて得た数値とし、外側に幅90cm以上の縁側（ぬれ縁は除く）などがある開口部の採光補正係数は同様に0.7を乗じて得た数値とする。この場合も、採光補正係数が3.0を超えるときは3.0とする。

【例題3・1】　第一種住居地域において図3・6のような隣地境界線に面する住宅の居室の窓がある。この窓の有効採光面積を求めよ。さらに採光上、開口部の面積が不足していないかどうか判定せよ。

【解】　隣地境界線までの距離 $D = 1.4$ m、窓中央までの高さ $H = 1.5$ m の住居系用途地域の採光補正係数は $6×1.4/1.5 - 1.4 = 4.2$ となり、3.0を超えるので、上限の3.0とする。

従って、この窓の有効採光窓面積は $2.0×1.2×3.0 = 7.2$ m^2 となる。床面積14m^{2}の室に必要な採光面積は居室の床面積の1/7であるから、$14÷7 = 2$ m^2。有効採光面積の方が必要採光面積より大きいので、開口部の面積は適切である。

【例題3・2】　第二住居地域内にある図3・7のような隣地境界線に面する住宅における1階居室の開口部の採光補正係数（λ）を求めよ。

【解】　1階の軒を考慮した λ_1 を求める。$\lambda_1 = 6×0.8/1.6 - 1.4 = 1.6$

　　　2階の軒を考慮した λ_2 を求める。$\lambda_2 = 6×1.7/5.1 - 1.4 = 0.6$

λの値は不利な方の値、すなわち小さい方の値を採用しなければならないので、λ = 0.6 となる。

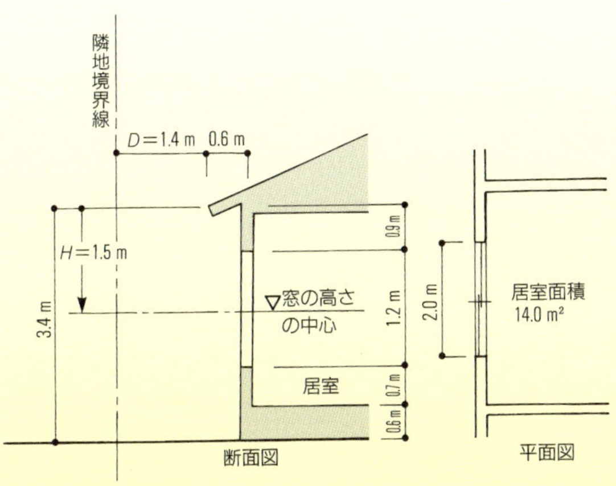

図3・6　【例題3・1】

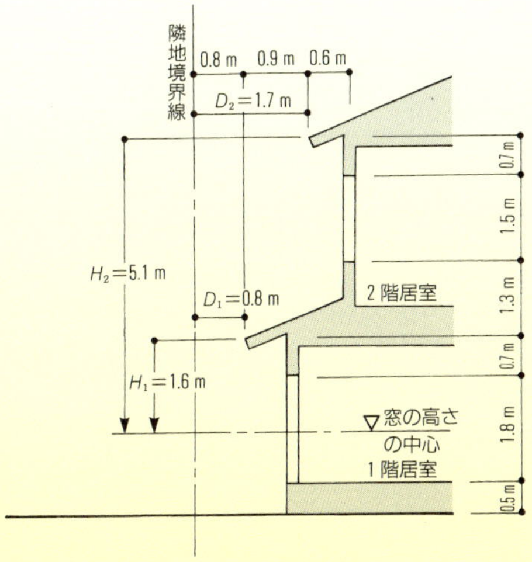

図3・7　【例題3・2】

3 換気

室内で空気汚染物質が発生すると、居住環境が悪化するので、汚染空気を室外に除去し、清浄な空気と入れ換えることを目的として換気が行われる。法では、居室の換気と換気設備の構造を規定している。

1）居室の換気（法28条2項）

居室には、換気のための窓その他の開口部を設け、その換気に有効な部分の面積（有効換気面積）は、その居室の床面積の1/20以上としなければならない。ただし、令20条の2または令129条の2の5に定められる換気設備を設けた場合には、有効換気面積を確保しなくてもよい。有効換気面積は、換気可能な実開口部の部分をいい、たとえば引き違いの場合には、開口部面積の1/2となる（図3・8）。

2）換気設備（令20条の2、令129条の2の5）

一般居室で換気のための有効な開口部が不足する場合は、自然換気設備、機械換気設備、中央管理方式の空気調和設備のいずれかを設けなければならない。その構造は次の❶〜❸に示すようなものとし、かつ、それぞれについて国土交通大臣が定めた構造方法を用いるものとする。また、表3・2に示すように劇場や火気を使用する調理室などには、換気設備の設置が義務づけられている。

❶自然換気設備　図3・9に示す構造とするとともに、次の条件を満足するものとする。

①排気筒の有効断面積は、次の式で計算した数値以上とする。

$$A_v \geqq A_f / 250\sqrt{h}$$

A_v：排気筒の有効断面積（m²）

A_f：居室の床面積（当該居室が換気上有効な窓その他の開口部を有する場合は、その開口部の換気上有効な面積に20を乗じて得た面積を当該居室の床面積から減じた面積）（m²）

h：給気口の中心から排気筒の頂部の外気に開放された部分の中心までの高さ（m）

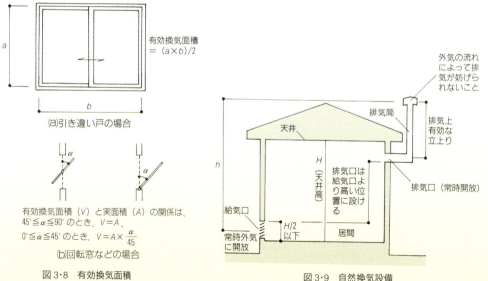

図3・8　有効換気面積　　　　図3・9　自然換気設備

表3・2　換気設備の必要な室と換気設備の種類

居室の区分	自然換気設備	機械換気設備	中央管理方式の空気調和設備
有効換気面積が不足する一般の居室	○	○	○
劇場、映画館、演芸場、観覧場、公会堂、集会場の居室	×	○	○
火気を使用する室	○	○	×

②給気口および排気口の有効開口面積はA_o以上とする。

ⓑ機械換気設備　図3·10に示すいずれかの方式とし、次の条件を満足するものとする。

①有効換気量は次の式で計算した数値以上とする。

$V = 20 A_f / N$

V：有効換気量（m³/h）

N：実況に応じた1人あたりの占有面積（特殊建築物の居室にあっては、3を超えるときは3と、その他の居室にあっては、10を超えるときは10とする）（m²）

②一つの機械換気設備が2以上の居室などで使用される場合においては、その換気設備の有効換気量は、2以上の居室その他の建築物の部分のそれぞれについて必要な有効換気量の合計以上とする。

ⓒ中央管理方式の空気調和設備　居室において表3·3の基準に適合するように空気を浄化し、その温度、湿度、流量を調節して供給することができる性能を有しなければならない。

ⓓ換気設備の性能基準　上記の構造の換気設備を用いない場合は、換気設備に関する性能基準に適合するものとして、国土交通大臣の認定を受けなければならない。

その性能は、当該居室で想定される通常の使用状態において、当該居室内の人が通常活動することが想定される空間の炭酸ガスの含有率をおおむね100万分の1000（0.1％）以下に、当該空間の一酸化炭素の含有率をおおむね100万分の6（0.0006％）以下に保つ換気ができるものでなければならない。

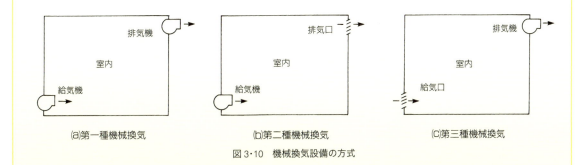

図3·10　機械換気設備の方式

表3·3　空気の浄化レベル

(1)	浮遊粉じんの量	0.15mg/m³ 以下
(2)	CO含有率	100万分の6（0.0006％、6ppm）以下
(3)	CO₂含有率	100万分の1000（0.1％、1000ppm）以下
(4)	温度	18℃〜28℃ （居室における温度を外気温より低くする場合は、その差を著しくしないこと）
(5)	相対湿度	40％〜70％
(6)	気流	0.5m/s 以下

この表の各項の右欄に掲げる基準を適用する場合における当該各項の右欄に掲げる事項についての測定方法は、国土交通省令で定める。

ⓔ**中央管理室** 　高さ31mを超える建築物または各構えの床面積の合計が1000m²を超える地下街に設ける機械換気設備（1室専用などの場合は除く）並びに中央管理方式の空気調和設備の制御および作動状態の監視は、中央管理室で行わなければならない。また、この中央管理室は、避難階またはその直上階若しく直下階に設けなければならない。

3）火気を使用する室の換気設備（法28条3項、令20条の3）

調理室など火を使用する室に設ける換気設備は、令20条の3第2項に適合した構造（図3・11に示すようなもの、または、室内の酸素濃度をおおむね20.5％以上に保つことができるものとして国土交通大臣の認定を受けたもの）としなければならない。ただし、次のような場合は換気設備を必要としない。

①密閉式燃焼器具等を設けている室。密閉式燃焼器具等とは、火を使用する設備または器具で直接屋外から空気を取り入れ、かつ、廃ガスその他の生成物を直接屋外に排出する構造を有するもの、その他室内の空気を汚染するおそれがないものをいう。

②面積の合計が100m²以内の住宅または住戸に設けられた調理室で、発熱量の合計が12kW以下の設備を設けた室であり、床面積の1/10（0.8m²未満のときは0.8m²とする）以上の有効開口面積を有する開口部を換気上有効に設けたもの。

③調理室以外で、発熱量の合計が6kW以下の設備を設けた室で、換気上有効な開口部を設けたもの。

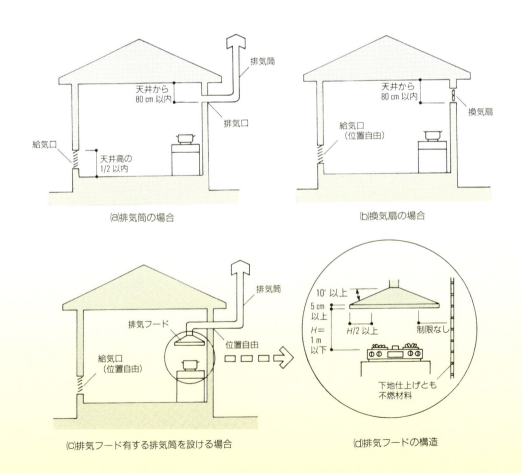

図3・11　火気を使用する室の換気設備の例

4) 石綿や化学物質の飛散・発散に対する衛生上の措置（法28条の2）

建築材料に用いられる化学物質や、家具、防虫剤、芳香剤など室内に持ち込まれる化学物質によって、建築物使用者の健康被害が起こることがある。これを一般にシックビル症候群（住宅の場合シックハウス症候群）と呼ぶ。また、石綿は中皮腫などの重大な健康被害をもたらす。これらを未然に防ぐための措置として、居室における石綿や化学物質を含む建築材料の使用制限と換気設備の設置の義務づけが法に規定されている。ここでいう居室には、常時開放された開口部を通じて相互に通気が確保される廊下などを含む。

石綿のほかに制限を受ける化学物質は、クロルピリホスとホルムアルデヒドである（令20条の4、20条の5）。クロルピリホスについては、添加から5年以上経過するなど発散のおそれがないものを除き、使用禁止となっている（令20条の6）。ホルムアルデヒドについては、表3・4に示すように、発散量に応じて建築材料を第1種〜第3種ホルムアルデヒド発散建築材料およびこれらに該当しないものの4種類に分類し、使用禁止、使用面積の制限または無制限を定めている（令20条の7）。

居室には、家具などからの化学物質の発散を考慮して、原則として機械換気設備（図3・10）の設置が義務づけられている（令20条の8）。このときの有効換気量は、次式に示す必要有効換気量（V_r）以上でなければならない。

$$V_r = nAh$$

n：換気回数（住宅等の居室は0.5回/h、その他の居室は0.3回/h）
A：居室の床面積（m²）
h：居室の天井高さ（m）

表3・4 建築材料の使用制限

材料区分	ホルムアルデヒドの発散速度 (mg/m²·h)	居室の区分・換気回数[*1]に応じた規制[*2]				
		住宅等の居室[*3]		住宅等の居室以外の居室		
		0.7回/h以上	左記以外	0.7回/h以上	0.5回/h以上 0.7回/h未満	左記以外
第1種ホルムアルデヒド発散建築材料	0.12を超える	使用禁止				
第2種ホルムアルデヒド発散建築材料	0.02を超え0.12以下	1.2	2.8	0.88	1.4	3.0
第3種ホルムアルデヒド発散建築材料	0.005を超え0.02以下	0.20	0.50	0.15	0.25	0.50
上記以外	0.005以下	使用制限なし				

[*1] 換気回数は、機械換気設備の有効換気量を居室の気積で除したもの。
[*2] 第2種、第3種ホルムアルデヒド発散建築材料は、内装仕上げ面積に規制の数値を乗じたものの合計が、その居室の床面積を超えないこと。ただし、中央管理方式の空気調和設備で、令129条の2の5第3項の規定を満足しかつホルムアルデヒドの発散による衛生上の支障がない換気が確保できるもの（国土交通大臣が定めた構造または国土交通大臣の認定を受けた構造としたもの）は、使用禁止および使用面積の制限の規制を受けない。また、ホルムアルデヒドの室内濃度を0.1mg/m³以下に保つことができるものとして国土交通大臣の認定を受けた居室も同様に規制を受けない。
[*3] 住宅の居室、下宿の宿泊室、寄宿舎の寝室、家具などの物品の販売業を営む店舗の売り場。

4 地階に設ける居室（法29条、令22条の2）

住宅の居室、学校の教室、病院の病室または寄宿舎の寝室で、地階に設けるものは、防湿、防水など衛生上必要な措置を講じなければならない。

1）居室の防湿の措置

地階に設ける居室は、次のいずれかを満足するようにしなければならない。

①図3・12に示すような、からぼり（ドライエリア）などの空地に面して、開口部を設ける。

②令20条の2に規定する換気設備を設ける。

③湿度を調節する設備を設ける。

2）直接土に接する部分の構造

直接土に接する屋根は次の①を満足し、外壁と床の部分は、次のいずれかを満足するようにしなければならない。

①直接土に接する外壁、床、屋根の部分には、防水層を設ける。ただし、それらのうち常水面以上の部分は耐水材料でつくり、材料の接合部などに防水措置を講じればよい。

②外壁と床は、直接土に接する部分を耐水材料でつくり、その部分と居室に面する部分の間に空隙を設け、この空隙から浸透水を排出する設備を設ける。

直接土に接する部分の構造は、上記にかかわらず、その部分から居室内に水が浸透しないものとして、国土交通大臣の認定を受けたものとすることができる。

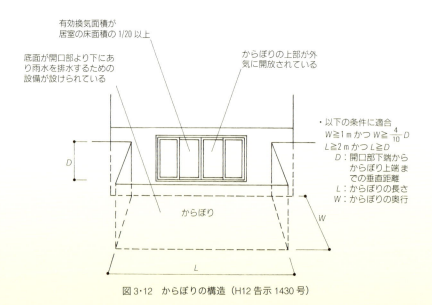

図3・12　からぼりの構造（H12告示1430号）

5 天井の高さと床の高さ

居室は、人々が健康で衛生的な生活が維持できるよう、天井の高さや床の高さの最低限が定められている。

1）居室の天井の高さ（令21条）

居室の天井の高さは、圧迫感がなく、衛生上十分な気積が確保できるようにしなければならない。そのために、居室の天井の高さは、2.1m以上と定められている（図3･13（a））。ただし、住宅の浴室、便所、物置などの居室でないものは、天井の高さの規定はない。

なお、天井の高さは床面から測り、1室で天井高の異なる場合は、その平均の高さとする（図3･13（b））。

2）居室の床の高さおよび防湿方法（令22条）

最下階の居室の床が木造の場合は、床の高さが低いと湿気などにより不衛生となりやすいので、床下に通風を得るために、次のような規定がある（図3･14）。ただし、床下をコンクリート、たたきなどの材料で覆う場合、および地面から発生する水蒸気によって床構造が腐食しないものとして、国土交通大臣の認定を受けたものである場合においては、この限りではない。

①床の高さをその直下の地面から床の仕上面まで45cm以上とする。

②外壁の床下部分には、防湿のために300cm^{2}以上の換気孔を壁の長さ5m以下ごとに設ける。なお、この換気孔には、ねずみの侵入を防ぐため格子や網などを設ける。

(a)居室　(b)天井の高さの計算

図3･13　天井の高さ

(a)木造床の高さ　(b)防湿上有効な措置を講じた場合　(c)床下換気孔

図3･14　床の高さ、床下換気

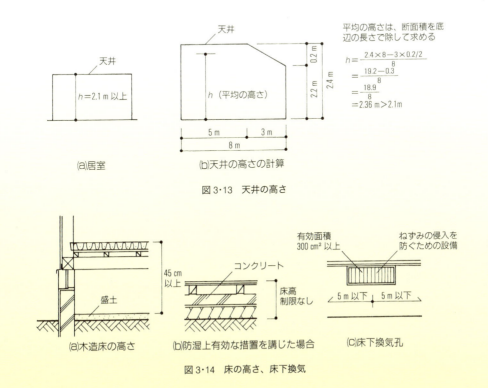

6 界壁の遮音構造（法30条、令22条の3）

長屋、共同住宅の各住戸間の壁（界壁）は、隣接する住居からの日常生活に伴い生ずる音を衛生上支障がないように低減し、プライバシーを確保するために、遮音上有害な隙間のない構造とし、小屋裏または天井裏まで達するものとする（図3・15）*。また、その構造は遮音性能に関する技術的基準に適合し、国土交通大臣が定めた構造方法を用いるもの、または国土交通大臣の認定を受けたものとしなければならない。

1）界壁の遮音性能に関する技術的基準

遮音性能の基準は、各振動数の音に対する透過損失が図3・16に示す数値以上であることと定められている。

2）仕様規定

上記の基準を満足するものとして国土交通大臣が定めた構造は、次の項目ごとに告示（S45告示1827号）に該当するものとする（表3・5）。

① 間柱および胴縁その他の下地などを有しない界壁の構造方法。
② 下地などを有する界壁の構造方法。

図3・15 界壁

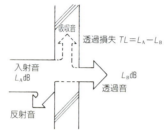

振動数（Hz）	透過損失（dB）
125（低音）	25
500（中音）	40
2000（高音）	50

図3・16 透過損失と遮音性能基準

表3・5 遮音性能を有する長屋または共同住宅の界壁の構造方法

（第1）間柱および胴縁その他の下地などを有しない界壁の構造方法	一	鉄筋コンクリート造、鉄骨鉄筋コンクリート造または鉄骨コンクリート造で厚さが10cm以上のもの	
	二	コンクリートブロック造、無筋コンクリート造、れんが造または石造で肉厚および仕上材料の厚さの合計が10cm以上のもの	
	三	土蔵造で厚さが15cm以上のもの	
	四	厚さが10cm以上の気泡コンクリートの両面に厚さが1.5cm以上のモルタル、プラスターまたはしっくいを塗ったもの	
	五	肉厚が5cm以上の軽量コンクリートブロックの両面に厚さが1.5cm以上のモルタル、プラスターまたはしっくいを塗ったもの	
	六	厚さが8cm以上の木片セメント板（かさ比重が0.6以上のものに限る）の両面に厚さが1.5cm以上のモルタル、プラスターまたはしっくいを塗ったもの	
	七	鉄筋コンクリート製パネルで厚さが4cm以上のもの（1m²当たりの質量が110kg以上のものに限る）の両面に木製パネル（1m²当たりの質量が5kg以上のものに限る）を堅固に取り付けたもの	
	八	厚さが7cm以上の土塗真壁造（真壁の四周に空隙のないものに限る）	
（第2）下地など（堅固な構造としたものに限る）を有する界壁の構造方法	一	下地などの両面を次のイからニまでのいずれかに該当する仕上げとした厚さが13cm以上の大壁造であるもの	イ 鉄網モルタル塗または木ずりしっくい塗で塗厚さが2cm以上のもの
			ロ 木毛セメント板張またはせっこうボード張の上に厚さ1.5cm以上のモルタルまたはしっくいを塗ったもの
			ハ モルタル塗の上にタイルを張ったものでその厚さの合計が2.5cm以上のもの
			ニ セメント板張または瓦張の上にモルタルを塗ったものでその厚さの合計が2.5cm以上のもの
	二	界壁の厚さ（仕上材料の厚さを含まないものとする）が10cm以上であり、その内部に厚さが2.5cm以上のグラスウール（かさ比重が0.02以上のものに限る）またはロックウール（かさ比重が0.04以上のものに限る）を張ったもので、界壁の両面を次の(1)または(2)のいずれかに該当する仕上材料でおおったもの	
		(1) 厚さが1.2cm以上のせっこうボード、厚さが2.5cm以上の岩綿保温板または厚さが1.8cm以上の木毛セメント板の上に厚さが0.09cm以上の亜鉛めっき鋼板を張ったもの	
		(2) 厚さが1.2cm以上のせっこうボードを2枚以上張ったもの	

* 天井の構造が隣戸の日常生活音を低減する性能に関して政令で定める技術的基準（図3・16）に適合するものは、小屋裏または天井裏まで達することを要しない。

7 階段と傾斜路

階段や傾斜路は、日常的には利用者の安全と利便を確保し、非常時には重要な避難路としての有効性を確保するために、用途による寸法や構造などが規定されている。

1) 階段（令23条）

階段および踊場の幅並びに階段のけあげ、踏面の寸法（図3・17）は、建築物の用途および床面積により、表3・6のように定められている。ただし、屋外階段および住宅の階段については次のような規定がある。

① 屋外階段の幅は、令120条（直通階段の設置）または令121条（2以上の直通階段の設置）の規定による直通階段にあっては90cm以上、その他は60cm以上とすることができる。

② 住宅の階段（共同住宅の共用の階段を除く）のけあげは23cm以下、踏面は15cm以上とすることができる。

なお、回り階段の部分における踏面の寸法は、踏面の狭い方の端から30cmの位置で測るものとする（図3・18（a））。また、階段および踊場の幅は、仕上の内法の有効幅で測定する。このとき、手すりおよび階段の昇降を安全に行うための設備で高さ50cm以下に設けたものは、幅が10cmを限度としてないものとみなして算定する（図3・18（b））。

2) 踊場（令24条）

長い階段が続くと落下事故などで危険なため、次に示すように一定の高さごとに一定寸法の踊場を設けるなど、安全性を確保するようにしなければならない。

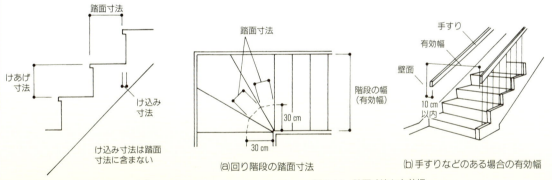

図3・17 けあげと踏面の寸法　　図3・18 踏面寸法と有効幅

表3・6 階段の寸法

	階段の種別	階段およびその踊場の幅（cm）	けあげの寸法（cm）	踏面の寸法（cm）
(1)	小学校（義務教育学校の前期課程を含む）における児童用のもの	140以上	16以下*1	26以上
(2)	中学校（義務教育学校の後期課程を含む）、高等学校、中等教育学校における生徒用のもの、物品販売業（部品加工修理業を含む）を営む店舗で床面積の合計が1500m²を超えるもの、劇場、映画館、演芸場、公会堂若しくは集会場における客用のもの	140以上	18以下*2	26以上*2
(3)	直上階の居室の床面積の合計が200m²を超える地上階、または居室の床面積の合計が100m²を超える地階若しくは地下工作物内におけるもの	120以上	20以下	24以上
(4)	(1)～(3)までに掲げる階段以外のもの	75以上	22以下*3	21以上*3

*1 階段の両側に手すりを設け、踏面の表面を滑りにくい材料で仕上げた場合は、18cm以下とすることができる（H26告示709号）。この規定により、中学校を義務教育学校にする場合の階段の改修が容易になる。
*2 階段の両側に手すりを設け、踏面の表面を滑りにくい材料で仕上げた場合は、けあげ20cm以下、踏面24cm以上とすることができる（R2告示202号）。
*3 階段の両側に手すりを設け、踏面の表面を滑りにくい材料で仕上げた場合は、けあげ23cm以下、踏面19cm以上とすることができる（H29告示868号）。
* 上記のほか、階数2以下かつ延べ面積200m²未満の(1)～(4)の建築物で、階段の両側に手すりを設け、踏面の表面を滑りにくい材料で仕上げ、かつ階段付近に注意表示をしたものは、幅75cm以上、けあげ23cm以下、踏面15cm以上とすることができる（R2告示202号）。

①学校、劇場、店舗など表3・6の(1)、(2)に該当する階段で高さが3mを超えるものは、高さが3m以内ごとに、その他の階段で高さが4mを超えるものは、4m以内ごとに踊場を設けなければならない（図3・19）。

②①の階段が直階段の場合は、踊場の踏幅を1.2m以上とする（図3・20）。

3）手すり（令25条）

階段および踊場の手すりについては、利用者の安全な昇降という観点から次のように定められている。

①階段には必ず手すりを設けなければならない。

②階段および踊場の両側には、手すりが設けられた側を除き、側壁などを設ける。階段部分の手すりの高さには特に規定はないが、踊場などで吹抜けに面した部分の手すり高は1.1m以上とする。

③階段の幅が3mを超える場合は、中間に手すりを設ける。ただし、けあげが15cm以下で、かつ、踏面が30cm以上のものには設けなくてもよい。

④階段の高さ1m以下の部分には、手すりや側壁を設けなくてもよい。

4）傾斜路（令26条）

階段に代わる傾斜路には次のような規定がある。

①勾配は1/8を超えない。表面は粗面とし、滑りにくい材料で仕上げる。

②幅、踊場および手すりは、階段の規定を適用する。

5）その他（令27条、令129条の9）

昇降機機械室用階段、物見塔用階段、特殊の用途に専用する階段については、上記の1）から3）の規定は適用しない。ただし、昇降機機械室用階段は、けあげ23cm以下、踏面15cm以上とし、両側に壁または手すりを設ける。

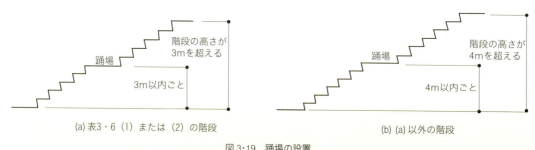

図3・19　踊場の設置

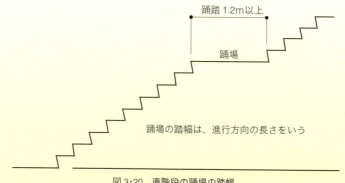

図3・20　直階段の踊場の踏幅

3・2 構造強度

❶建築物の構造耐力（法20条）

　建築物は、自重、積載荷重、積雪荷重、風圧、地震などに対して安全な構造とするために、表3・7に示す建築物の構造や規模により、次の①〜④の構造計算を行い、❷から❻までに述べる各構造の仕様規定（①と②の限界耐力計算は、表3・8の規定）に適合するものでなければなければならない。

①超高層建築物は、荷重・外力によって各部分に連続的に生ずる力および変形を把握するなどの構造計算によって安全性を確かめ、国土交通大臣の認定を受ける。

②大規模建築物のうち、高さ31mを超える建築物は、❼の保有水平耐力計算、❽の限界耐力計算、または①の方法によって安全性を確かめる。

③大規模建築物のうち、高さ31m以下の建築物は、❾の許容応力度等計算、または①、②の方法によって安全性を確かめる。

④中規模建築物は、構造耐力上主要な部分ごとに、応力度が許容応力度を超えないことを確かめる。

　なお、上記①〜④に該当しない小規模建築物は、以下の❷〜❻の仕様規定に適合すればよい。また、エキスパンションジョイントで接続されている建築物は、それぞれ別の建築物とみなして①〜④を適用する。

表3・7　構造計算の必要な建築物の構造と規模（2025年4月改正予定）

建築物の種類	I. 超高層建築物	II. 大規模建築物					III. 中規模建築物		
条項	法20条1項一号	法20条1項二号					法20条1項三号		
		高さ≦60m					高さ≦60m（II以外の建築物）		
構造・規模	高さ>60m	木造	鉄骨造	鉄筋コンクリート造 鉄骨鉄筋コンクリート造	組積造 補強コンクリートブロック造	令36条の2第四号の建築物	木造	木造以外	主要構造部（床、屋根、階段を除く）が石造、れんが造、コンクリートブロック造、無筋コンクリート造など
		①高さ>13m ②軒の高さ>9m	高さ>20m	①階数（地階を除く）≧4 ②階数（地階を除く）≦3で高さ>13mまたは軒の高さ>9m	階数（地階を除く）≧4	①階数（地階を除く）≧4 ②高さ>13mまたは軒の高さ>9m	①階数≧3 ②延べ面積>500m²	①階数≧2 ②延べ面積>200m²	①高さ>13m ②軒の高さ>9m

表3・8　耐久性等関係規定

令36条	構造方法に関する技術的基準	令70条	鉄骨造の柱の防火被覆
令36条の2	地上4階以上の鉄骨造に準ずる建築物	令72条	コンクリートの材料
令36条の3	構造計算の原則	令74条	コンクリートの強度
令37条	構造部材の耐久性	令75条	コンクリートの養生
令38条	基礎（1、5、6項）	令76条	型枠および支柱の除去
令39条	屋根葺き材料等*（1、4項）	令79条	鉄筋のかぶり厚さ
令41条	木材	令79条の3	鉄骨のかぶり厚さ
令49条	木造外壁内部等の防腐措置等	令80条の2	構造方法に関する補則

*　屋根葺き材、内装材、外装材などの脱落防止、特定天井（脱落によって重大な危害を生ずるおそれがあるもの）の防腐措置など。

2 木造

木造の建築物または他の構造と併用する建築物の木造の構造部分については、その材料および構造について令41条から令49条までの規定を満足しなければならない。ただし、茶室・あずまやなどの建築物、または延べ面積が $10m^2$ 以内の物置、納屋などについては適用されない。

1）木材（令41条）

構造耐力上主要な部分[*1]に用いられる木材の品質は、節、腐れ、繊維の傾斜、丸身などによる耐力上の欠点のないものを用いる。

2）土台と基礎（令42条）

構造耐力上主要な部分である柱で、最下階に使用するものの下部には、土台を設けなければならない。ただし、その柱を基礎に緊結した場合または平家建の建築物で足固めを使用した場合（地盤が軟弱な区域では基礎への緊結が必要）には土台を設けなくてもよい。

また、土台は、基礎に緊結しなければならない。ただし、地盤が軟弱な区域外における平家建の建築物で延べ面積 $50m^2$ 以下のものは、この限りでない。

3）柱の小径（令43条）

構造耐力上主要な部分である柱の梁間方向[*2]および桁行方向の小径は、それぞれの方向でその柱に接着する土台、足固め、胴差し、梁、桁などの構造耐力上主要な部分である横架材間の垂直距離に対して、表3・9に示す割合以上でなければならない。また、地階を除く階数が2を超える建築物の1階の構造耐力上主要な部分である梁間方向および桁行方向の柱の小径は、13.5cm以上とする。ただし、国土交通大臣が定める基準に従った構造計算によって構造耐力上安全であることが確かめられた場合においては、この限りでない。

表3・9 柱の小径（2025年4月改正予定）

建築物	柱	梁間方向または桁行行方向に相互の間隔が10m以上の柱または学校、保育所、劇場、映画館、演芸場、観覧場、公開堂、集会場、物品販売業を営む店舗（床面積の合計が $10m^2$ 以内のものを除く）若しくは公衆浴場の用途に供する建築物の柱		左欄以外の柱	
		最上階または階数が1の建築物の柱	その他の階の柱	最上階または階数が1の建築物の柱	その他の階の柱
(1)	土蔵造の建築物その他これに類する壁の重量が特に大きい建築物	1/22	1/20	1/25	1/22
(2)	(1)に掲げる建築物以外の建築物で屋根を金属板、石板、石綿スレート、木板その他これらに類する軽い材料で葺いたもの	1/30	1/25	1/33	1/30
(3)	(1)および(2)に掲げる建築物以外の建築物	1/25	1/22	1/30	1/28

[*1] 構造耐力上主要な部分とは、基礎、基礎ぐい、壁、柱、小屋組、土台、斜材、床版、屋根版または横架材で、建築物の自重もしくは積載荷重、積雪荷重、風圧力、土圧若しくは水圧または地震その他の振動若しくは衝撃をささえるものをいう。

[*2] 法令用語は「張り間方向」であるが、本書では学術用語に従い「梁間方向」とする。

柱の必要断面積の 1/3 以上を欠き取る場合は、補強しなければならない。また、階数が 2 以上の建築物における隅柱またはこれに準ずる柱は、通し柱またはこれと同等以上の耐力を有するよう補強したものでなければならない。

構造耐力上主要な部分である柱の有効細長比（最小断面二次半径に対する座屈長さの比）は、150 以下とする。

4）筋かい（令 45 条）

建築物を地震力や風圧力のような水平力に対して安全であるようにするには、軸組に水平方向の抵抗力がなければならない。そのためには、強固な壁や筋かいを設ける必要がある。そのため、筋かいについて次のような規定が定められている。

①引張力を負担する筋かい（引張筋かい）は、厚さ 1.5cm 以上で幅 9cm 以上の木材、または径 9mm 以上の鉄筋を使用したものとする（図 3・21）。

②圧縮力を負担する筋かい（圧縮筋かい）は、厚さ 3cm 以上で幅 9cm 以上の木材を使用したものとする（図 3・22）。

③筋かいの端部は、柱と梁などの横架材との仕口に接近し、ボルト、かすがい、釘などの金物で緊結する。

④筋かいには、欠込みをしてはならない。ただし、たすき掛けにするためにやむを得ない場合で補強を施したときは、この限りでない（図 3・23）。

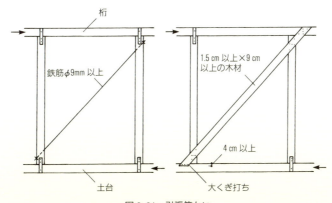

図 3・21　引張筋かい

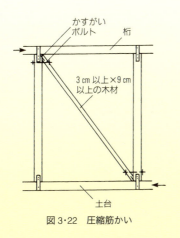

図 3・22　圧縮筋かい

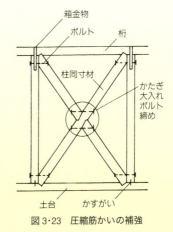

図 3・23　圧縮筋かいの補強

5）構造耐力上必要な軸組（令46条）

　構造耐力上必要な部分である壁、柱および横架材を木造とした建築物は、すべての方向の水平力に対して安全であるように、各階の梁間方向および桁行方向にそれぞれ壁を設けるか、筋かいを入れた軸組をつり合いよく配置しなければならない。ただし、国土交通大臣が定める基準に従った構造計算によって安全性が確かめられたものや、方づえ、控柱または控壁があって構造耐力上支障がないものは、この限りでない。

　また、構造計算による場合を除き、床組および小屋ばり組の隅角部には火打材を使用し、小屋組には振れ止めを設けなければならない。

6）軸組の長さの計算（令46条1項、4項）*

　階数が2以上、または延べ面積50m²を超える木造建築物では、地震力や風圧力に対して安全であるように、各階の梁間方向および桁行方向のそれぞれについて壁または筋かいを入れた軸組をバランスよく設け、その長さは、床面積と見付面積に応じて算出する数値以上としなければならない。

　床面積と見付面積が関係するのは、地震力は建築物の重量すなわち床面積にほぼ比例し、風圧力は建築物の風を受ける面積（見付面積）にほぼ比例すると考えられるからである。検討は次の手順で行う。

①次式によって地震力に対する各階の必要軸組長さを求める（これは梁間方向と桁行方向ともに同じ値、すなわち階ごとに一つの値になる）。

　　地震力に対する必要軸組長さ＝その階の床面積×その階に応じた表3・10の数値

②次式によって風圧力に対する各階の必要軸組長さを、梁間方向と桁行方向のそれぞれについて求める。

　　風圧力に対する必要軸組長さ＝その階の見付面積×区域に応じた表3・11の数値

表3・10　単位床面積あたりの必要軸組長さ

建築物	階数	階の床面積に乗ずる数値（cm/m²）					
		階数が1の建築物	階数が2の建築物		階数が3の建築物		
			1階	2階	1階	2階	3階
(1)	土蔵造などの重い壁のある建築物および(2)以外の建築物	15	33	21	50	39	24
(2)	土蔵造など以外で屋根を金属板、石板、石綿スレートなどの軽い材料で葺いた建築物	11	29	15	46	34	18

表3・11　単位見付面積あたりの必要軸組長さ

区域		見付面積に乗ずる数値（cm/m²）
(1)	特定行政庁が指定する強い風が吹く区域	50を超え75以下で特定行政庁が定める数値
(2)	(1)以外の区域	50

＊　2025年4月に改正が予定されている。

ここで、見付面積は、図3・24に示した部分をいう。

③各階の梁間方向と桁行方向について、壁量（軸組の種類ごとの軸組の長さ×軸組の種類に応じた表3・12の倍率）の合計を求める。

④各階の梁間方向と桁行方向について、③で求めた壁量が①または②で求めた必要軸組長さ以上であることを確かめる。

⑤令82条の3に定める方法で偏心率を求め、その値が0.3以下であることを確認する。

⑥⑤によらない場合は、H12告示1352号により、側端部分（梁間方向においては桁行方向の、桁行方向においては梁間方向の両端から1/4の部分）に十分な壁量があるかどうか、または、この部分の壁量のバランスがとれているかどうかを検討する（実例p.178参照）。

7）外壁などの防腐措置（令49条）

木造の外壁のうち、鉄網モルタル塗など軸組が腐りやすいものの下地には防水紙などを使用しなければならない。また、柱、筋かい、土台のうち、地面から1m以内の部分には防腐措置を講じ、必要に応じて防蟻措置を講じる。

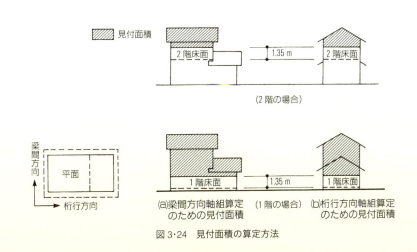

図3・24　見付面積の算定方法

表3・12　軸組の種類による倍率

軸組の種類		倍率			
土塗壁		0.5			
木ずり壁		片面	0.5	両面	1.0
筋かい	1.5cm以上×9cmの木材 φ9mm以上の鉄筋	片側	1.0	たすき掛け	2.0
	3cm以上×9cm以上の木材		1.5		3.0
	4.5cm以上×9cm以上の木材		2.0		4.0
	9cm角の木材		3.0		5.0
土塗壁または木ずり壁と筋かいを併用した軸組		それぞれの数値の和			

3 組積造

　れんが造、石造、コンクリートブロック造その他の組積造（補強コンクリートブロック造を除く）の建築物、または組積造と木造その他の構造とを併用する建築物の組積造の部分については、構造計算によるものや小規模のものなどを除き、令51条から令62条までの規定を満足しなければならない。

1）壁の長さと厚さ（令54条、令55条）

　組積造の壁の長さは、10m以下としなければならない（図3・25）。

　組積造の壁の厚さ（仕上材料の厚さを含まない）は、その建築物の階数およびその壁の長さに応じて、それぞれ表3・13の数値以上とし、かつ、その階の壁の高さの1/15以上としなければならない。また、間仕切壁の厚さは、これより10cm減らすことができるが、20cm以下としてはならない。さらに、各階の壁の厚さは、その上にある壁の厚さより薄くしてはならない。

2）臥梁（令56条）

　組積造の壁には、その各階の壁頂に鉄骨造または鉄筋コンクリート造の臥梁を設けなければならない。ただし、その帳壁に鉄筋コンクリート造の屋根版、床版などが接着する場合、階数が1で壁厚が壁の高さの1/10以上の場合、または、壁の長さが5m以下の場合には、臥梁は不要である。

3）開口部（令57条）

　組積造においては開口部の幅が制限され、まぐさによる補強などが義務づけられている（図3・26）。

4）組積造の塀（令61条）

　組積造の塀は図3・27に示すような構造にしなければならない。

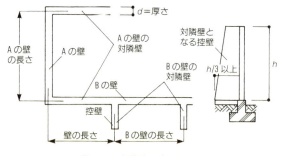

図3・25　組積造の壁の長さ

表3・13　組積造の壁の厚さ

建築物の階数	壁の長さ 5m以下の場合	5mを超え10m以下の場合
階数が2以上の建築物	30cm	40cm
階数が1の建築物	20cm	30cm

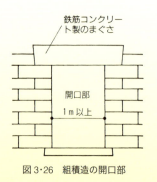

図3・26　組積造の開口部

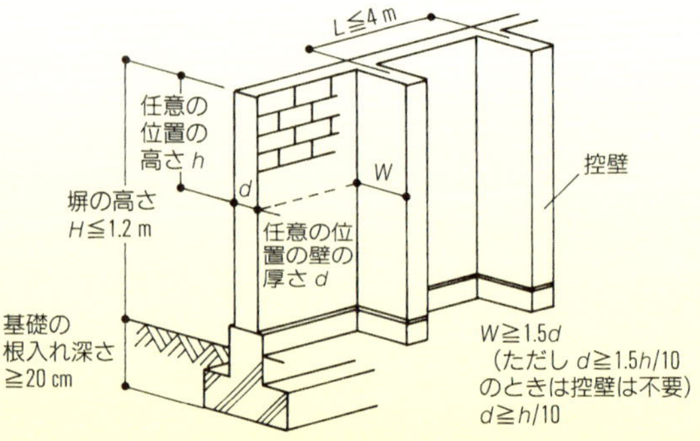

図3・27　組積造の塀

4 補強コンクリートブロック造

　補強コンクリートブロック造の建築物または補強コンクリートブロック造とその他の構造とを併用する建築物の補強コンクリートブロック造の部分については、令62条の4から令62条の8までの規定を満足しなければならない。ただし、高さ4m以下で、かつ、延べ面積が20m²以内の建築物には、目地および空胴部（令62条の6）および帳壁（令62条の7）の規定だけが適用される。

1）耐力壁（令62条の4）

　耐力壁は臥梁とともに補強コンクリートブロック造の構造上最も重要な部分であり、次のような規定を満足しなければならない。

①各階の耐力壁の中心線によって囲まれた部分の水平投影面積は、60m²以下とする。

②各階の耐力壁の長さの合計は、梁間方向、桁行方向のそれぞれについて、その階の床面積1m²につき15cm以上とする。

③耐力壁の厚さは15cm以上で、かつ、その耐力壁に作用する、これと直角な方向の水平力に対する構造耐力上主要な支点間の水平距離の1/50以上とする（図3・28）。

④耐力壁は、その端部および隅角部に径12mmの鉄筋を縦に配置し、さらに径9mm以上の鉄筋を縦横に80cm以内の間隔で配置する。

⑤耐力壁は、縦筋の末端をかぎ状に折り曲げ、その縦筋の径の40倍以上の長さを基礎または基礎ばり、臥梁または屋根版に定着するなど、相互にその存在応力を伝えることができる構造とする（図3・29）。

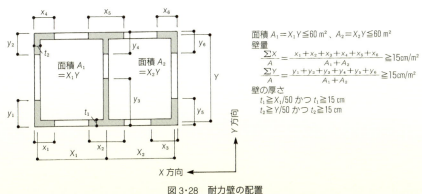

図3・28　耐力壁の配置

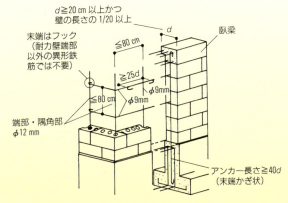

図3・29　補強コンクリートブロック造の各部

⑥耐力壁に用いる横筋の末端は、かぎ状に折り曲げる。ただし、耐力壁の端部以外の部分における異形鉄筋の末端にあっては、この限りでない。継手の重ね長さは、溶接の場合を除き径の25倍以上とする。また、耐力壁の端部が、他の耐力壁または柱に接着する場合には、横筋の末端をこれらに定着させる。これらの鉄筋に溶接する場合を除き、定着させる部分の長さを横筋の径の25倍以上とする。

2）臥梁（令62条の5）

耐力壁の各階の壁頂には、鉄筋コンクリート造の臥梁を設けなければならない。ただし、階数が1で、その壁頂に鉄筋コンクリート造の屋根版が接着する場合は臥梁は不要である。臥梁の有効幅は、20cm以上、かつ耐力壁の水平力に対する支点間距離の1/20以上としなければならない。

3）目地および空胴部（令62条の6）

コンクリートブロックの空胴部で、鉄筋を入れたものおよび縦目地に接するものは、モルタルまたはコンクリートで埋めなければならない。また、耐力壁や門または塀に用いる縦筋は、溶接またはこれと同等の強度を有する接合方法による場合を除き、空胴部内で継いではならない。

4）塀（令62条の8）

補強コンクリートブロック造の塀は、図3・30のように各部の規定が定められている。

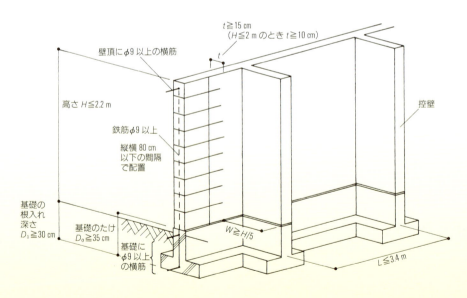

図3・30　補強コンクリートブロック造の塀

5 鉄骨造

鉄骨造の建築物または鉄骨造とその他の構造とを併用する建築物の鉄骨造の部分については、令64条から令70条までの規定を満足しなければならない。鉄骨造は、工場で生産された鋼材を鉄骨加工工場や建設現場で接合するが、構造耐力上主要な部分の接合部には大きな応力が作用するので、この接合部についての規定に重点が置かれている。

1）圧縮材の有効細長比（令65条）

構造耐力上主要な部分である鋼材の圧縮材の有効細長比は、柱にあっては200以下、柱以外のものにあっては250以下としなければならない。

2）柱脚（令66条）

柱脚は、滑節構造の場合を除き、アンカーボルトなどで基礎に緊結しなければならない。

3）接合（令67条、令68条）

鋼材の接合は、高力ボルト接合、溶接接合またはリベット接合（ステンレス鋼は、リベットは不可）によらなければならない。ただし、軒高9m以下、梁間13m以下の建築物（延べ面積が3000m²を超えるものを除く）は、ボルトをコンクリートに埋め込む、ナットを溶接する、またはナットを二重に使用するなど、戻り止めをする場合は、ボルト接合とすることができる。

高力ボルト、ボルトまたはリベットの相互間の中心距離と高力ボルト孔、ボルト孔の大きさについては、図3·31および表3·14のように規定される。

4）柱の防火被覆（令70条）

地階を除く階数が3以上の建築物で、主要構造部が耐火構造または準耐火構造以外のものは、一つの柱の火災による耐力低下で建築物が容易に倒壊することがないよう、そのおそれのある柱は30分間の加熱に対する非損傷性をもつ構造としなければならない。

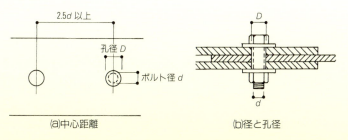

図3·31　高力ボルト、ボルト、リベットの中間距離と孔径

表3·14　高力ボルト、ボルト、リベットの孔径

径 \ 種類	高力ボルト		ボルト		リベット
径 d	27mm以上の場合	27mm未満の場合	20mm以上の場合	20mm未満の場合	リベット孔に充分埋まるように打つ
孔径 D	$(d+3)$ mm以下	$(d+2)$ mm以下	$(d+1.5)$ mm以下	$(d+1)$ mm以下	

6 鉄筋コンクリート造

　鉄筋コンクリート造の建築物または鉄筋コンクリート造とその他の構造とを併用する建築物の鉄筋コンクリート造の構造部分については、小規模なものを除き、原則として令72条から令79条までの規定を満足しなければならない。

1）コンクリートの材料（令72条）

　コンクリートに必要な強度、耐久性および耐火性を得られるように、コンクリート材料の品質を、次に定めるものとする。

　①骨材、水、および混和材料は、鉄筋を錆びさせたり、コンクリートの凝結、硬化を妨げるような酸、塩、有機物、泥土を含まないものとする。

　②骨材は、鉄筋相互間や鉄筋とせき板との間を容易に通る大きさとし、適切な粒度や粒形のものとする。また、コンクリートの強度、耐久性、耐火性を損なうものであってはならない。

2）鉄筋の継手と定着（令73条）

　鉄筋の末端は、かぎ状に折り曲げ、コンクリートから抜け出ないように定着しなければならない。

　ただし、異形鉄筋を使用する場合は、柱および梁（基礎梁を除く）ので出隅部分と煙突を除いて、その末端を折り曲げなくてもよい。

　鉄筋の継手の部分では、引張力が十分に伝わるように、主筋または耐力壁の鉄筋の継手の重ね長さを十分に確保しなければならない（図3・32）。

　柱に取り付ける梁の引張鉄筋は、柱の主筋に溶接する場合を除き、柱に定着される部分の長さをその径の40倍以上としなければならない（図3・33）。

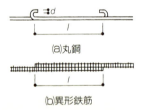

継手の位置 コンクリートの種類	引張力の最も小さい部分	その他の部分
普通コンクリート	25d 以上	40d 以上
軽量コンクリート	30d 以上	50d 以上

d：径の異なる鉄筋の継手においては細い方の鉄筋径とする

図3・32　鉄筋の継手

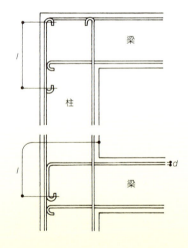

コンクリートの種類	定着長さ l
普通コンクリート	40d 以上
軽量コンクリート	50d 以上

注　異形鉄筋の場合はフックをつけなくてもよい

図3・33　梁端部の鉄筋の定着

3）コンクリートの強度（令74条）

鉄筋コンクリート造に使用するコンクリートの強度は次に定めるものとする。

① 4週圧縮強度は、12 N/mm²（軽量骨材を使用する場合は 9 N/mm²）以上とする。

② 設計基準強度との関係において、国土交通大臣が安全上必要であると認めて定める基準に適合するものとする。

4）コンクリートの養生（令75条）

コンクリートの打込み中および打込み後5日間は、コンクリートの温度が2度未満にならないようにし、かつ、乾燥・震動等によってコンクリートの凝結および硬化が妨げられないように養生しなければならない（凝結および硬化を促進するための特別の措置をする場合を除く）。

5）型わくおよび支柱の除去（令76条）

構造耐力上主要な部分にかかわる型わくおよび支柱は、コンクリートが自重および工事の施工中の荷重によって著しい変形またはひび割れなどを受けない強度になるまでは、取りはずしてはならない。

6）柱、梁、床版、耐力壁の構造（令77条～78条の2）

構造耐力上主要な部分である柱、梁などは、次に示すような構造としなければならない。ただし、構造計算によって安全であることが確かめられた場合は、規定の一部は適用しなくてもよい。

❶ 柱 柱の小径は、支点間の距離の1/15以上とし、主筋および帯筋は図3・34に示すように配筋する。

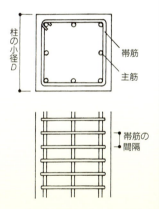

柱の小径		構造耐力上主要な支点間の1/15以上
主筋	本数	4本以上
	断面積	コンクリート断面積の0.8%以上
帯筋（フープ）	緊結	帯筋は主筋に緊結する
	径	6mm以上
	間隔	端部から柱の小径の2倍以内 10cm以下 中央部 15cm以下 最も細い主筋の15倍以下
	帯筋比	0.2%以上

図3・34 柱の構造

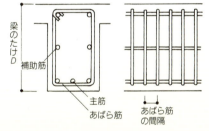

主筋	複筋梁
あばら筋（スターラップ）	梁のたけを D cm とした場合間隔は 3/4D 以下

図3・35 梁の構造

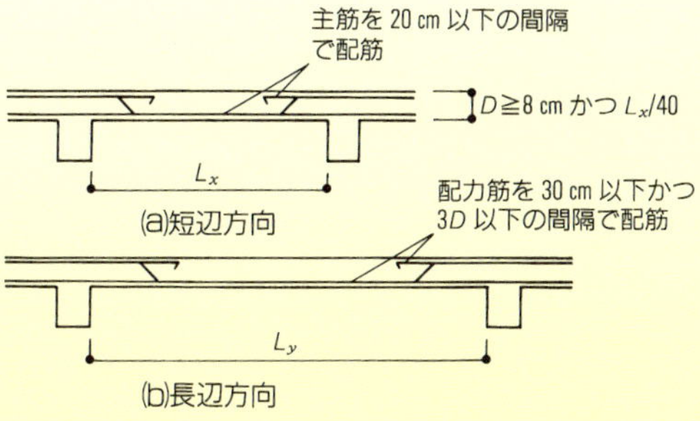

厚さ	8cm以上、かつ短辺方向の有効梁間長さの1/40
配筋	短辺方向 20cm以下 長辺方向 30cm以下、かつ床板厚さの3倍以下

図3・36 床版の構造

ⓑ 梁 梁は、複筋梁とし、あばら筋を図 3·35 に示すように配置する。

ⓒ 床版 床版は、厚さを 8cm 以上とし、短辺方向における有効梁間長さおよび最大曲げモーメントを受ける引張鉄筋の間隔などは、図 3·36 の数値以下とする。

ⓓ 耐力壁 耐力壁の厚さは 12cm 以上とし、開口部周辺の補強筋は径 12mm 以上とし、表 3·15（a）のように定められている。

また、壁式構造の耐力壁は、長さを 45cm 以上とし、端部や隅角部には 12mm 以上の鉄筋を縦に配置しなければならない。なお各階における頂部および脚部を耐力壁の厚さ以上の壁梁に緊結し、耐力壁の存在応力を相互に伝えることができるようにしなければならない（表 3·15（b））。

7）鉄筋のかぶり厚さ（令 79 条、令 139 条）

鉄筋のかぶり厚さとは、図 3·37 に示すように最も外側の配筋の外面からコンクリート表面までの厚さをいう。

コンクリートの中性化による鉄筋の錆の防止や火災時の鉄筋の強度低下の防止などのため、表 3·16 のように構造の部位ごとに鉄筋のかぶり厚さが規定されている。

表 3·15 耐力壁の規定

(a) 耐力壁の規定

厚さ		12cm 以上
配筋	補強筋	開口部周囲に 12mm 以上の鉄筋
	縦筋 横筋	9mm 以上の鉄筋、間隔 30cm 以下（複配筋のときは 45cm 以下） 平家建てのときは、35cm 以下（複配筋のときは 50cm 以下）
柱、梁との接合部		その部分の存在応力を伝えることができるようにする

(b) 壁式構造の耐力壁の規定

厚さ、配筋、柱、梁との接合部	(a) と同じ
長さ	45cm 以上
端部と隅角部	12mm 以上の鉄筋を縦に配置
頂部と脚部	耐力壁の厚さ以上の幅の壁梁、基礎梁などに緊結

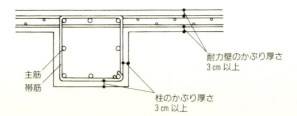

図 3·37 かぶり厚さのとり方

表 3·16 鉄筋のかぶり厚さ

構造部分	かぶり厚さの最小値
(1) 耐力壁以外の壁、床	2cm
(2) 耐力壁、柱、梁	3cm
(3) 土に接する壁・柱・床・梁・布基礎の立上がり部分	4cm
(4) 基礎（布基礎の立上がり部分を除く）*	6cm

* 捨てコンクリート部分の厚さは含まない

7 保有水平耐力計算

保有水平耐力計算とは、応力度の計算、層間変形角の計算、保有水平耐力の計算、屋根ふき材等の構造計算を行う計算をいう。

1）応力度の計算（令82条）

応力度の計算は、次のような手順で行う。

① 荷重と外力を求め、それらによって建築物の構造耐力上主要な部分に生ずる力を計算する。

② この力によって各部材断面に生じる長期および短期の応力度を、表3・17の式によって計算する。

③ 構造耐力上主要な部分ごとに各応力度が許容応力度を超えないことを確かめる。

2）層間変形角の計算（令82条の2）

建築物の地上部分については、地震力によって各階に生じる層間変位を計算し、図3・38に示す層間変形角が1/200以下であることを確かめなければならない。

3）保有水平耐力の計算（令82条の3）

建築物の地上部分については、各階の水平力に対する耐力（保有水平耐力）が、必要保有水平耐力以上であることを確かめなければならない。

4）屋根ふき材等の構造計算（令82条の4）

屋根ふき材、外装材、屋外に面する帳壁については、風圧に対して構造上安全であることを確かめなければならない。

表3・17　長期および短期に生ずる力

力の種類	荷重、外力の状態	一般の区域	多雪区域	備考
長期に生ずる力	常時	$G+P$	$G+P$	
	積雪時		$G+P+0.7S$	
短期に生ずる力	積雪時	$G+P+S$	$G+P+S$	
	暴風時	$G+P+W$	$G+P+W$	建築物の転倒、柱の引抜き等を検討する場合は、Pについては、建築物の実況に応じて積載荷重を減じた数値による
			$G+P+0.35S+W$	
	地震時	$G+P+K$	$G+P+0.35S+K$	

G、P、S、W、Kは、次の力（軸方向力、曲げモーメント、せん断力等）を表す。
G：固定荷重によって生ずる力
P：積載荷重によって生ずる力
S：積雪荷重によって生ずる力
W：風圧力によって生ずる力
K：地震力によって生ずる力

各階の層間変形角　$\dfrac{\delta_i}{h_i} \leq \dfrac{1}{200}$

ただし、δ_i：層間変位
　　　　h_i：各階の高さ

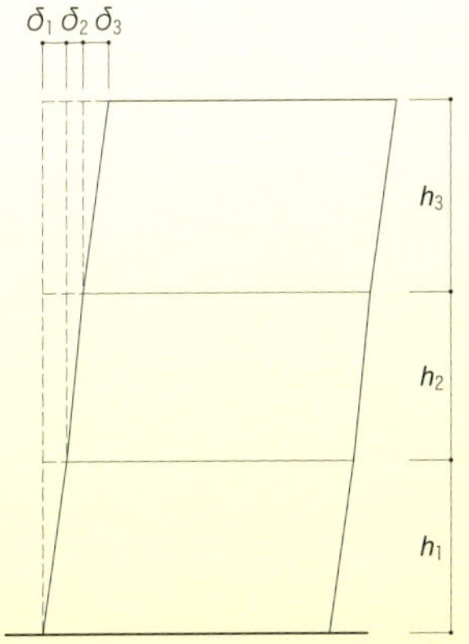

図3・38　層間変形角の計算

8 限界耐力計算（令82条の5）

　限界耐力計算は、極めて大規模な積雪と暴風に対して安全性を検証することと、地震による変形とそれに基づく水平力に対して安全性を検証することを特徴としている。

1）基本的な検討事項

　地震時を除き、7の1）〜3）を満足しなければならない。

2）極めて大規模な積雪と防風の検討

　極めて稀にしか発生しない積雪または暴風に対して安全性を保つために、建築物の構造耐力上主要な部分に生じる力を表3・18によって計算し、その力が各部分の耐力を超えないことを確かめる。

3）地震時の検討

　建築物の存在期間中に、少なくとも一回は起こりうる地震に対しては、次のような手順で検討する。

① 各階が損傷する限界のときの水平方向の層間変位（損傷限界変位）を求め、このときの建築物の固有周期（損傷限界固有周期）を計算する。

② 損傷限界固有周期によって各階の水平力を求め、これが建築物の損傷限界耐力以下となることを確認する。

③ このときの層間変形角が、原則として1/200以下となることを確認する。

④ 地下部分が損傷しないことを確認する。

　極めて稀にしか発生しない地震に対しては、上記①②と同様の手順で計算し、その時に生じる水平力が、建築物の各階の保有水平耐力を超えないこと、すなわち、各層が崩壊することがないことを確かめなければならない。

4）屋根ふき材、外装材などの検討

　屋根ふき材、特定天井、外装材、屋外に面する帳壁が、風圧や地震などの震動・衝撃に対して構造耐力上安全であることを確かめる。

表3・18　限界耐力計算における積雪時および暴風時に生ずる力

荷重、外力の状態	一般の区域	多雪区域	備　考
積雪時	$G + P + 1.4S$	$G + P + 1.4S$	
暴風時	$G + P + 1.6W$	$G + P + 1.6W$	建築物の転倒、柱の引抜きなどを検討する場合は、Pについては、建築物の実況に応じて積載荷重を減じた数値による
		$G + P + 0.35S + 1.6W$	

$G、P、S、W$は、次の力（軸方向力、曲げモーメント、せん断力など）を表す。
G：固定荷重によって生ずる力
P：積載荷重によって生ずる力
S：積雪荷重によって生ずる力
W：風圧力によって生ずる力

❾許容応力度等計算（令82条の6）

　許容応力度等計算とは、応力度の計算、層間変形角の計算、屋根ふき材等の構造計算、剛性率の計算、偏心率の計算を行う構造計算をいう。

1）応力度の計算など

　応力度の計算、層間変形角の計算、屋根ふき材等の構造計算は、保有水平耐力計算と同じ計算方法である。

2）剛性率の計算

　各階の剛性が大きく異なると、地震時に特に柔らかい階の変形が増大し、崩壊などに至る危険性が増大する。したがって、各階の剛性率（図3・39）が、0.6以上となることを確かめなければならない。

3）偏心率の計算

　各階において、柱や壁がバランスよく配置されていないと、重心と剛心の位置が大きくずれて地震時にねじれによる損傷を受ける危険性が増大する。したがって、各階の偏心率（図3・40）が、0.15以下となることを確かめなければならない。

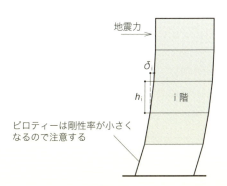

各階の剛性率　$R_{si} = \dfrac{r_{si}}{\bar{r}_s} \geq 0.6$

ただし、$r_{si} = \dfrac{h_i}{\delta_i}$（各階の層間変形角の逆数）
　　　　$\bar{r}_s$：r_{si}の相加平均

図3・39　剛性率の計算

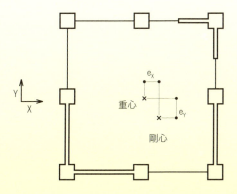

偏心率　$R_{eX} = \dfrac{e_Y}{r_{ex}} \leq 0.15$、
　　　　$R_{eY} = \dfrac{e_X}{r_{ey}} \leq 0.15$

ただし、$r_{ex} = \sqrt{\dfrac{K_R}{\Sigma D_X}}$、$r_{ey} = \sqrt{\dfrac{K_R}{\Sigma D_Y}}$

K_R：剛心周りのねじり剛性
ΣD_X、ΣD_Y：XまたはY方向の水平剛性

図3・40　偏心率の計算

10 荷重と外力

1）固定荷重（令84条）

建築物の各部の固定荷重は、実況に応じて計算するが、令84条の表にある建築物の部分については、単位面積あたりの重量（N/m²）に各部の面積を乗じて計算することができる。

2）積載荷重（令85条）

建築物の各部の積載荷重は、実況に応じて計算するが、令85条の表（表3・19）にある室の床の部分については、単位面積あたりの重量（N/m²）に床面積を乗じて計算することができる。

3）積雪荷重（令86条、H12告示1455号）

積雪荷重は、積雪単位重量×その地方の垂直積雪量×屋根の水平投影面積によって求める。

積雪単位重量は、垂直積雪量1cmにつき20N/m²以上とし、多雪区域においては、特定行政庁が定める数値とする。また、垂直積雪量も、告示に基づいて特定行政庁が定める数値とする。

積雪荷重は、屋根に雪止めがある場合を除き、屋根勾配に応じてその数値を減じることができ、勾配が60°を超える場合は、0とすることができる。また、雪下ろしを行う習慣がある地方においては、雪下ろしの実況に応じて、垂直積雪量を1mまで減らして計算することができる。さらに、一般区域において、積雪後の降雨による屋根の損壊を防ぐために、軽量で大スパンの緩勾配屋根には、積雪荷重の割増しが適用される。

4）風圧力（令87条、H12告示1454号）

風圧力は、速度圧に風力係数を乗じて求める。

速度圧（q）は、次式によって計算する。

$q = 0.6EV_0^2$ （N/m²）

E：建築物の屋根の高さや、風速に影響を与える周辺の建築物や樹木などの状況に応じた数値

V_0：地方における過去の台風の記録に基づいて、30〜46m/秒の範囲で国土交通大臣が定める風速

風力係数は、風洞実験によって定める場合のほか、建築物の断面や平面の形状に応じて、国土交通大臣が定める数値によらなければならない（図3・41）。

表3・19 積載荷重（単位 N/m²）

	室の種類		床の構造計算をする場合	大梁、柱または基礎の構造計算をする場合	地震力を計算する場合
(1)	住宅の居室、住宅以外の建築物における寝室または病室		1800	1300	600
(2)	事務室		2900	1800	800
(3)	教室		2300	2100	1100
(4)	百貨店または店舗の売場		2900	2400	1300
(5)	劇場、映画館、演芸場、観覧場、公会堂、集会場などの客室または集会室	固定席の場合	2900	2600	1600
		その他の場合	3500	3200	2100
(6)	自動車車庫および自動車通路		5400	3900	2000
(7)	廊下、玄関または階段		(3)から(5)までに掲げる室に連絡するものにあっては、(5)のその他の場合の数値による。		
(8)	屋上広場またはバルコニー		(1)の数値による。ただし、学校または百貨店の用途に供する建築物にあっては、(4)の数値による。		

5）地震力（令88条、S55告示1793号）

建築物の地上の各部分における地震力は、上階からその部分までの固定荷重と積載荷重の和（多雪区域においては積雪荷重を加える）に、次式において与えられる地震層せん断力係数（C_i）を乗じて求める（図3・42）。

$C_i = ZR_tA_iC_o$

- Z ：地域係数（各地方の過去の地震の記録に基づく数値で、1.0～0.7の範囲で国土交通大臣が定める）
- R_t：振動特性係数（設計用固有周期と地盤の種類に応じて算出する数値）
- A_i：層せん断力分布係数（建築物の振動特性に応じて、C_iの高さ方向の分布を表す数値）
- C_o：標準せん断力係数

C_oの値は0.2以上とする。ただし、軟弱地盤の区域内の木造の建築物の場合は、この値を0.3以上とし、また、必要保有水平耐力を計算する場合は、この値を1.0以上としなければならない。

建築物の地下部分の地震力は、令88条4項の規定による。

11 許容応力度と材料強度

木材、鋼材、コンクリートなどの許容応力度と材料強度は、令89条～令99条に示されている。

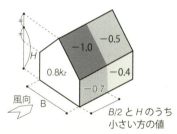

(a) 外圧係数C_{pe}の分布

HとZの条件		k_z
$H \leq Z_b$		1.0
$H > Z_b$	$Z \leq Z_b$	$(Z_b/H)^{2\alpha}$
	$Z > Z_b$	$(Z/H)^{2\alpha}$

H：建築物の高さと軒高との平均
Z：当該部分の地盤面からの高さ

(b) (a)におけるk_zの値

地表面粗度区分				
	I	II	III	IV
Z_b	5	5	5	10
α	0.10	0.15	0.20	0.27

I：極めて平坦な区域
IIおよびIII：IとIVの中間段階
（H12告示1454号参照）
IV：都市化が極めて著しい区域

(c) (b)におけるZ_bとαの値

	閉鎖型	開放型	
		風上開放	風下開放
Cpi	0および−0.2	0.2	−0.4

(d) 内圧係数のC_{pi}値

$C_f = C_{pe} - C_{pi}$

(e) 風力係数のC_fの計算式

図3・41 風力係数の例（閉鎖型建築物の桁行方向に風を受ける場合）

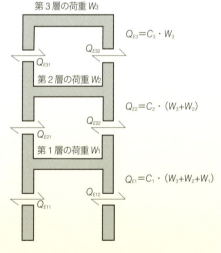

Q_{Ei}：各層の地震力（地震層せん断力）
柱、耐震壁のせん断力に分配する。
C_i：地震層せん断力係数

図3・42 地震力の計算

3・3 防火と内装制限

❶大規模建築物の主要構造部（法21条）

主要構造部（床、屋根および階段を除く）のうち自重または積載荷重（多雪地域は積雪荷重を加える）を支える部分が、木材、プラスチックその他の可燃材料でつくられた建築物で、次に示す規模のものは、主要構造部に高い防耐火性能が求められる。

①地階を除く階数が4以上の建築物。
②高さが16mを超える建築物。
③倉庫、自動車車庫、自動車修理工場などで高さが13mを超える建築物。
④延べ面積が3000m^2を超える建築物。

①〜③は、特定主要構造部を耐火構造または同等の耐火性能を有するものとするか、通常火災終了時間が経過するまで倒壊・延焼を防止するための技術的基準（令109条の5）に適合する火災時倒壊防止構造とする。ただし、周囲に延焼防止上有効な空地（令109条の6）を有するものは除外される。④は、3000m^2以内に防火上有効に区画するか、特定主要構造部を前記と同等とするか、壁・柱・床・防火設備などを周囲への延焼を防止し避難および消火活動に支障のない周辺危害防止構造とする。なお、大規模建築物が火熱遮断壁等＊で区画されている場合、各部分は別々の建築物とみなす。この規定は、法27条（p.73）、令112条（p.75）、法61条（p.122）などにも適用される。

❷法22条区域内の建築物の防火

「法22条区域」は、特定行政庁が防火地域および準防火地域以外の市街地について延焼防止のために指定する区域で、区域内の建築物に対して屋根と外壁の防火に関する規定が定められている（図3・43、表3・20）。

1）屋根の不燃化（法22条、令109条の9）

法22条区域内の建築物の屋根は、通常の火災を想定した火の粉による延焼を防止するために、次のような性能をもつものでなければならない。

①防火上有害な発炎をしない。

防火・準防火地域を除き、建築物が集合するほとんどの地域が法22条区域に該当する

図3・43　法22条区域の例

表3・20　法22条区域内の建築制限

部位	規定の内容
屋根	通常の火災に対し、 ①防火上有害な発炎をしない。 ②屋内に達する損傷を生じない。
外壁 （延焼のおそれのある部分）	建築物の周囲で発生する通常の火災に対して、次の準防火性能を有する。 ①耐力壁が20分間の非損傷性を有する。 ②20分間の遮熱性を有する。

＊　その部分を構成する壁・柱・床・防火設備が、延焼を遮断できる高い耐火性能と自立性を有するもの（令109条の8）。

②屋内に達する防火上有害な損傷を生じない。

ただし、茶室、あずまや、または延べ面積が10m²以内の物置などの延焼のおそれのある部分以外は、この性能を必要としない。また、不燃性の物品を保管する倉庫などで、屋根以外の主要構造部が準不燃材料のものは①を満足すればよい。

2）木造建築物等の外壁（法23条、令109条の10）

法22条の区域内の木造建築物等*の外壁のうち、延焼のおそれのある部分は、準防火性能に関する次の技術的基準に適合する土塗壁などの構造としなければならない。

①耐力壁である外壁が、建築物の周囲において発生する通常の火災による火熱が加えられた場合に、20分間の非損傷性を有する。

②外壁が、建築物の周囲において発生する通常の火災による火熱が加えられた場合に、20分間の遮熱性を有する。

3）建築物が法22条区域の内外にわたる場合（法24条）

建築物の全部が法22条区域内にあるものとみなされる（図3・44）。

■3 大規模木造建築物等の防火措置

1）外壁と屋根（法25条）

延べ面積が1000m²を超える木造建築物等は、外壁および軒裏で延焼のおそれのある部分を防火構造とし、屋根を法22条区域に義務づけられる構造としなければならない。

2）防火壁（法26条、令113条、令115条の2）

❶**防火壁を必要とする建築物**　延べ面積が1000m²を超える建築物は、床面積1000m²以内ごとに防火壁または防火床で区画しなければならない。ただし、次のものは防火壁・防火床を設けなくてもよい。

①耐火建築物または準耐火建築物。

②卸売市場の上家、機械製作工場その他火災の発生のおそれの少ない用途に供する建築物で、主要構造部が不燃材料でつくられたものなど。

③国土交通大臣が定める基準に適合する周囲が農地になっている畜舎など。

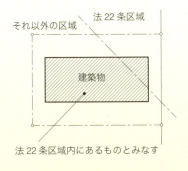
(a) 建築物が区域の内外にわたる場合

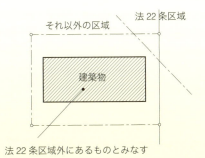
(b) 敷地が区域の内外にわたる場合

図3・44　敷地や建築物が法22条区域の内外にわたる場合の考え方

---

* 木造建築物等とは、主要構造部のうち自重または積載荷重（多雪区域は積雪荷重を加える）を支える部分が、木材、プラスチックその他の可燃材料でつくられたものをいう。

なお、防火壁・防火床で区画された部分については、特定主要構造部が耐火構造またはこれと同等である場合や、主要構造部が準耐火構造またはこれと同等である場合、所定の防火設備を有するものは、それぞれ耐火建築物または準耐火建築物とみなす（法26条2項）。

ⓑ防火壁・防火床の構造　　防火壁・防火床は、次のような構造としなければならない（図3・45）。

①耐火構造とし、防火壁については自立すること。
②木造の建築物では、無筋コンクリート造、組積造としないこと。
③防火床を支持する耐力壁・柱・梁を耐火構造とすること。
④防火壁およびその周囲の外壁面および屋根面が、図3・45（a）〜（c）の構造であること。
⑤防火床が外壁面から1.5m以上突出し、その裏面が不燃材料、上方5m以内の外壁と軒裏が防火構造、その屋外側仕上げが準不燃材料であることなど、延焼を有効に防止する構造方法となっていること。
⑥防火床を貫通する竪穴部分とそれ以外の部分とを耐火構造の壁・床・特定防火設備で区画すること。
⑦防火壁・防火床に設ける開口部は幅および高さまたは長さを2.5m以下とし、令112条19項第一号に規定する特定防火設備（p.30参照）を設ける。
⑧管類（給水管・配電管）が防火壁・防火床を貫通するときは、防火壁・防火床と管の隙間をモルタルなど不燃材料で埋め、換気、暖冷房の風道が防火壁・防火床を貫通するときは、令112条21項に規定する特定防火設備を設けること。

　なお、火熱遮断壁等は防火壁・防火床とみなすことができる。

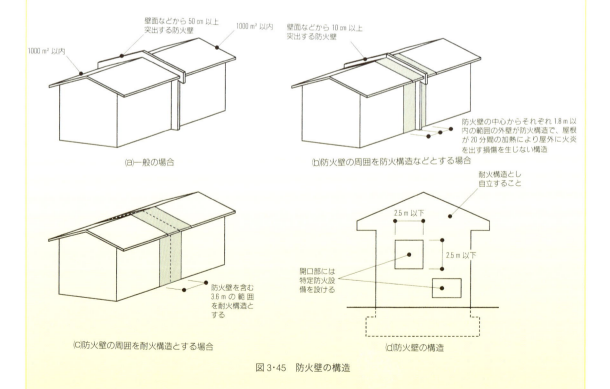

図3・45　防火壁の構造

4 耐火建築物などとしなければならない特殊建築物

　特殊建築物のうち規模が大きいものは、火災に対して強い構造にし、不特定多数の人々の安全を確保しなければならない。そこで、表3・21（法別表第1）に示す特殊建築物は、階数や面積などに応じて、耐火建築物や準耐火建築物などとしなければならない。

1）一定の防耐火性能を有する建築物としなければならないもの（法27条1項、法別表第1）

　特殊建築物のうち、次に示すものは、主要構造部が通常の火災時に在館者の避難が完了するまで倒壊・延焼しない性能を有するなど、一定の防耐火性能を有する建築物としなければならない。

①表3・21の(ろ)欄の階を(い)欄(1)〜(4)項の用途に供するもの。
②表3・21の(い)欄(1)〜(4)項の用途に供する部分の床面積が、(は)欄に該当するもの。
③劇場、映画館、演芸場で、主階が1階にないもの。

　ただし、①のうち階数が3で延べ面積が200m² 未満のもの（(2)項の場合、病院・ホテル・共同住宅などで、令110条の5で定める警報設備を設けたものに限る）には適用されない。

2）耐火建築物としなければならないもの（法27条2項、法別表第1）

　特殊建築物のうち、次に示すものは耐火建築物としなければならない。

①表3・21の(い)欄(5)項の用途に供する部分の床面積が、(は)欄に該当するもの。
②表3・21の(ろ)欄の階を(い)欄(6)項の用途に供するもの。

3）準耐火建築物としなければならないもの（法27条3項、法別表第1、令115条の4、令116条）

　特殊建築物のうち、次に示すものは耐火建築物または準耐火建築物としなければならない。

①表3・21の(い)欄(5)項と(6)項の用途に供する部分の床面積が、(に)欄に該当するもの。ただし、(6)項の場合は、外壁耐火の準耐火建築物（ロ準耐一号）以外のものとしなければならない。
②表3・22に示す数量を超える火薬類や可燃性ガスなどの危険物の貯蔵や処理に供する建築物。

表3・21　耐火建築物などとしなければならない特殊建築物（法別表第1）

	(い)	(ろ)	(は)	(に)
	用途	(い)欄の用途に供する階	(い)欄の用途に供する部分の床面積の合計	(い)欄の用途に供する部分の床面積の合計
(1)	劇場、映画館、演芸場、観覧場、公会堂、集会場など	3階以上の階	客席が200m²（屋外観覧席は1000m²）以上	
(2)	病院、診療所（患者の収容施設があるものに限る）、ホテル、旅館、児童福祉施設等（令19条）	3階以上の階	2階の部分が300m²以上（病院、診療所は、2階に患者の収容施設があるものに限る）*3	
	下宿、共同住宅、寄宿舎	3階以上の階*1		
(3)	学校、体育館、博物館、美術館、図書館、ボーリング場、スキー場、スケート場、水泳場、スポーツの練習場	3階以上の階*2	2000m²以上*3	
(4)	百貨店、マーケット、展示場、キャバレー、カフェー、ナイトクラブ、バー、ダンスホール、遊技場、公衆浴場、待合、料理店、飲食店、物品販売店舗（10m²超）	3階以上の階	3000m²以上	
			2階の部分が500m²以上*3	
(5)	倉庫など		3階以上の部分が200m²以上	1500m²以上
(6)	自動車車庫、自動車修理工場、映画スタジオ、テレビスタジオ	3階以上の階		150m²以上

＊1　防火地域外で、地階を除く階数3のとき、主要構造部を1時間準耐火基準に適合する準耐火構造とすることができる。
＊2　地階を除く階数3のとき、主要構造部を1時間準耐火基準に適合する準耐火構造とすることができる。
＊3　主要構造部を準耐火構造とすることができる。

4）一定の防耐火性能

法27条1項の規定による一定の防耐火性能を有する建築物は、用途と規模に応じて、特定主要構造部を次のいずれかの性能を有するものとしなければならない。

①特定主要構造部を表3・23に示す性能とする。

②主要構造部などをH27告示255号（R2告示174号により改正）に定める構造（準耐火構造、避難時倒壊防止構造、1時間準耐火基準に適合する準耐火構造など）とする。

③特定主要構造部を耐火構造とする（p.23、表2・6参照）。

④特定主要構造部を耐火構造と同等の性能を有するものとする（p.27、2章**4**2)参照）。

⑤特定主要構造部を火災時倒壊防止構造（令109条の5一号）とする。

また、外壁の開口部で延焼のおそれのある部分や、他の外壁の開口部から火炎が届くおそれのある部分には、20分間の遮炎性能を有する防火設備を設けなければならない。

表3・22 耐火建築物・準耐火建築物としなければならない危険物の貯蔵量（令116条）

危険物の種類		数量	
		常時貯蔵の場合	製造所などの場合
火薬類*	火薬	20トン	10トン
	爆薬	20トン	5トン
	工業用雷管 電気雷管	300万個	50万個
	実包・空砲	1000万個	5万個
	導火線	2500km	500km
消防法2条7項に規定する危険物		危険物の規制に関する政令別表第3の指定数量の10倍	危険物の規制に関する政令別表第3の指定数量の10倍
マッチ		300マッチトン	300マッチトン
可燃性ガス		700m³	20000m³
圧縮ガス		7000m³	200000m³
液化ガス		70トン	2000トン

* ここに示したものの他、銃用雷管、信管、信号炎管などの数量が定められている。
注 2種類以上の危険物を貯蔵する場合は、各危険物の量を各欄の数値で除したものの合計の限度を1とする。

表3・23 法27条1項の建築物の特定主要構造部の性能（令110条一号）

建築物の部分				通常の火災		屋内の通常の火災
				非損傷性	遮熱性	遮炎性
壁	間仕切壁	耐力壁		特定避難時間*1	特定避難時間	—
		非耐力壁		—		—
	外壁	耐力壁		特定避難時間	特定避難時間	特定避難時間
		非耐力壁	延焼のおそれのある部分	—		
			上記以外	—	30分	30分
床				特定避難時間	特定避難時間	
柱、梁				特定避難時間	—	
屋根	軒裏*2	延焼のおそれのある部分		—	特定避難時間	30分
		上記以外		—	30分	
	上記以外			30分	—	
	階段			30分	—	

*1 特殊建築物の構造・建築設備・用途に応じて、在館者のすべてが地上までの避難を終了するまでに要する時間（45分未満の場合は45分）。
*2 外壁によって小屋裏または天井裏と防災上有効に遮られているものを除く。

5 防火区画（令112条）

1）防火区画

　特定主要構造部を耐火構造または主要構造部を準耐火構造などとした建築物で、大規模なものは、火災の延焼を防ぐために一定の床面積などによって、防火区画を設けなければならない。防火区画には、面積区画、高層階区画、竪穴区画、異種用途区画の4種類があり、耐火構造・準耐火構造などの床、壁または防火設備・特定防火設備で区画する。なお、防火区画の一覧を表3・24、表3・25に示す。

　また、いずれの場合も、スプリンクラー設備、水噴霧消火設備、泡消火設備などの自動消火設備を設けた場合は、その部分の床面積は1/2とすることができる。

ⓐ面積区画　建築物内での火災を局部的なものにとどめ、水平方向の火災拡大を防止するために、大規模な建築物を一定の床面積ごとに区画する。ただし、劇場の客席など用途上区画することが困難な場合は、適用を除外する。

ⓑ高層階区画　高層階で火災が発生した場合、一般のはしご車では届かないため、避難や消火活動が困難となる。そのため11階以上では、より小さな床面積ごとに区画する。

ⓒ竪穴区画　建築物内の垂直方向への煙や炎の拡大を防止するために、吹抜けや階段などの垂直方向に通じている空間とその他の部分を区画する。

ⓓ異種用途区画　共同住宅にレストランなどの店舗が併設されているような建築物に対しては、防火上、特に注意をはらわなければならない。このような複合用途をもつ特殊建築物のうちその一部が法27条1項～3項の各号のいずれかに該当する場合、その用途の部分と他の部分を区画する。

表3・24　防火区画の一覧（1）（令112条）

区画	対象建築物	区画の基準	区画の構造基準		緩和・特例など
			床・壁	防火設備	
面積区画	①特定主要構造部が耐火構造 ②主要構造部が準耐火構造 ③②と同等の準耐火性能を有するもので政令の技術的基準に適合するもの	床面積1500m²以内ごとに区画*1	1時間準耐火基準（令112条2項）に適合するもの	特定防火設備	劇場、映画館、演芸場、観覧場、公会堂または集会場の客席、体育館、工場などで、用途上やむをえない場合、その建築物の部分は適用除外 耐火構造、1時間準耐火基準の床、壁および特定防火設備で区画された階段室、昇降路（乗降のためのロビーを含む）の部分は適用除外
	法21条1項、法27条1項、3項、法61条、法67条1項により、準耐火建築物などとしたもの（火災継続予測時間・特定避難時間が1時間以上のもの、1時間準耐火基準に適合するものなどを除く）	床面積500m²以内ごとに区画			体育館、工場などで、天井（天井がない場合は屋根）および壁の内装仕上げを準不燃材料でした場合、その建築物の部分は適用除外 階段室、昇降路（乗降のためのロビーを含む）の部分で、天井（天井がないときは屋根）および壁の内装仕上げを準不燃材料でした場合は適用除外
		防火上主要な間仕切壁*2は、準耐火構造とし、小屋裏または天井裏に達せしめる*3			
	法21条1項、法27条1項、3項、法61条（準防火地域にあるものに限る）、法67条1項により準耐火建築物などとしたもの（火災継続予測時間・特定避難時間が1時間以上のもの、1時間準耐火基準に適合するものなど）	床面積1000m²以内ごとに区画			

*1　特定主要構造部を耐火構造とした建築物の2以上の部分が、吹抜けなどの空間部分に接する場合で、当該部分が相互に火熱による有害な影響を及ぼさない場合は、当該部分と空間部分が特定防火設備で区画されているものとみなす。また、空間部分の床面積が1500m²を超えていても、空間部分に防火区画を設けなくてよい。
*2　自動スプリンクラー設備等設置部分（床面積200m²以内ごとに準耐火構造の壁や防火設備で区画され、スプリンクラー設備などを設けた部分）の間仕切壁を除く。
*3　強化天井とした部分は除く。

2）防火区画に接する外壁の構造（令112条16、17項）

　防火区画となっている準耐火構造の床、壁（令112条4項の防火上主要な間仕切り壁を除く）または防火設備に接する外壁については、火災時に外壁を通して他の区画へ延焼することを防ぐために、次のいずれかの構造とする。また、当該部分に開口部を設ける場合は、防火設備を設ける。

　①防火区画に接する部分を含み、幅90cm以上の外壁を準耐火構造とする。
　②外壁面から50cm以上突き出した準防火構造の庇、床、そで壁などで、防火上有効に遮る。

3）防火区画に用いる防火設備の構造

　面積区画、高層階区画（表3・24、表3・25の緩和・特例の部分を除く）に設ける特定防火設備と防火設備は、次の①～④の構造とする。

　①常時閉鎖または作動状態のもの、または随時閉鎖または作動できるもの。
　②閉鎖または作動の際、周囲の人の安全を確保できるもの。
　③居室から通ずる廊下、階段などに設けるものは、閉鎖または作動した状態で避難上支障がないこと。
　④常時閉鎖または作動した状態でないものは、火災によって煙が発生した場合または火災によって急激に温度が上昇した場合に、自動的に閉鎖または作動すること。

　面積区画および高層階区画の緩和・特例の部分、竪穴区画、異種用途区画に設ける防火設備などは、上記①～③の要件を満たすとともに、避難上、防火上支障のない遮煙性能を有し、かつ、常時閉鎖または作動状態にあるもの以外は、火災によって煙が発生した場合に、自動的に閉鎖または作動すること。

表3・25　防火区画の一覧（2）（令112条）

区画	対象建築物		区画の基準	区画の構造基準		緩和・特例など
				床・壁	防火設備	
高層階区画	11階以上の部分	壁（床面から1.2m以下を除く）、天井の内装仕上げ	壁：難燃材料 天井：準不燃材料	床面積100m²以内ごとに区画	耐火構造	防火設備	防火区画された階段室、昇降路（乗降のためのロビーを含む）、廊下その他避難の用途に供する部分は適用除外。共同住宅において、住戸の床面積が200m²以内の場合は、住戸内の区画を必要としない。ただし、住戸自体は、防火区画する。
			準不燃材料（下地を含む）	床面積200m²以内ごとに区画			
			不燃材料（下地を含む）	床面積500m²以内ごとに区画		特定防火設備	
竪穴区画	主要構造部を準耐火構造とした建築物またはこれと同等以上の延焼防止性能を有する建築物		地階または3階以上の階に居室を有するもので階数が2以上ある住戸、吹抜き、階段、昇降路、ダクトスペースなどの「竪穴部分」の周囲をその他の部分と区画	準耐火構造（45分耐火の準耐火構造）	防火設備	劇場、映画館、演芸場、観覧場、公会堂または集会場の客席、体育館、工場などで、用途上やむをえない場合は、面積区画と同様に、その建築物の部分をひとつの竪穴部分とみなす。ただし、壁（床から1.2m以下を除く）、天井の内装の仕上げおよび下地を準不燃材料とする。避難階からその直上階、避難階からその直下階のみに通ずる吹抜き、階段などの竪穴の部分は、適用除外。ただし、壁、天井の内装の仕上げおよび下地を不燃材料とする。階数が3以下で延べ面積200m²以下の1戸建住宅、階数が3以下で住戸の床面積200m²以下の共同住宅などにおける吹抜き、階段、昇降路などの竪穴部分は、適用除外。
	法別表1(い)欄(2)項の特殊建築物で階数3かつ延べ面積200m²未満	病院・診療所・児童福祉施設等	竪穴部分とその他の部分	間仕切壁	防火設備＊ 戸（ふすま・障子は除く）	火災時に避難上支障のある高さまで煙などが降下しない建築物として国土交通大臣が定めるものは適用除外。
		上記以外				
異種用途区画	複合用途の建築物で、その一部が法27条1項～3項に該当する建築物		該当する部分とその他の部分を区画	1時間準耐火基準に適合するもの	特定防火設備	国土交通大臣が定める基準により警報設備を設けるなどの措置をしたものは適用除外。

＊　居室・倉庫などでスプリンクラー設備を設置した竪穴部分は10分間防火設備

4）防火のための界壁などの構造（令114条）

　火災時の延焼を防止するために、長屋・共同住宅の各戸の界壁や学校・病院などの防火上主要な間仕切壁（自動スプリンクラー設備等設置部分を除く）は、準耐火構造とし、小屋裏または天井裏に達するようにしなければならない。また、建築面積が300m^{2}を超える建築物において、小屋組が木造の場合、小屋裏に桁行間隔12m以内ごとに、準耐火構造の隔壁を設けなければならない[*1]。ただし、主要構造部が耐火構造などの建築物や、防火上避難上支障がないもので、国土交通大臣の基準に適合する畜舎、堆肥舎などを除く。なお、それぞれの延べ面積が200m^{2}を超える耐火建築物以外の建築物どうしを連絡する渡り廊下において、小屋組が木造かつ桁行が4mを超えるものは、小屋裏に準耐火構造の隔壁を設けなければならない[*2]。

5）給水管などが防火区画を貫通する場合の措置（令112条20項、令114条、令129条の2の4）

　給水管、配電管などが、図3・46（a）のように準耐火構造の防火区画や界壁などを貫通する場合は、当該管と防火区画などとのすき間をモルタルなどの不燃材料で埋める。また、当該管を表3・26のいずれかの構造とする。ただし、1時間準耐火基準に適合する床、壁または特定防火設備で他の建築物の部分と防火区画されたパイプシャフト、パイプダクトなどの中にある部分を除く（図3・46（b））。

6）換気設備の風道が防火区画を貫通する場合の措置（令112条21項、令114条）

　換気、冷暖房設備の風道が、準耐火構造の防火区画や界壁などを貫通する場合は、原則として、その貫通部分または近接部分に、火災により煙が発生した場合または急激に温度が上昇した場合に自動的に閉鎖し、防火上支障のない遮煙性能を有する、国土交通大臣の定める基準に適合する特定防火設備または防火設備を設けなければならない（図3・47）。

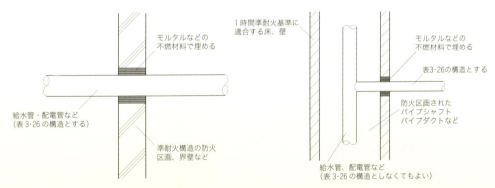

図3・46　給水管などが防火区画などを貫通する場合の措置

表3・26　給水管、配電管などの構造（令129条の2の4）

(1)	貫通部分から両側1m以内にある部分を不燃材料でつくる。
(2)	管の外径を、その用途、材質などに応じて国土交通大臣が定める数値未満とする（S44告示3183）。
(3)	通常の火災による加熱が加えられた場合に、加熱開始後一定時間、加熱側の反対側に火災を出す原因となる亀裂などの損傷を生じないものとして国土交通大臣の認定を受けたものとする。

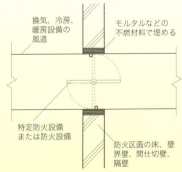

図3・47　換気設備の風道が防火区画を貫通する場合の措置

[*1]、[*2]　建築物が火熱遮断壁等で区画されている場合、各部分は別の建築物とみなす。

6 内装制限

　建築物の内部で火災が発生すると、火元から順次燃え広がると同時に、木材などの可燃物から可燃性のガスが発生する。このガスの濃度と温度が上昇すると、フラッシュオーバーと呼ばれる爆発的な燃焼が起こり、火災が一気に拡大する。フラッシュオーバーに至るまでの時間をなるべく遅らせることは、安全な避難および救助、または、建築物の被害を最小限にとどめるために重要である。そのために、特殊建築物や一定規模以上の建築物、火気を使用する室などには内装材の使用制限が適用される。

1）内装制限を受ける建築物（法35条の2、令128条の4）

　内装制限を受ける建築物の用途および規模は、表3・27、表3・28のとおりである。

　まず、特殊建築物の場合、表3・27の(1)～(3)項（法別表第1(1)、(2)、(4)項）のものは、建築物の耐火性および規模によって内装制限を受けるかどうかが決まる。規模の大きな建築物の場合は、表3・28の(6)項のように、階数と規模によって内装制限を受けるかどうかが決まる。

　また、同表(7)項の無窓居室とは、室の天井高さが6m以下で、次に示すものに該当するものをいう。

①床面積が50m²を超え、開口部の開放できる部分で、天井または天井から80cm以内にある部分の面積の合計が、居室の床面積の1/50未満のもの。

②実験室や手術室などのように温湿度調整を必要とする作業を行う室などで、必要な採光有効面積が確保されていないもの。

　火気使用室については、住宅とそれ以外の建築物で扱いが異なる。住宅の場合は、階数2以上で最上階以外の階に台所などがある場合に、内装制限を受ける。このとき台所兼食事室は、火元から一定距離以上のところに50cm以上の垂れ壁がある場合は、台所だけが内装制限を受けるという緩和規定がある（図3・48）。住宅以外の場合は、すべての火気使用室が内装制限の対象になる。

表3・27　内装制限（1）

用途など		構造および規模など			内装制限	
		特定主要構造部が耐火構造*1	主要構造部が準耐火構造*2	その他	居室など	廊下、階段など
(1)	劇場、映画館、演技場、観覧場、公会堂、集会場など	客席部分400m²以上	客席部分100m²以上		壁（1.2m以下を除く）および天井を難燃材料またはこれに準ずるもの（3階以上に居室がある場合の天井は準不燃材料）とすること*3	壁および天井を準不燃材料またはこれに準ずるものとすること
(2)	病院、診療所（患者の収容施設があるものに限る）、ホテル、旅館、下宿、共同住宅、寄宿舎など	当該用途に供する3階以上の部分300m²以上	当該用途に供する2階の部分300m²以上（病院、診療所は2階に患者の収容施設がある場合）	当該用途に供する部分200m²以上		
(3)	百貨店、マーケット、展示場、キャバレー、カフェー、ナイトクラブ、バー、ダンスホール、遊技場など	当該用途に供する3階以上の部分1000m²以上	当該用途に供する2階の部分500m²以上	当該用途に供する部分200m²以上		
(4)	自動車車庫または自動車修理工場	全部			壁および天井を準不燃材料またはこれに準ずるものとすること	
(5)	地階または地下工作物内に設ける居室で、(1)(2)(3)の用途のもの	全部				

*1　主要構造部を準耐火構造としたもの（1時間準耐火基準に適合するものに限る）を含む。
*2　これと同等のものを含み、1時間準耐火基準に適合するものを除く。
*3　(2)項において、特定主要構造部が耐火構造または主要構造部が準耐火構造の建築物で、100m²（共同住宅の住戸は200m²）以内ごとに準耐火構造の壁や床などで区画されている居室部分を除く。

2) 各部に適用される内装制限（法35条の2、令128条の5）

上記の居室およびその居室から地上に通ずる主たる廊下、階段、その他の通路には、内装制限が適用される。各種建築物の内装制限は、表3・27、表3・28のようになる。各室より廊下、階段などの避難経路の方が、制限は厳しい。

内装制限は、壁と天井に限って適用され、床には適用されない。また、天井回り縁、幅木、窓枠、窓台の部分や、柱型、梁型、竿縁、照明器具などで、その部分の見付面積が各面の面積の1/10以下のものは、内装制限が適用されない。

また、表3・27の(1)～(3)項の地上部分にある特殊建築物の居室や、表3・28の(6)項の大規模建築物の居室の場合、壁の床から1.2m以内の部分に内装制限が適用されない。

表3・27、表3・28において、準不燃材料は不燃材料を含み、難燃材料は不燃材料、準不燃材料を含む。また、それぞれの材料に準ずるものとは、国土交通大臣が定める材料の組み合わせによって、同等の効果をもつものをいう。たとえば、木材の表面に不燃性のパテを下塗りし、壁紙を張ったものは、難燃材料に準ずるとみなされる。

なお、火災発生時に避難上支障のある高さまで煙やガスの降下が生じない部分として、床面積、天井の高さ、消火設備・排煙設備の設置などを考慮して国土交通大臣が定める部分には、内装制限は適用されない。また、建築物の部分が耐火構造の床や壁で区画されるなど、相互に防火上・避難上有害な影響を及ぼさない場合、規定の適用上別棟とみなす。

表3・28 内装制限（2）

用途など		規模など		内装制限	
				居室など	廊下、階段など
(6)	すべての建築物（学校等[*1]または、表3・27 (2) 項の用途で、高さ31m以下の部分は除く）	階数3以上	500m²超	壁（1.2m以下を除く）および天井を難燃材料またはこれに準ずるものとすること[*2]	壁および天井を準不燃材料またはこれに準ずるもの
		階数2	1000m²超		
		階数1	3000m²超		
(7)	無窓居室	全部		壁および天井を準不燃材料またはこれに準ずるものとすること	
(8)	調理室、浴室などで、火気を使用する室（特定主要構造部を耐火構造としたものを除く）	階数2以上の住宅または併用住宅で、最上階以外にある火気使用室、住宅以外のすべての火気使用室			

*1 学校、体育館、ボーリング場、スキー場、スケート場、水泳場、スポーツの練習場。
*2 法別表第1の特殊建築物の居室以外で、100m²以内ごとに準耐火構造の床や壁などで区画された耐火建築物または主要構造部が準耐火構造の準耐火建築物で、高さ31m以下の部分にある居室を除く。

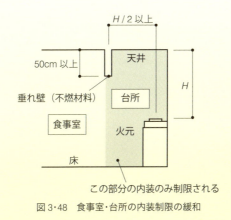

図3・48 食事室・台所の内装制限の緩和

3・4 避難

1 避難規定の適用の範囲

廊下、直通階段、避難階段などの避難の規定（本節 2 〜 4 項）は、次の建築物に適用される。

①法別表第 1 (い)欄(1)項から(4)項までの特殊建築物。　②階数が 3 以上である建築物。
③有効採光面積の合計が、当該居室の床面積の 1/20 未満である居室（無窓の居室）のある階。
④延べ面積が 1000m² を超える建築物。

なお、建築物の部分が耐火構造の床や壁で区画されるなど、相互に防火上・避難上有害な影響を及ぼさない場合、規定の適用上別棟とみなす。

2 避難経路

災害時に建築物の室内から安全に避難することができるように、避難経路に関しては、劇場などにおける客席からの出口の戸、廊下の幅、直通階段の設置、二方向避難などの規定がある。

1）劇場などの出入口の戸（令118条、令125条）

劇場、映画館、演芸場、観覧場、公会堂、集会場の客席からの出口の戸および客用の屋外への出口の戸は、内開きとしてはならない。これは、必ず避難方向に扉が開くようにすることにより、劇場などの多人数の避難を容易にするためである。

2）廊下の幅（令119条）

廊下の幅は表 3・29 の数値以上とする。幅は、柱などの突出部分のあるときは、図 3・49 のように内

表 3・29　廊下の幅

建築物の用途・規模	中廊下（両側居室）	片廊下
(1) 小学校、中学校、高等学校、中等教育学校の児童用および生徒用の廊下	2.3m 以上	1.8m 以上
(2) 病院の患者用廊下	1.6m 以上	1.2m 以上
(3) 共同住宅の共用廊下（その階の住戸や住宅の床面積が 100m² を超えるもの）		
(4) 地上階の居室床面積の合計が 200m² を超える階、または地階の居室床面積の合計が 100m² を超える場合（ただし、3 室以下の専用のものは除かれる）		

図 3・49　廊下の幅

表 3・30　歩行距離

居室の種類（おもな用途に使う居室とする）	歩行距離		
	主要構造部を準耐火構造*¹ または不燃材料とした場合		その他の場合
	内装を不燃化しないもの	内装を不燃化するもの*²	
(1) 有効採光面積が床面積の 1/20 未満の居室*⁴	30m 以下（20m 以下）*³	40m 以下（30m 以下）*³	30m 以下
(2) 百貨店、マーケット、展示場、キャバレー、遊技場、公衆浴場、飲食店など			
(3) 病院、診療所（患者の収容施設のあるもの）、ホテル、旅館、下宿、共同住宅*⁵、寄宿舎、児童福祉施設等	50m 以下（40m 以下）*³	60m 以下（50m 以下）*³	40m 以下
(4) その他の居室			

＊1　特定主要構造部を耐火構造としたものを含む。
＊2　居室および廊下・階段の内装（天井、床面からの高さ1.2m以上の壁）を準不燃材料としたもの。
＊3　15階以上の居室については、（　）内の数値とする。
＊4　居室の床面積、避難用通路の構造、消火・排煙・非常用照明・警報の各設備の設置・構造に関し避難上支障がないものとして国土交通大臣が定める基準に適合するものを除く。
＊5　メゾネット型の共同住宅は主要構造部を準耐火構造とし、住戸の出入口のない階の居室の各部分から住戸内の専用階段を通り、出入口がある階の直通階段までの歩行距離を 40m 以下とする。

法の有効幅をとる。

3）直通階段の設置（令120条）

　直通階段とは、室や長い通路などを経ずに、避難階*または直接地上に達する階段をいう。避難階以外の階において、居室の各部分から最も近い直通階段までの歩行距離は、表3・30に定める数値以下としなければならない。つまり、建築物の平面規模が大きくなれば直通階段の数を増やすことになる。

　なお、居室内部の歩行距離の測定の始点は、図3・50のように出口から最も遠い位置とする。また、その経路については使用状況を考慮して、矩折れとしなければならない場合がある。

4）2以上の直通階段を設けなければならない建築物（令121条）

　歩行距離を満足する直通階段を設けていても、2以上の直通階段を設けなければならない場合がある。これは表3・31に示すように、劇場や映画館など、多人数が一度に避難する場合や階数・規模が大きい場合に、二方向以上の避難経路を確保するためである。

　なお、居室の各部分からそれぞれの直通階段までの歩行経路が重複する場合は、重複区間を、表3・30（令120条の表）の数値の1/2以下としなければならない（図3・50）。

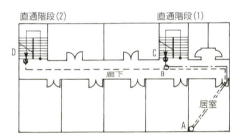

A点からC点を直通階段(1)、A点からD点を直通階段(2)への歩行経路とし、それぞれの長さが歩行距離になる。
A点からB点までの歩行距離が重複する区間の長さを重複距離といい、2以上の直通階段を設けなければならない場合は、重複距離を表3・30の数値の1/2以下としなければならない。

図3・50　歩行距離と重複距離

表3・31　2以上の直通階段を設けなければならない建築物

建築物または階の用途		対象となる階	対象階の居室床面積	
			主要構造部が準耐火構造*1 または不燃材料の場合	その他の場合
(1)	劇場、映画館、演芸場、観覧場、公会堂、集会場、床面積の合計が1500m²を超える物品販売業（物品加工修理業を含む）を営む店舗	客席、集会室、売場などを有する階	規模に関係なく適用される	
(2)	キャバレー、カフェー、ナイトクラブ、バー	客席を有する階	原則としてすべて適用される*2	
(3)	病院、診療所、児童福祉施設など	病室、主な用途に使う居室のある階	該当する居室の床面積の合計が100m²を超える場合*3	該当する居室の床面積の合計が50m²を超える場合*3
(4)	ホテル、旅館、下宿、共同住宅、寄宿舎	宿泊室、居室、寝室のある階	該当する居室の床面積の合計が200m²を超える場合	該当する居室の床面積の合計が100m²を超える場合*3
(5)	すべての用途（(1)～(4)の階を除く）	6階以上の階	居室がある場合原則としてすべて適用される*4	
		5階以下の階　避難階の直上階	400m²を超える場合	200m²を超える場合
		5階以下の階　その他の階	200m²を超える場合	10m²を超える場合

*1　特定主要構造部を耐火構造としたものを含む。
*2　次の場合は、直通階段を一つとすることができる。（　）の数値は、主要構造部が準耐火構造または不燃材料でつくられている建築物に適用する。
　①5階以下の階で、その階の居室の床面積の合計が100m²（200m²）以下で、その階に避難上有効なバルコニー、屋外通路などおよび屋外避難階段または特別避難階段がある場合。
　②5階以下の階である避難階の直上階または直下階で、その階の居室の床面積の合計が100m²（200m²）以下の場合。
*3　階数3以下で延べ面積200m²未満の建築物で、階段部分とその他の部分が間仕切壁などで区画されている建築物や火災時に避難安全性のある一定の建築物は適用除外。
*4　(1)～(3)以外の用途に使用する階で、その階の居室の床面積の合計が100m²（200m²）以下で、その階に避難上有効なバルコニー、屋外通路などおよび屋外避難階段または特別避難階段がある場合は、直通階段を一つとすることができる。

---

*　直接地上に出ることができる出口のある階。

3 避難階段

避難階段とは、直通階段を避難上安全な構造としたものをいい、屋内避難階段と屋外避難階段がある。また、階段室に入る前に排煙設備のある附室またはバルコニーを経由することにより、安全性をより高めた特別避難階段がある。

1）避難階段の設置（令122条）

建築物の5階以上の階（特定主要構造部が耐火構造、主要構造部が準耐火構造または不燃材料の建築物で、5階以上の階の床面積の合計が100m²以下のものは除く）または地下2階以下の階（特定主要構造部が耐火構造、主要構造部が準耐火構造または不燃材料の建築物で、地下2階以下の階の床面積の合計が100m²以下のものは除く）に通ずる直通階段は、避難階段または特別避難階段とし、建築物の15階以上の階または地下3階以下の階に通ずる直通階段は、特別避難階段としなければならない。

3階以上の階を物品販売業を営む店舗の用途に供する建築物にあっては、各階の売場および屋上広場に通ずる2以上の直通階段を設け、避難階段または特別避難階段としなければならない。また、5階以上の売場に通ずるものはその一以上を、15階以上の売場に通ずるものはそのすべてを特別避難階段としなければならない。

2）避難階段・特別避難階段の構造（令123条）

❶屋内避難階段 屋内避難階段は、図3・51に示すような耐火構造の直通階段をいい、階段室は、耐火構造の壁で囲み、仕上げ・下地とも不燃材料でつくらなければならない。開口部の面積が1m²以下の防火戸などの防火設備（法2条九号の二ロ）ではめ殺し戸以外の場合は、階段室以外の部分の開口部および階段室以外の部分の壁・屋根（耐火構造は除く）から原則として90cm以上離さなければならない。

階段室の出入口の戸は、防火戸などの防火設備（法2条九号の二ロ）を原則とし、直接手で開けることが可能で、かつ、自動的に閉鎖する戸としなければならない。また、戸の開放する方向は、避難方向とする。

表3・32 避難階段の設置

直通階段の通ずる階		避難階段などとしなければならない直通階段の数と種類
5階以上の階または地下2階以下の階		1以上を避難階段または特別避難階段とする[*1,*2]
15階以上の階または地下3階以下の階		1以上を特別避難階段とする[*2]
床面積の合計が1500m²を超える物品販売業（物品加工修理業を含む）を営む店舗	3階以上の階	2以上を各階の売場および屋上広場に通ずる避難階段または特別避難階段とする
	5階以上の階	2以上を各階の売場および屋上広場に通ずる避難階段または特別避難階段とし、そのうち1以上を特別避難階段とする
	15階以上の階	すべてを特別避難階段とする

[*1] 特定主要構造部が耐火構造、主要構造部が準耐火構造または不燃材料でつくられた建築物で、5階以上の階または地下2階以下の階の床面積の合計が100m2以下の場合は除く。

[*2] 特定主要構造部が耐火構造の建築物（階段室、昇降ロビーを含む昇降機の昇降路の部分、廊下などで、耐火構造の床、壁、特定防火設備で区画されたものは除く）で床面積の合計100m2（共同住宅の住戸では200m2）以内ごとに耐火構造の床、壁、特定防火設備で区画された場合は除く。

❺ **屋外避難階段**　屋外避難階段は、図 3・52 に示すように、建築物の屋外に設けた耐火構造の直通階段をいう。開口部が、開口面積 1m² 以下の防火戸などの防火設備（法 2 条九号の二ロ）で、はめ殺し戸以外の場合は、開口部から 2m 以上離す。屋内から階段に通ずる出入口の戸は、屋内避難階段と同じ構造としなければならない。

❻ **特別避難階段**　特別避難階段は、図 3・53 に示すように階段室に入る前に排煙設備のある付室またはバルコニーを経由するもので、煙の流入がなく、屋内避難階段よりさらに安全性が高い。階段室・付室は、耐火構造の壁で囲み、仕上げ・下地とも不燃材料でつくる。

3）物品販売店舗の避難階段の幅（令 124 条）

床面積が 1500m² を超える物品販売店舗の避難階段、特別避難階段、出入口の幅については、次のように定められている。

①各階の避難階段、特別避難階段の幅の合計は、その直上階以上の床面積が最大の階（地階ではその階およびそれ以下の階のうち最大の階）の床面積 100m² につき 60cm 以上とする。

②各階の避難階段・特別避難階段の出入口の幅の合計は、その階の床面積 100m² につき 27cm 以上（地階では 36cm 以上）とする。

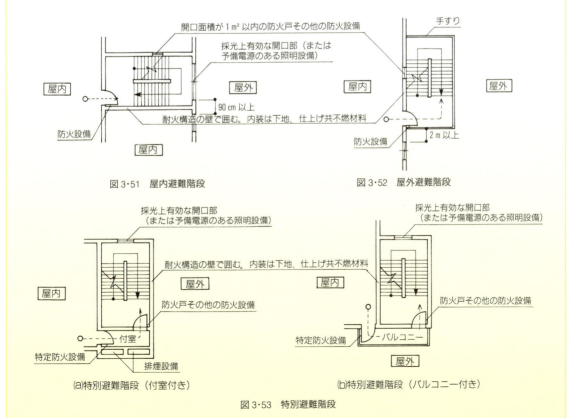

図 3・51　屋内避難階段　　　図 3・52　屋外避難階段

(a) 特別避難階段（付室付き）　　(b) 特別避難階段（バルコニー付き）

図 3・53　特別避難階段

4 屋外への出口、屋上広場（令125条、令125条の2、令126条）

1）屋外への出口

避難階の階段から屋外への出口までの歩行距離は、令120条に定めた距離（表3・30、p.80）以内とし、居室から屋外の出口への歩行距離は、この距離の2倍以内とする。

床面積が1500m²を超える物品販売店舗の避難階に設ける屋外への出口の幅の合計は、床面積が最大の階の床面積100m²につき60cm以上とする。

屋外避難階段に屋内から通ずる出口や、避難階段から屋外に通ずる出口（またはその他の非常口）設ける施錠装置は、屋内からは鍵を用いないで開けられるものとしなければならない。

2）屋上広場

5階以上の階を百貨店の売場とする場合は、避難のために屋上広場を設ける。また、屋上広場や2階以上に設けるバルコニーには、図3・54に示すような高さ1.1m以上の手すり壁などを設けなければならない。

5 避難と防災のための設備

1）排煙設備（令126条の2、令126の3）

建築物で火災が起こると煙やガスが発生する。煙やガスは、人々の生命を危険にするだけでなく、避難や消火活動を困難にする。このため、不特定多数の人が利用する大規模な特殊建築物、階数が3以上で延べ面積が500m²を超える建築物、排煙上の無窓居室、または延べ面積が1000m²を超える建築物の居室で床面積が200m²を超えるものには、原則として排煙設備を設ける（表3・33）。

(a)手すり壁がある場合

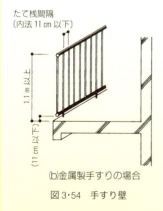

(b)金属製手すりの場合

図3・54　手すり壁

表3・33　排煙設備の設置を必要とする建築物

	設置を必要とする建築物など	設置が除外される建築物など
(1)	法別表第1(い)欄(1)～(4)項の用途に使用する特殊建築物で延べ面積が500m²を超えるもの	①法別表第1(い)欄(2)項の用途に使用する特殊建築物で、準耐火構造の床、壁、法2条九号のロに規定する防火設備で区画されたもので、床面積が100m²（共同住宅の住戸は200m²）以内のもの ②左記(2)のうち、建築物の高さが31m以下にある居室で、床面積100m²以内ごとに防煙壁で区画されたもの
(2)	階数3以上で延べ面積が500m²を超える建築物	③学校、体育館、ボーリング場、スキー場、水泳場、またはスポーツの練習場（学校等という） ④左記(4)のうち、建築物の高さが31m以下にある居室で、床面積100m²以内ごとに防煙壁で区画されたもの ⑤階段の部分、乗降ロビーを含む昇降機の昇降路の部分など
(3)	排煙上有効な窓その他の開口部のない居室〔窓その他の開口部の開放できる部分（天井または天井から下方80cm以内の部分）の面積の合計が、その居室の床面積の1/50未満のもの〕	⑥機械製作工場、不燃物保管倉庫などで主要構造部が不燃材料でつくられたものまたはこれと同等以上に火災の発生が少ない構造のもの ⑦火災が発生した場合、避難上支障のある高さまで煙またはガスの降下のない建築物の部分として天井の高さ、壁、天井の仕上げに用いる材料の種類などを考慮して国土交通大臣が定めるもの ⑧開口部のない準耐火構造の床、壁、法2条九号のニに規定する防火設備で構造が令112条19項一号イ・ロおよび二号ロに掲げる要件を満たすものとして国土交通大臣が定めた構造方法を用いるものまたは国土交通大臣の認定を受けたもので区画されている場合、または2以上の部分が火災時に相互に避難上有害な影響を及ぼさない場合には、これらの部分は排煙設備の規定の適用については、それぞれ別の建築物とみなす
(4)	延べ面積が1000m²を超える建築物の居室で、居室の床面積が200m²を超えるもの	

排煙設備を設ける部分は、不燃材料でつくられまたは覆われた間仕切壁や天井から、下方へ50cm以上突出した垂れ壁などの防煙壁により、床面積500m²以内ごとに区画する。排煙口は、区画内の各部分から水平距離30m以内ごとに設け、直接外気に接するか排煙風道に直結する。排煙風道には排煙機を設け排煙する。ただし、排煙口の開口面積が防煙区画部分の床面積の1/50以上あり、かつ、直接外気に接する場合は自然排煙にすることができる（図3・55）。

　排煙口の開閉には、手動開放装置、煙感知器と連動する自動開放装置、遠隔操作による開放装置があるが、自動のものや遠隔操作によるものを設ける場合でも、手動開放装置は必ず設置しなければならない。

　なお、送風機を設けた排煙設備など、国土交通大臣が定めた構造方法による特殊な構造のものを用いることもできる。

2）非常用の照明装置（令126条の4、令126条の5）

　火災や地震時の停電は、人々に不安感や恐怖感を与え、避難に重大な支障が生じる。このため、劇場や百貨店などの特殊建築物、大規模建築物、採光上の無窓居室などには、避難に必要な照明装置を室内や廊下などに設けなければならない（表3・34）。

　非常用の照明設備は、主要部分が不燃材料でできており、通常は点灯していなくてもよいが、停電時に予備電源によって自動的に点灯し、30分以上にわたって床面の照度を1ルクス以上に保つもの、または、これと同等の性能をもつものとして国土交通大臣の認定を受けたものとする。

　なお、建築物の部分が耐火構造の床や壁で区画されるなど、相互に防火上・避難上有害な影響を及ぼさない場合、規定の適用上別棟とみなす。

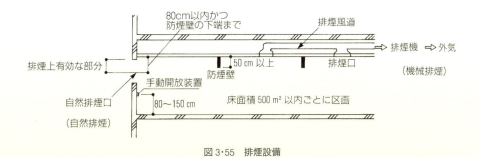

図3・55　排煙設備

表3・34　非常用の照明装置

	非常用の照明装置の設置を必要とする建築物など	設置する場所	設置を除外される建築物など
(1)	法別表第1(い)欄(1)〜(4)項の用途に使用する建築物	①居室 ②居室から地上に通ずる廊下、階段などの通路（採光上有効に直接外気に開放された通路は除かれる） ③その他通常照明装置の設置を必要とする部分	①一戸建ての住宅、長屋、共同住宅の住戸 ②病院の病室、下宿の宿泊室、寄宿舎の寝室など ③学校、体育館、ボーリング場、スキー場、スケート場、水泳場またはスポーツの練習場（学校等という） ④避難階またはその直上・直下階にある床面積30m²以下の居室
(2)	階数3以上で、延べ面積が500m²を超える建築物		
(3)	採光上有効な窓その他の開口部のない居室 （窓その他の開口部の面積がその居室の床面積の1/20未満のもの）		
(4)	延べ面積が1000m²を超える建築物		

3）非常用の進入口（令 126 条の 6、令 126 条の 7）

　火災時に、はしご付消防自動車により、消防隊が屋内に進入するためのバルコニーのある開口部を非常用の進入口といい、建築物の高さ 31m 以下の部分にある 3 階以上の階に設ける（図 3・56）。非常用の進入口は、図 3・57（a）のように、道または道に通じる幅員 4m 以上の道路や空地に面する外壁面に、外壁面の長さ 40m 以内ごとに設ける。進入口部分の構造は図 3・57（b）に示すように、バルコニーは、奥行き 1m 以上、長さ 4m 以上とし、開口部は、幅 75cm 以上、高さ 1.2m 以上、下端高 80cm 以下とする。また、赤色灯を掲示し、進入口の表示を赤色とする。ただし、次のいずれかに該当するときは非常用の進入口を設けなくてよい。

① 非常用エレベーターを設置している場合。

② 道または道に通じる幅員 4m 以上の通路などに面する各階の外壁面の長さ 10m 以内ごとにある窓その他の開口部で、直径 1m 以上の円が内接することができるもの、または幅 75cm 以上、高さ 1.2m 以上のもので、格子その他の屋外からの進入を妨げる構造をしていない場合。

③ 高さ 31m 以下の部分にある 3 階以上の階において、不燃性の物品の保管など火災の発生のおそれが少ない用途に使われる階、または国土交通大臣が定めた特別な理由により屋外からの進入を防止する必要がある階で、その直上階または直下階から進入できる場合。

4）非常用エレベーター（法 34 条、令 129 条の 13 の 2、令 129 条の 13 の 3）

　建築物の高さが 31m を超える建築物は、外部からの消防活動が困難なので、非常用エレベーターの設置義務がある。ただし、高さが 31m を超える部分が次のいずれかに該当するときは除外される。

① 階段室、昇降機その他の建築設備の機械室、装飾塔、物見塔、屋窓などの場合。

② 各階の床面積の合計が 500m² 以下の建築物の場合。

③ 階数が 4 以下の主要構造部を耐火構造とした建築物で、床面積の合計 100m² 以内ごとに耐火構造の床や壁、特定防火設備で防火区画された場合。

図 3・56　非常用の進入口の例

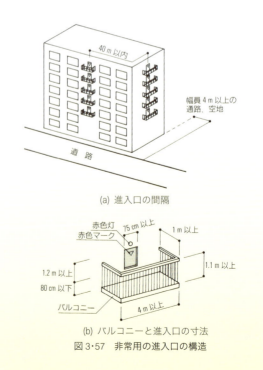

(a) 進入口の間隔

(b) バルコニーと進入口の寸法

図 3・57　非常用の進入口の構造

④機械製作工場、不燃性の物品を保管する倉庫などの建築物で、主要構造部が不燃材料でつくられたものなどで火災発生のおそれの少ない構造の場合。

非常用エレベーターの設置台数は、高さ31mを超える部分の床面積が最大の階の床面積によって決まる。1500m²以下のときは1基とし、1500m²を超える場合は、3000m²以内を増すごとに1基ずつ増加する。乗降ロビーの出入口には、常時閉鎖式防火戸である特定防火設備を設ける。広さは、非常用エレベーター1基につき、床面積を10m²以上とする。避難階においては、非常用エレベーターの昇降路の出入口から屋外への有効な出口の一つまでの歩行距離は30m以下としなければならない。

6 敷地内通路（令128条、令128条の2）

特殊建築物や規模の大きい建築物の場合、道路までの避難を容易にするために、建築物の周囲に一定幅以上の通路を設けなければならない。

1）敷地内通路を必要とする建築物

法別表第1(い)欄(1)項から(4)項までの特殊建築物、階数が3以上である建築物、採光上および排煙上の無窓居室のある建築物、延べ面積（同一敷地内に2以上の建築物がある場合は、その延べ面積の合計）が1000m²を超える建築物には、避難上有効な通路を設けなければならない。

2）通路の幅員

屋外避難階段または避難階における屋外への出口から道路や公園に通じる通路の幅は、1.5m（階数3以下で延べ面積200m²未満の建築物の敷地内は90cm）以上とする（図3・58）。大規模な木造建築物（法2条九号の二イに適合する建築物は除く）の周囲の通路は、延べ面積が1000m²を超える場合（主要構造部が耐火構造の部分で耐火構造の壁と特定防火設備で区画されたものの床面積は除く）は、道に接する部分を除き、図3・59に示すように3m以上とする。ただし、隣地境界線に面した部分は、延べ面積が3000m²以下のときは通路幅は1.5m以上あればよい。通路は、幅3m以下の渡り廊下を横切ることができるが、交差部における渡り廊下の開口は、幅2.5m以上高さ3m以上としなければならない。

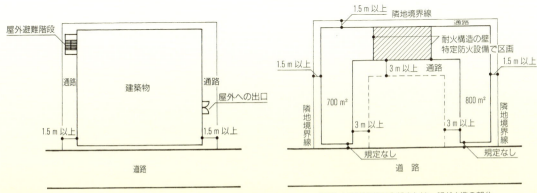

図3・58　屋外避難階段などから道路などへの通路の幅　　　　図3・59　敷地内通路の幅

7 避難上の安全の検証

　火災が発生した場合、建築物の利用者が煙やガスから避難行動を妨げられないで、安全に避難できることが検証された場合は、表3・35に示すように、避難規定の一部を適用しなくてもよい。その検証法には、建築物の各階に関するもの、建築物全体に関するもの、区画部分に関するものがある。

1）階避難安全検証法（令129条）

　階避難安全検証法は、火災時において建築物の階からの避難が安全に行われることを検証する方法をいい、次の二つの条件を満足しなければならない。

①火災が発生した居室からその室の在室者全員が室をでるまで、煙やガスが避難上支障のある高さまで下降しないことを検証する。

②火災室のある階にいる全員が直通階段に通じる出口を通過するまで、煙やガスが避難上支障のある高さまで下降しないことを検証する。

2）全館避難安全検証法（令129条の2）

　全館避難安全検証法は、火災時において当該建築物からの避難が安全に行われることを検証する方法をいい、階避難安全検証法を満足し、かつ、在館者の全員が安全に避難できることを検証しなければならない。

3）区画避難安全検証法（令128条の6）

　区画避難安全検証法は、居室などの建築物の部分で準耐火構造の壁や防火設備などで区画された部分（区画部分）について、火災時に当該部分にいる者全員が区画外に安全に避難できることを検証する。区画避難安全性能を有することが検証法により確かめられたもの、または国土交通大臣の認定を受けたものは、排煙設備の設置と内装制限の一部の規定は適用除外となる。

表3・35　階・全館避難安全検証法による検証により適用されない規定

施行令	内容	階避難安全検証法で安全を検証した建築物	全館避難安全検証法で安全を検証した建築物
令112条6項	高層面積区画（100m²）	ー	すべて適用されない
令112条10項～12項	竪穴区画	ー	
令112条17項	異種用途区画	ー	
令119条	廊下の幅員	適用されない	
令120条	歩行距離	適用されない	
令123条1項一号、六号、2項二号	避難階段の構造	ー	
令123条3項一号、二号	特別避難階段のバルコニー・付室の設置および構造	適用されない	
令123条3項三号		ー	
令123条3項十号		適用されない*1	
令123条3項十二号		適用されない	
令124条1項一号	物品販売業を営む店舗の階段・階段への出入口の幅の合計	ー	
令124条1項二号		適用されない	
令125条1項、3項	避難階における歩行距離・物品販売業を営む店舗の出入口の幅	ー	
令126条の2、令126条の3	排煙設備の設置*2	適用されない	
令128条の5（2項、6項、7項、階段に係る部分は除く）	内装制限*2	適用されない。ただし、調理室、階段、自動車車庫・自動車修理工場などについては適用される	

＊1　屋内からバルコニーまたは付室に通ずる出入口に限定して適用されない。
＊2　区画避難安全検証法で安全を検証した建築物には適用されない。

3・5 建築設備

■1 給排水設備

1）配管設備の構造基準（令129条の2の4第1項）

主な配管設備については、次のように定められている。なお、この規定は給水・排水設備だけでなく、電気設備における電線管の配管、換気・空調設備における配管（ダクトを含む）にも適用される。

①コンクリートへの埋設により管に腐食するおそれのある部分は、腐食防止措置をとること。

②エレベーターの昇降路内には、エレベーターに必要な配管設備以外は、配管設備を設けてはならない。

③地上3階以上の建築物、地階に居室がある建築物、または延べ面積3000m²を超える建築物に設ける、換気・暖房・冷房の風道、ダストシュート・リネンシュートなどのダクトやシャフトは、屋外に面する部分などを除き、不燃材料でつくること。

④給水管・配電管などが、防火区画などを貫通する場合のこれらの管の構造は、次のいずれかに適合するものとする（図3・60）。

・管の貫通部分、および貫通部分からそれぞれ両側に1m以内の距離にある部分を、不燃材料でつくること。

・管の外形が、管の用途、材質その他の事項に応じて、国土交通大臣が定める数値未満であること。

・管に通常の火災による火熱が加えられたとき、加熱開始後の一定時間（防火区画などに要求される性能に応じ、20分間、45分間、1時間）に、防火区画などの加熱側の反対側に火炎を出す原因となる損傷を生じないものとして、国土交通大臣の認定を受けたもの。

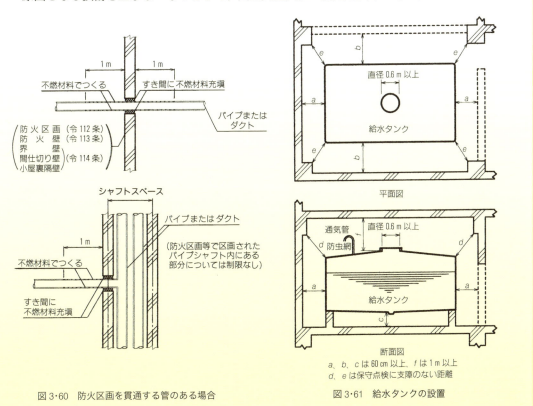

図3・60 防火区画を貫通する管のある場合

図3・61 給水タンクの設置

⑤ 3階以上の階を共同住宅の用途に供する建築物の、住戸に設けるガスの配管設備は、国土交通大臣が安全を確保するために必要があると認めて定める基準（S56告示1099号）による。

2）飲料水設備の構造基準（令129条の2の4第2項）

主な飲料水設備については、上記の通常の配管の規定を満足するとともの、次に示す規定を満足しなければならない。

① 飲料水の配管設備とその他の配管設備とは、直接連結させないこと。

② 配管から漏水せず、また、配管から汚染物質が溶け出さないこと。

③ 給水タンク・貯水タンクは、ほこりその他衛生上有害なものが入らない構造とし、金属製のものは有効な錆止めのための措置を講ずること（図3・61）。

3）排水設備の構造基準（令129条の2の4第3項）

排水設備の基準は、排水設備自体の有効性という観点から、排水の配管設備の設置および構造について次のように決められている。

① 排出すべき雨水または汚水の量および水質に応じ、有効な容量、傾斜および材質を有すること。敷地外水路の方が高い場合などは、ポンプアップ設備などの配慮がなければ適当とされない。

② 配管設備には、排水トラップ・通気管などを設置するなど、衛生上必要な措置を講ずること。

③ 配管の末端は、公共下水道、都市下水路その他の排水施設に有効に連結すること。このとき、たとえ敷地内であってもに、たれ流しとしてはならない。

④ 汚水に接する部分は、不浸透質の耐水材料でつくること。

表3・36　屎尿浄化槽または合併処理浄化槽の性能表

		屎尿浄化槽または合併処理浄化槽を設ける区域	処理対象人員（人）	性　　能	
				生物化学的酸素要求量の除去率（％）	放流水の生物化学的酸素要求量（mg/l）
令32条	1項 汚物処理性能に関する技術的基準	一号	特定行政庁が衛生上特に支障があると認めて規則で指定する区域	50	65以上	90以下
				51以上500以下	70以上	60以下
				501以上	85以上	30以下
			特定行政庁が衛生上特に支障がないと認めて規則で指定する区域	—	55以上	120以下
			その他の区域	500以下	65以上	90以下
				501以上2000以下	70以上	60以下
				2001以上	85以上	30以下
			備　考	人員の算定は、国土交通大臣の定める方法による[注]	$(P-Q)/P$	Q
				BOD：汚物を微生物が酸化して安定した物質にするために必要な酸素の量。単位ppm P：屎尿浄化槽への流入水のBODの数値 注）S44告示3184号に定める、JIS A 3302により算定する		
		二号	放流水に含まれる大腸菌群数が、1cm³につき3000個以下とする性能を有するものであること			
	2項 地下浸透方式による処理の場合		区域	性能項目		
				一次処理装置による浮遊物質量の除去率（％）	一次処理装置からの流出水に含まれる浮遊物質量（mg/l）	地下浸透能力
			地下浸透方式を認められた区域	55以上	250以下	一次処理装置からの流出水が滞留しない程度のもの
			備　考	$(R-S)/R$	S	
			R：一次処理装置への流入水中の浮遊物質量			
			放流水に含まれる大腸菌群数が、1cm³につき3000個以下とする性能を有するものであること			
	3項		水質汚濁防止法3条1項もしくは3項または浄化槽法4条1項の技術的基準により、BODについて上記1項一号より厳しい基準が定められ、またはBOD以外の項目に関しても基準が定められている場合は、当該基準および上記1項二号の性能を有するものであること			

4）屎尿浄化槽の構造基準（法31条2項、令32条）

　水洗便所から排出する汚物を、下水道法に規定する終末処理場を有する公共下水道以外に放流しようとする場合は、屎尿浄化槽または合併処理浄化槽を設けて汚水を浄化しなければならない。

　これらの浄化槽は、令32条で定めた汚物処理性能に関する技術的基準（表3・36）に適合するもので、国土交通大臣が定めた構造方法（S55告示1292号）を用いるもの、または国土交通大臣の認定を受けたものに限られる。一般地域の屎尿浄化槽または合併処理浄化槽に関しては、表3・36に示すように、区域、処理対象人員の区分に応じてBOD（生物化学的酸素要求量）の除去率、放流水のBODおよび放流水に含まれる大腸菌群数についての性能が定められている。

❷ 空気調和設備

1）空気調和の性能基準（令20条の2、令129条2の5第3項）

　建築物に設ける中央管理方式の空気調和設備は、表3・3（p.45）の基準に適合するように空気を浄化し、温度・湿度・流量を調節して供給することができる性能をもち、かつ安全上、防火上および衛生上支障がないものとして国土交通大臣が定める構造としなけらばならない。また、空気調和設備の制御および作動状態の監視は、中央管理室（管理者が勤務する場所で、避難階またはその直上若しくは直下に設けたもの）において行うことができるように規定されている。

2）冷却塔設備（令129条の2の6）

　地階を除く階数が11以上である建築物の屋上に設ける冷房のための冷却塔設備の設置および構造は、次のいずれかを満足しなければならない。

①主要な部分を不燃材料でつくるか、または防火上支障がないものとして国土交通大臣が認めた構造方法を用いるもの。

②冷却塔の構造に応じ、建築物の他の部分までを国土交通大臣が定める距離以上としたもの。

③冷却塔の内部が燃焼した場合に、建築物の他の部分の温度が国土交通大臣が定める温度（100℃）以上に上昇させないものとして国土交通大臣の認定を受けたもの。

3 エレベーター、エスカレーター

1）エレベーター（令129条の4～令129条の11）

エレベーターのかごおよびかごを支え、またはつる構造上主要な部分（主要な支持部分という）については、国土交通大臣が定めた構造、エレベーター強度検証法により検証を行ったもの、国土交通大臣の認定を受けたもののいずれかのものとしなければならない。そのほかに、エレベーターの荷重、かごの構造、昇降路の構造、駆動装置および制御器、エレベーター機械室、安全装置について、令129条の5～令129条の10に、詳細な規定がなされている（図3・62）。また、屋外に設けるエレベーターについては、風圧力に対する安全性を検証することが義務づけられている。

2）エスカレーター（令129条の12）

エスカレーターについての主な規定は、次のように定められている。

①勾配は原則として30°以下とするが、一定の条件のもとでは35°以下とすることができる。
②踏段の定格速度は毎分50m以下の範囲で、勾配に応じて国土交通大臣が定める速度以下とする。
③踏段の幅は、1.1m以下（一定の条件のもとでは1.6m以下）とし、踏段の端からその手すり上端部の中心までの水平距離は25cm以下とする。
④エスカレーターの制動装置は、安全装置が作動して、エスカレーターが自動的に停止するときの加速度（減速）が$1.25m/s^2$以下でなければならない。

4 避雷設備（法33条、令129条の14、15）

高さが20mを超える建築物には、高さ20mを超える部分を落雷から保護するように避雷設備を設ける。設置の方法はJISにより定められている。図3・63は、避雷設備の概要を示したものである。

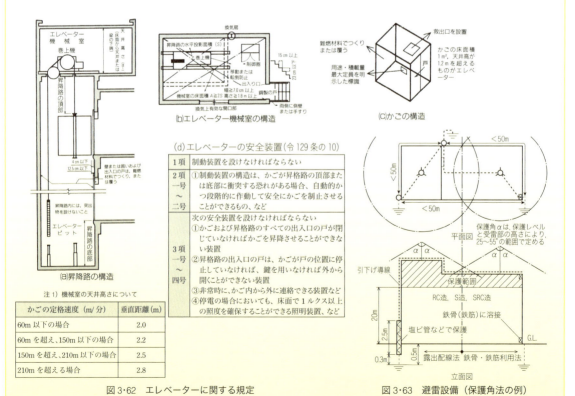

図3・62　エレベーターに関する規定　　　図3・63　避雷設備（保護角法の例）

4章

都市と街区の健全性(集団規定)

集団規定のうち法42条～68条の8は、都市計画区域内および準都市計画区域内に限って適用される(法41条の2)。これらの規定は、建築物を集団としてとらえ、その形態、用途などに制限を加えることによって都市の環境および機能の確保を図ろうとするものである。

4･1　道路と敷地

1 道路の定義（法 42 条）

建築物を建築する場合、敷地は必ず道路に接しなければならない。従って、道路を厳密に定義しておく必要がある。道路には、次の 1）～ 5）にあてはまる幅員 4m（開発許可の適用を受けて広幅員の道路が整備された地区や積雪の著しい地区などで特定行政庁が指定する区域内は 6m）以上のもの、および、6）にあてはまる幅員が 4m 未満のもの（地下におけるものを除く）がある。なお、道路幅員の測り方を図 4･1 に示す。

1）道路法による道路

道路法 2 条、3 条より、一般交通の道で高速自動車国道、一般国道、都道府県道、市町村道をいう。

2）都市計画法などによる道路

都市計画法、土地区画整理法、旧住宅地造成事業に関する法律、都市再開発法などによる道路。

3）既存道路

この法律が適用される際、既に存在した道。

4）事業執行予定道路

道路法、都市計画法、土地区画整理法、都市再開発法などによる新設または変更の事業計画のある道路で、2 年以内にその事業が執行される予定のものとして特定行政庁が指定したもの。

5）位置指定道路

土地を建築物の敷地として利用するために、次のような政令の基準（令 144 条の 4）に適合して築造しようとする道で、築造しようとする者が特定行政庁から位置指定を受けたもの。

図 4･1　道路幅員の測り方

(a) 幅員4m以上6m未満の道の場合、距離は35m以下とする。
(b) 幅員4m以上6m未満の道で幅員6m未満の袋路状道路に接続する場合、他の道路に接続するまでの距離が35m以下とする。
(c) 終端が公園、広場などで自動車の転回に支障のないものに接続している。
(d) 延長が35mを超える場合で、終端および区間35m以内ごとに国土交通大臣の定める基準に適合する自動車の転回広場などが設けられている。
(e) 幅員が6m以上である。

図 4･2　袋路状道路の位置指定基準

図 4･3　隅切り

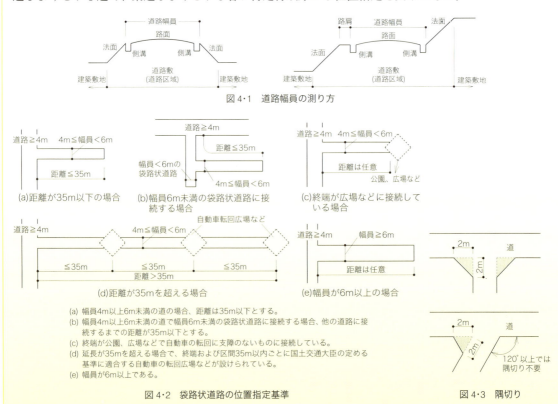

ⓐ **袋路状道路の条件**　築造する道は、原則として、両端が他の道路に接続していなければならない。ただし、図4・2のような場合、または、これに準ずる場合で、特定行政庁が周囲の状況により避難上および安全上支障がないと認めた場合は、袋路状道路でよい。

ⓑ **道の構造**　築造する道は、安全のために次のような構造とする。
①道が屈曲または道路に接続する箇所には、一辺が2mの2等辺三角形の隅切りを設ける（図4・3）。
②砂利敷などのぬかるみとならない構造とする。
③原則として、縦断勾配が12％以下とし、階段状となる部分を設けない。
④道およびこれに接する敷地内の排水に必要な側溝、街渠（がいきょ）などを設ける。

6）2項道路

法が適用される際、すでに建築物が建ち並んでいる幅員4m（特定行政庁が指定する区域内は6m）未満の道で、特定行政庁が指定したものは道路とみなす。この道路は、法42条第2項により規定されるので、一般に「2項道路」と呼ばれる。ただし、道路の両側が宅地の場合、道路中心線から水平距離2m（特定行政庁が指定する区域内は3m）の線を、道路の反対側が川、がけ地などの場合、反対側の道路境界線から水平距離4m（6m）の線を道路境界線とみなす。特定行政庁は、土地の状況によってやむを得ない場合においては、道路中心線から水平距離2m（3m）を1.35m以上2m（3m）未満の範囲で、また、がけ地側の道路境界線から水平距離4m（6m）を2.7m以上4m（6m）未満の範囲で、建築審査会の同意を得て別に指定することができる（図4・4）。

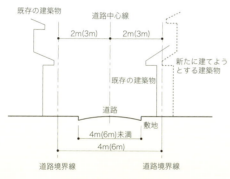
(a)道路の両側が宅地の場合

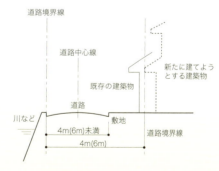
(b)道路の反対側に川などがある場合

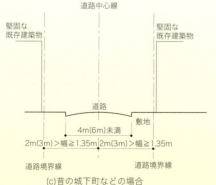
(c)昔の城下町などの場合

(d)漁師町などがけや海が迫っている場合

図4・4　2項道路

2 接道義務（法43条）

　建築物の敷地は、図4・5のように道路（自動車専用の道路、地区計画の区域内*の道路などは除く）に2m以上接しなければならない。ただし、幅員4m以上の農道や令144条の4第1項の基準に適合する道（道路を除く）に2m以上接する延べ面積200m²以下の一戸建て住宅で特定行政庁が認めるものや、敷地の周囲に広い空地がある建築物などで特定行政庁が交通上、安全上、防火上および衛生上支障がないと認めて建築審査会の同意を得て許可したものはこの限りではない。また、地方公共団体は、特殊建築物や一定規模の建築物に対して避難や通行の安全のために、条例によって、接道長さを4mにするなど、接道条件により厳しい制限を附加することができる。

3 道路内の建築制限（法44条）

　建築物または敷地を造成するための擁壁は、道路内にまたは道路に突き出して建築または築造してはならない。ただし、次の建築物は、道路内に建築することができる（図4・6、図4・7）。

①地盤面下に設ける建築物で、基礎のフーチング、屎尿浄化槽、地下室の一部、建築物に附属する地下通路などがこれに該当する。これらの建築にあたっては、公道では道路管理者、私道では土地所有者などの承諾を必要とする。

②公衆便所、派出所など公益上必要な建築物で、特定行政庁が通行上支障がないと認めて建築審査会の同意を得て許可した建築物で、この他にバス停留所の上家（壁などの囲いのないもの）、一定の道路附属物（料金徴収所など）、一定の自転車駐車場（駐輪場）などがこれに該当する。

③地区計画の区域内における道路の上空や路面下に設ける建築物で、当該地区計画および令145条1項の構造に適合し、特定行政庁が安全上、防火上、衛生上支障がないと認めるもの。

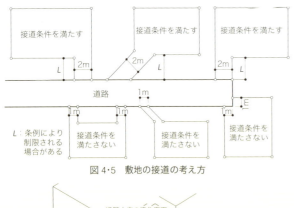

図4・5　敷地の接道の考え方

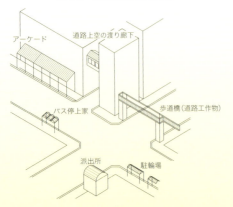

図4・6　道路内に建築できるものの例

図4・7　道路内につくられたタクシー乗り場の上家と公共歩廊

＊　地区整備計画に、道路の上空または路面下において建築物などの敷地として併せて利用すべき区域として定められている区域に限る。

④公共用歩廊（アーケードなど）や令145条2項で定める道路上空の渡り廊下（図4・8、表4・1）、高度地区、高度利用地区または都市再生特別地区内の自動車専用道路の上空に設けられる建築物（図4・9、③と合わせて「立体道路制度」と呼ぶ）、高架道路の路面下に設ける建築物、自動車専用道路内に設ける休憩所、給油所、修理所などの建築物で、特定行政庁が安全上、防火上、衛生上、他の建築物の利便を妨げたり周囲の環境を害するおそれがないと認めて許可したもの。なお、許可を得る場合は、あらかじめ建築審査会の同意を得なければならない。

4 私道の変更・廃止（法45条）

私道（法42条の道路のうち私人が維持管理するもの）の変更または廃止によって接道義務に適合しなくなるような敷地が生じる場合、特定行政庁はこれを禁止または制限することができる。

5 壁面線

1) 壁面線の指定（法46条）

特定行政庁は、街区内における建築物の位置を整えて環境の向上を図るために、図4・10のような壁面線を指定することができる。ただし、壁面線の指定には次の手続きが必要である。

①建築審査会の同意
②指定に利害関係のある者に出頭を求めて行う公開の聴聞

2) 壁面線による建築制限（法47条）

壁面線に指定されると建築物の壁やこれに代わる柱、高さ2mを超える門または塀は、壁面線を越えて建築できない。ただし、地盤面下の部分、特定行政庁が建築審査会の同意を得て許可した歩廊の柱などは除く。また、壁面線の指定のある道路は、容積率と道路斜線の制限が緩和されることがある。

図4・8　道路上空の渡り廊下

表4・1　道路上空に渡り廊下などの通路を設置できる建築物（令145条2項）

号	建築物
一	学校、病院、老人ホームなどで、生徒、患者、老人などの危険防止に必要なもの
二	建築物の5階以上の階に設けられるもので、その建築物の避難施設として必要なもの
三	多人数の通行または多量の物品の運搬の用途で、道路の交通の緩和に寄与するもの

図4・9　立体道路制度による建築物（ゲートタワービル）

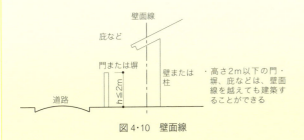

図4・10　壁面線

4・2 用途地域

■1 用途地域の指定

　都市計画区域は、市または人口、就業者数その他の事項が政令で定める要件に該当する町村の中心の市街地を含み、かつ、自然的、社会的条件および人口、土地利用、交通量などを勘案して、一体の都市として総合的に整備し、開発し、保全する必要がある区域として都道府県知事が指定した区域である。この区域の面積は、国土の全面積からみれば、全体の約1/4であるが、人口からみれば約9割の人が住んでいる。

　都市計画区域は、計画的な市街化を図る必要がある場合は、市街化区域と市街化調整区域に区分することができる。市街化区域に指定された区域内においては、用途地域が指定され、建築物の用途や規模が規制される。

1) 市街化区域と市街化調整区域（都市計画法7条、13条）

　都市計画区域を市街化区域と市街化調整区域に区分することを、通称「線引き」という。

　市街化区域は、すでに市街地を形成している区域およびおおむね10年以内に優先的かつ計画的に市街化を図る区域をいい、用途地域が定められる。また、市街化調整区域は、市街化を抑制する区域をいい、原則として用途地域を定めない。

2) 地域地区（都市計画法8条）

　都市計画区域では、土地利用計画に基づいて、都市機能の維持または環境の保護のため、地域や地区などを定めている。市街化区域には13種類の用途地域が定められており、住居系、商業系、工業系の三つの地域に大別される（図4・11、表4・2）。

　また、その他に良好な環境の市街地をつくるために次のような地域や地区がある（都計法8条）。

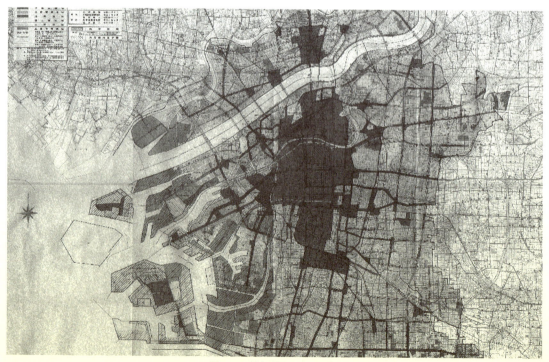

図4・11　都市計画図（大阪市）

❶特別用途地区　用途地域内の一定地区において、用途地域の規制を補い、その地区の特性にふさわしい土地利用の推進や環境の保護など、特別の目的の実現のために定める地区をいう。

❷特定用途制限地域　市街化調整区域以外で、用途地域が定められていない区域において、良好な土地の環境保持のために、その地域の特性によって合理的な土地利用が行えるように、制限しなければならない特定の建築物などの用途の概要を定める地域をいう。

❸特例容積率適用地区　適性な配置および規模の公共施設を備えた区域において、未利用となっている容積の活用を促進して、土地の高度利用を図るために定める地区をいう。

❹高層住居誘導地区　住居の部分とそれ以外の用途の部分とを適正に分け、利便性の高い高層住居の建設をするため、第一種住居地域、第二種住居地域、準住居地域、近隣商業地域、準工業地域で、容積率が400％と定められたもののなかで、容積率の最高限度、建ぺい率の最高限度、敷地面積の最低限度を定める地区をいう。

❺高度地区　用途地域内での市街地の環境の維持や土地利用を進めるために、建築物の高さの最高限度や最低限度を定める地区をいう。

❻高度利用地区　用途地域内の市街地における土地の合理的かつ健全な高度利用と都市機能の更新をするために、容積率の最高限度や最低限度、建ぺい率の最高限度、建築面積の最低限度、壁面の位置の制限を定める地区をいう。

❼特定街区　市街地の整備改善を行うために、街区の整備や造成が行われる地区において、その街区内での容積率や建築物の高さの最高限度、壁面の位置の制限を定める街区をいう（図4・12）。

❽都市再生特別地区　都市の再生に貢献し、土地の合理的かつ健全な高度利用を図るために、用途、容積率の最高限度および最低限度、建ぺい率と高さの最高限度、建築面積の最低限度、壁面位置の制限を定める地区をいう。

図4・12　神戸市中央区の特定街区

図4・13　大阪市内の風致地区

- **防火地域・準防火地域** 市街地での火災の危険を防ぐために定める地域をいう。
- **特定防災街区整備地区** 防火地域または準防火地域内の密集市街地において、防災機能の確保のために、敷地面積の最低限度、壁面の位置などを定める地区をいう。
- **景観地区** 市街地の良好な景観の形成を図るために、建築物の形態意匠のほか、高さの最高限度または最低限度、壁面の位置の制限、敷地面積の最低限度のうち必要な物を定める地区をいう。
- **風致地区** 都市の風致を守り、その状態を持続させるために定める地区をいう（図4・13）。

❷ 用途の制限

都市には、いろいろな用途に使われる多種多様な建築物が建てられる。これらを、無計画、無秩序に建築すると都市機能は混乱する。そこで、市街地の合理的な利用を行うことを目的として、市街地の一定地域に類似の用途のものを集め、その地域にふさわしくないものを除外する方法がとられている。

1）用途制限の区分

用途の制限は、法別表第2に示されている。この表を見る場合、注意しなければならないのは、用途地域によって、建築することができる建築物を列記しているものと、建築してはならない建築物を列記しているものがあることである。

ⓐ建築することができる建築物を列記している用途地域

　　(い)第一種低層住居専用地域、(ろ)第二種低層住居専用地域、(は)第一種中高層住居専用地域、
　　(ち)田園住居地域

表4・2　用途地域

地域の種類		都市計画の内容
住居系	(い)第一種低層住居専用地域	低層住宅に係る良好な住居の環境を保護する地域
	(ろ)第二種低層住居専用地域	主として低層住宅に係る良好な住居の環境を保護する地域
	(は)第一種中高層住居専用地域	中高層住宅に係る良好な住居の環境を保護する地域
	(に)第二種中高層住居専用地域	主として中高層住宅に係る良好な住居の環境を保護する地域
	(ほ)第 一 種 住 居 地 域	住居の環境を保護する地域
	(へ)第 二 種 住 居 地 域	主として住居の環境を保護する地域
	(と)準　住　居　地　域	道路の沿道としての地域の特性にふさわしい業務の利便の増進を図りつつ、これと調和した住居の環境を保護する地域
	(ち)田　園　住　居　地　域	農業の利便の増進を図りつつ、これと調和した低層住宅に係る良好な住居の環境を保護する地域
商業系	(り)近　隣　商　業　地　域	近隣の住宅地の住民に対する日用品の供給を行うことを主たる内容とする商業その他の業務の利便を増進する地域
	(ぬ)商　業　地　域	主として商業その他の業務の利便を増進する地域
工業系	(る)準　工　業　地　域	主として環境の悪化をもたらすおそれのない工業の利便を増進する地域
	(を)工　業　地　域	主として工業の利便を増進する地域
	(わ)工　業　専　用　地　域	工業の利便を増進する地域

（い）第一種低層住居専用地域
（ろ）第二種低層住居専用地域
（は）第一種中高層住居専用地域
（ち）田園住居地域

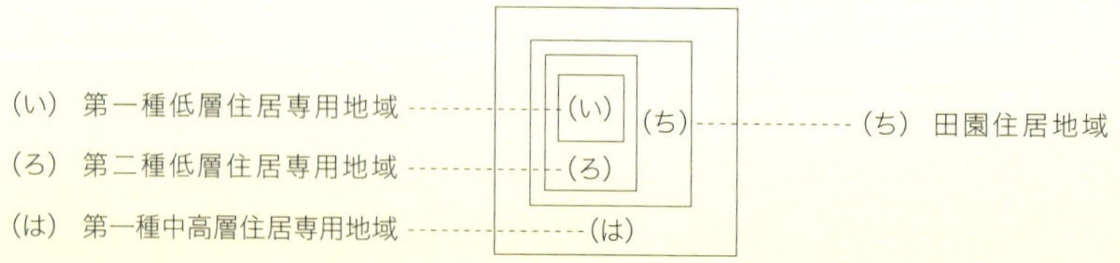

注）（は）には（ち）のうちの一部（農産物の生産施設など）を包含しない。

図4・14　建築することができる建築物を示す用途地域の包含関係

❺ 建築してはならない建築物を列記している用途地域

(に)第二種中高層住居専用地域、(ほ)第一種住居地域、(へ)第二種住居地域、(と)準住居地域、(り)近隣商業地域、(ぬ)商業地域、(る)準工業地域、(を)工業地域、(わ)工業専用地域

2）制限内容の包含関係

建築することができる建築物の用途制限の範囲は、図4・14のようになる。つまり、第一種低層住居専用地域内に建築することができる建築物は、第二種低層住居専用地域内、田園住居地域内および第一種中高層住居専用地域内にも建築することができる。また、第二種低層住居専用地域内に建築することができる建築物は、田園住居地域内および第一種中高層住居専用地域内にも建築することができる。

建築することができない建築物の用途制限の範囲は、図4・15と図4・16のようになる。図4・15では、準工業地域内に建築することができない建築物は、商業地域内にも建築することができない（ただし、個室付浴場業は例外とする）。また、商業地域内に建築することができない建築物は、近隣商業地域内にも建築することができない。このように制限される建築物が枠の外側へ拡がるほど多くなる。しかし、図4・16では制限される建築物の順序が逆になり、工業地域内に建築することができない建築物は、工業専用地域内にも建築することができない。

3）用途制限の検討例

第一種低層住居専用地域内に、延べ面積120m²の理髪店兼用住宅（店舗部分40m²）が建築できるかどうかを検討してみよう。

まず、別表第2(い)項二号を見ると、兼用住宅で政令（令130条の3）で定めるものは、建築することができることがわかる。次に、令130条の3によれば、延べ面積の2分の1以上を居住の用に供し、この条文に記される用途で、兼用部分の床面積が50m²以下であればよいので、上記の理髪店兼用住宅は建築できる。

4）各用途地域の用途制限

用途地域ごとに、主な建築物の用途制限を表4・3に示す。

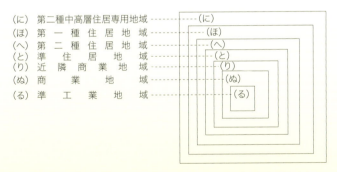

図4・15　建築してはならない建築物を示す用途地域の包含関係（1）

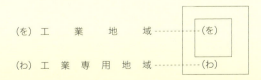

図4・16　建築してはならない建築物を示す用途地域の包含関係（2）

表4・3 用途地域による建築物の用途制限

□ 建築できる用途　■ 建築できない用途

建築物の用途			第一種低層住専	第二種低層住専	第一種中高層住専	第二種中高層住専	第一種住居地域	第二種住居地域	準住居地域	田園住居地域	近隣商業地域	商業地域	準工業地域	工業地域	工業専用地域
住居公共施設	住宅、共同住宅、寄宿舎、下宿														■
	店舗、事務所などの部分が一定規模以下の兼用住宅														■
	老人ホーム、福祉ホームなど														■
	神社、寺院、教会など														
	巡査派出所、公衆電話所、公園休憩所など														
	保育所、公衆浴場、診療所（19ベッド以下）														
	老人福祉センター、児童厚生施設など		※1	※1					※1						
	幼稚園、小学校、中学校、高等学校、中等教育学校													■	■
	大学、高等専門学校、専修学校など		■	■						■				■	■
	図書館、博物館など														■
	病院（20ベッド以上）		■	■						■				■	■
商業用途	店舗、飲食店、事務所など	床面積の合計150m²以下、2階以下 [1]	■												※16
		床面積の合計500m²以下、2階以下 [2]	■	■						※13					※16
		上記以外のもの	■	■	■	※4	※6	※9	※10	※14				※9	※17
	自動車車庫	2階以下かつ床面積の合計300m²以下	※2	※2						※2					
		3階以上または床面積の合計300m²を超えるもの（一定規模以下の附属車庫などを除く）	■	■	※3	※3	※3	※3		■					
	倉庫業を営む倉庫		■	■	■	■	■	■		■					
	ボーリング場、スケート場、水泳場、ゴルフ練習場		■	■	■	■	※7			■					
	ホテル、旅館		■	■	■	■	※7			■				■	■
	自動車教習所、床面積の合計が15m²を超える畜舎		■	■	■	■	※7			■					
	マージャン屋、ぱちんこ屋、射的場、勝馬投票券売場など		■	■	■	■	■			■					■
	カラオケボックスなど		■	■	■	■	■			■					
	劇場、映画館、演芸場、観覧場、ナイトクラブなど		■	■	■	■	■	■	※11	■				■	■
	キャバレー、料理店など		■	■	■	■	■	■	■	■	■			■	■
	個室付浴場業にかかわる公衆浴場など		■	■	■	■	■	■	■	■	■			■	■
工業用途	工場	危険性や環境悪化のおそれがきわめて少なく、作業場の床面積の合計50m²以下	■	■	■	※8				■					
		危険性や環境悪化のおそれが少なく、作業場の床面積の合計150m²以下	■	■	■	■				■					
		危険性や環境悪化のおそれがやや多いもの、または作業場の床面積の合計50m²を超える工場	■	■	■	■	■	■	■	■	■	■			
		危険性が大きいもの、または環境悪化のおそれが著しいもの	■	■	■	■	■	■	■	■	■	■	■		
	自動車修理工場		■	■	■	■	※12			■	※15	※15			
	日刊新聞の印刷所		■	■	■	■				■					
	危険物の貯蔵、処理施設	貯蔵、処理の量が非常に少ないもの	■	■	■	■	※5	※7		■					
		貯蔵、処理の量が少ないもの	■	■	■	■	■	■		■					
		貯蔵、処理の量がやや多いもの	■	■	■	■	■	■	■	■	■	■			
		貯蔵、処理の量が多いもの	■	■	■	■	■	■	■	■	■	■	■		

1) 令130条の5の2に定めるものに限る。　2) 令130条の5の3に定めるものに限る。
※ 1：一定規模以下のものに限り建築できる。
※ 2：附属車庫で1階以下かつ600m²以下（車庫を除く建築物の床面積の合計以下）は建築できる。
※ 3：都市計画が決定された車庫などは除かれる。
※ 4：令130条の5の2および令130条の5の3の用途以外の用途に使用される場合は、2階以下かつ1500m²以下に限り建築できる。
※ 5：2階以下かつ1500m²以下に限り建築できる。
※ 6：令130条の5の2および令130条の5の3の用途以外の用途に使用される部分が3000m²以下に限り建築できる。ただし、次のものは3000m²を超えても建築できる。①税務署、警察署、保健所、消防署など　②第一種電気通信事業者の事業に使用される施設で国土交通省が指定するもの
※ 7：3000m²以下に限り建築できる。
※ 8：パン屋や米屋などの食品製造業で、作業場の床面積50m²以下、原動機の出力合計0.75kW以下であれば建築できる。
※ 9：店舗・飲食店・展示場・遊技場・勝馬投票券売場などは床面積の合計が10000m²以下に限り建築できる。
※10：劇場など（客席部分に限る）・店舗・飲食店・展示場・遊技場・勝馬投票券売場などは床面積の合計が10000m²以下に限り建築できる。
※11：客席部分の床面積の合計が200m²未満のものは建築できる。
※12：作業場の床面積の合計が150m²以下のものは建築できる。
※13：農業の利便増進に必要な店舗・飲食店に限り建築できる。
※14：農産物の生産・集荷・処理・貯蔵または農業の生産資材の貯蔵のためのものは建築できる。
※15：作業場の床面積の合計が300m²以下のものは建築できる。
※16：物品販売店舗や飲食店は建築できない。
※17：物品販売店舗や飲食店は建築できない。展示場・遊技場などで床面積の合計が10000m²以下に限り建築できる。

4・3 容積率と建ぺい率

　容積率は、土地の有効かつ高度な利用と市街地の環境を良好に保つための密度規制であり、建ぺい率は、敷地内に一定の空地を確保することによって日照、通風、採光、防災など、市街地環境の確保とともに、空地を緑化することによって日常生活に快適な空間を確保することを目的としている。

❶容積率（法52条）

1）容積率の制限（法52条1項、2項）

　容積率とは、建築物の延べ面積の敷地面積に対する割合をいい、次式で表される。

$$容積率 = \frac{延べ面積}{敷地面積}$$

　ただし、延べ面積には、自動車車庫などのうち一定の面積を不算入とすることができる（p.36参照）。

　図4・17は、容積率の考え方を示すもので、敷地の形状、大きさが同じで、容積率20/10（200％）の例である。容積率の限度は、原則として、指定容積率と前面道路幅員から算定される容積率のうち、小さいほうの数値とする（図4・18）。

　指定容積率とは、用途地域の種類に応じて都市計画で定める数値をいう。前面道路幅員（前面道路が二つ以上ある場合は幅員が最大のもの）から算定される容積率とは、幅員が12m未満の道路に限って適用されるもので、原則として、前面道路幅員に、住居系地域（高層住居誘導地区を除く）においては4/10を乗じた数値、その他の地域または用途地域の指定のない区域においては6/10を乗じた数値をいう。なお、用途地域別の容積率の限度を表4・4に示す。

表4・4　都市計画区域内の容積率制限

用途地域・区域		容積率は(a)または(b)のうち小さい方の値	
	敷地条件	(a)都市計画で定める数値	(b)前面道路*3の幅員が12m未満の場合の数値
(1)	第一種低層住居専用地域*1 第二種低層住居専用地域*1 田園住居地域*1	5/10、6/10、8/10、10/10、15/10、20/10	前面道路の幅員(m)×4/10
(2)	第一種中高層住居専用地域*1 第二種中高層住居専用地域*1 第一種住居地域*2 第二種住居地域*2 準住居地域*2	10/10、15/10、20/10、30/10、40/10、50/10	前面道路の幅員(m)×4/10（特定行政庁が指定した区域では、前面道路の幅員(m)×6/10）
	近隣商業地域*2 準工業地域*2		前面道路の幅員(m)×6/10（特定行政庁が指定した区域では、前面道路の幅員(m)×4/10又は8/10）
(3)	商業地域*1	20/10、30/10、40/10、50/10、60/10、70/10、80/10、90/10、100/10、110/10、120/10、130/10	
(4)	工業地域*1 工業専用地域	10/10、15/10、20/10、30/10、40/10	
(5)	高層住居誘導地区*1 （住宅用途部分の床面積の合計が延べ面積の2/3以上の建築物）	第一・二種・準住居地域、近隣商業地域、準工業地域において、住宅部分の床面積の割合に応じて、(2)の数値からその1.5倍まで	
(6)	特定用途誘導地区 （誘導すべき用途の建築物）	当該特定用途誘導地区に関する都市計画で定められた数値	
(7)	用途地域の指定のない区域 （市街化調整区域を含む）	5/10、8/10、10/10、20/10、30/10、40/10のうち特定行政庁が定める	

*1　(6)の建築物を除く。
*2　(5)、(6)の建築物を除く。
*3　敷地が2以上の道路に接するときは、そのうちの最大の道路幅員を前面道路幅員とする。

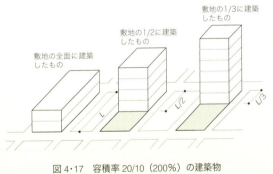

図4・17　容積率20/10（200％）の建築物

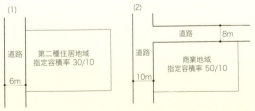

(1) 第二種住居地域内で指定容積率30/10、前面道路幅員6mの場合
6×4/10＝24/10≦30/10
従って、容積率の限度は、24/10(240％)となる

(2) 商業地域内で指定容積率50/10、前面道路幅員は10mと8mの角の場合10×6/10＝60/10≧50/10
従って、容積率の限度は、50/10(500％)となる

図4・18　容積率の計算例（特定行政庁の指定なし）

2) 住宅・老人ホーム・福祉ホームなどの地階部分の床面積に対する緩和（法52条3項）

地階のうち、天井が地盤面から高さ1m以下にあり、かつ、住宅・老人ホーム・福祉ホームなどの用途に供する部分は、容積率の算定において当該用途部分の床面積の1/3を限度に延べ面積に算入しない。住宅などの用途に供する部分とは、住宅などの居室のほか、物置、浴室、便所、廊下、階段などを含む。たとえば、事務所兼用住宅の場合、住宅の用途に供する部分を地下室に設けた場合は容積率不算入の対象となるが、事務所を設けた場合は対象にはならない。

図4・19に、地下室と自動車車庫をもつ住宅の容積率の算定対象となる延べ面積の計算例を示す。

3) 共同住宅の共用の廊下などに対する緩和（法52条6項、令135条の16）

エレベーターの昇降路および共同住宅・老人ホーム・福祉ホームなどにおける図4・20のような共用の廊下などの床面積は延べ面積に算入しない。共用の廊下などとは、廊下、エントランスホール、階段、階段に代わる傾斜路などをいい、昇降機の機械室用の階段など住宅以外の用途の階段を含まない。また、住宅・老人ホーム・福祉ホームなどの給湯設備用機械室などで特定行政庁が認めるものの床面積も延べ面積に算入しない。

4) 敷地が2つ以上の用途地域にわたる場合（法52条7項）

建築物の敷地が2以上の用途地域にわたる場合の容積率は、図4・21の計算例に示すように、それぞれの用途地域についての容積率の限度から個々の延べ面積の限度を求め、それらの合計を敷地面積で除する。たとえば、敷地が用途地域1と用途地域2の二つの地域にわたる場合は次式による。

$$容積率 = \frac{延べ面積の合計}{敷地全体の面積}$$

$$延べ面積の合計 = (用途地域1の敷地面積 \times 用途地域1の容積率の限度) + (用途地域2の敷地面積 \times 用途地域2の容積率の限度)$$

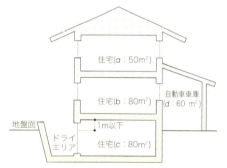

地下室と自動車車庫をもつ住宅における容積率の対象となる延べ面積の計算例
(1) 住宅の地階部分の容積率緩和（法52条2項）
　　居住の用に供する部分の床面積（車庫の床面積は含まない）の算定
　　$a + b + c = 50 + 80 + 80 = 210 m^2$
　　地下室の床面積に算入されない面積（S_1）
　　$S_1 = 1/3 \times 210 = 70 m^2$　地下室は、$80 m^2$のうち$70 m^2$まで不算入
(2) 自動車車庫部分の容積率緩和（令2条3項）
　　建築物の延べ面積
　　$a + b + c + d = 50 + 80 + 80 + 60 = 270 m^2$
　　自動車車庫の床面積に算入されない面積（S_2）
　　$S_2 = 1/5 \times 270 = 54 m^2$　自動車車庫は、$60 m^2$のうち$54 m^2$まで不算入
(3) 建築物全体について容積率算定の対象延べ面積
　　延べ面積 − 地下室緩和 − 自動車車庫緩和 = 270 − 70 − 54 = $146 m^2$

図4・19　地下室と車庫をもつ住宅の容積緩和

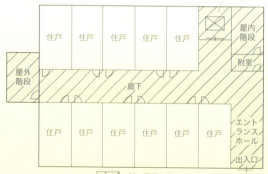

エレベーターの昇降路（建築物の用途にかかわらず不算入）

共同住宅・老人ホーム・福祉ホームなどの容積率算定において延べ面積に算入されない部分（共用の部分に限る）
・廊下
・エントランスホール
・エレベーターの昇降路
・階段（昇降機の機械室階段を除く）
・階段に代わる傾斜路

市街地中心部における土地の有効利用を図るため、住戸専用部分の使用可能な床面積を拡大することや、高齢者の利用に対応して、廊下などの共用部分にゆとりをもたせるなど、良質な集合住宅などの建設促進を目的としている。

▨：延べ面積に算入されない部分

図4・20　共同住宅・老人ホーム・福祉ホームなどの共用廊下などの部分

5）空地率による容積率の緩和（法52条8項、令135条の17）

第一種・第二種住居地域、準住居地域、近隣商業地域または準工業地域内（高層住居誘導地区および特定行政庁が指定する区域を除く）または商業地域において、敷地内に政令（令135条の16第1項、2項）で定める以上の空地を有し、敷地面積が政令（令135条の16第3項）で定める規模以上のとき、住宅の用途に供する建築物の指定容積率は、住宅の用途に供する床面積の延べ面積に対する割合に応じて算出した数値（令135条の14）となる。

6）特定道路による容積率の緩和（法52条9項、令135条の18）

建築物の敷地が幅員6m以上12m未満の前面道路に接続しているとき、この前面道路が敷地から幅員15m以上の道路（特定道路）に70m以内の範囲で接続する場合は、図4・22に示す計算式によって前面道路幅員を割増して容積率を算定することができる。これは、幹線道路など幅員の大きい道路に接する敷地と、それに隣接する狭い道路に接する敷地の容積率が急激に変化することがないように、敷地周辺の道路状況を総合的に評価し、容積率の変化を連続的にかつ緩やかにすることを目的としている。なお、図4・23に計算例を示す。

7）高層住居誘導地区内の容積率（法52条1項五号、令135条の14、都計法9条15項）

第一種住居地域、第二種住居地域、準住居地域、近隣商業地域または準工業地域内で、容積率が40/10に指定されている地域のうち、高層住居誘導地区に建てられる建築物は、住宅の用途に供する部分の床面積の合計が延べ面積の2/3以上（都市計画において敷地面積の最低限度が定められているときは、その限度以上のものに限る）のとき、容積率の限度が緩和される。容積率の緩和は、都市計画で定められた数値（容積率40/10）の1.5倍（容積率60/10）以下で、令135条の14の計算式によって

図のような敷地において建築可能な延べ面積を求める。ただし、図に記載されているものを除き、地域、地区および特定行政庁の指定はないものとする
＜計算＞
① 近隣商業地域の敷地部分
・指定容積率 40/10　前面道路幅員による容積率 6×6/10＝36/10
　従って、容積率の限度は、36/10
・建築可能な延べ面積 20×15×36/10＝1080m²
② 第一種住居地域の部分
・指定容積率 20/10　前面道路幅員による容積率 6×4/10＝24/10
　従って、容積率の限度は、20/10
・建築可能な延べ面積 10×15×20/10＝300m²
③ 敷地全体の建築可能な延べ面積の最大値
　1080＋300＝1380m²
・この面積以下であれば、敷地のどの部分に建築してもよい

図4・21　二つの用途地域にわたる場合の計算例

$$W_a = \frac{(12-W_r)(70-L)}{70}$$

W_a：前面道路に割増しされる幅員（m）
W_r：前面道路幅員（m）
L：特定道路から敷地までの前面道路の距離（m）

図4・22　特定道路による容積率の緩和

図のような第一種住居地域内にある敷地に、建築することができる延べ面積の最大限度を求める。ただし、図に記載されているものを除き、地域、地区および特定行政庁の指定などはなく、建築物には、住宅、自動車車庫などの用途に供する部分および地階はないものとする

＜計算＞
W_a＝(12－6)×(70－35)/70＝3m
前面道路容積率＝(6＋3)×4/10＝36/10＜指定容積率＝40/10
∴容積率＝36/10
建築可能な延べ面積＝10×10×36/10＝360m²

図4・23　特定道路による容積率緩和の計算例

算出された数値までの範囲内で高層住居誘導地区に関する都市計画によって定める。また、前面道路の幅員から算出する場合の容積率は、前面道路幅員に 6/10 を乗ずるものとする。

8）容積率算定の特例

ⓐ 計画道路に接する敷地（法 52 条 10 項）　図 4・24 のように敷地が都市計画で定める計画道路に接する場合は、特定行政庁の許可によってこれを前面道路とみなすことができる。ただし、計画道路内の敷地は敷地面積に算入できない。

ⓑ 壁面線の指定がある敷地（法 52 条 11、12、13 項）　図 4・25 のように敷地内に壁面線の指定がある場合、特定行政庁が許可した建築物は、壁面線を道路境界線とみなして容積率の算定を行うことができる。また、住居系地域では、許可を必要とせずに壁面線を道路境界線とみなすことができる。ただし、前面道路幅員に 6/10 を乗じた値が容積率の上限となる。なお、壁面線が指定されていても、この規定の適用は、建築主が判断することができる。

ⓒ その他（法 52 条 14 項）　機械室の割合の大きい建築物や敷地の周囲に公園などのある建築物、省エネ性能向上のために必要な外壁工事などを行う建築物で構造上やむを得ないものは、特定行政庁の許可によって容積率の限度を超えることができる。

9）特例容積率適用地区内の容積率の特例（法 57 条の 2、法 57 条の 3）

ⓐ 特例容積率適用地区　特例容積率適用地区は、都市機能が集積する既成市街地のうち、図 4・26 のように当該区域を一体としてとらえ、未利用となっている容積率を区域内の他の敷地で利用することによって、区域全体の高度利用を促進しようとするものである。具体的には、以下の条件に合う区域を都市計画によって指定する。

①第 1 種・第 2 種中高層住宅専用地域、第 1 種・第 2 種住居地域、準住居地域、近隣商業地域、商業地域、準工業地域または工業地域であること。

②道路、公園、下水道などの基盤的な都市施設が十分整備された区域であること。

③区域全体の高度利用を図るために、区域内の未利用の容積率を活用する必要のある区域であること。

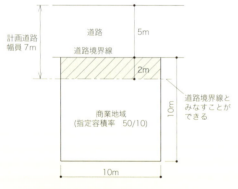

計画道路による容積率算定の特例
①計画道路による特例の許可をうけない場合
　前面道路容積率＝5×6/10＝30/10＜指定容積率：50/10
　∴容積率＝30/10
　建築可能な延べ面積＝10×10×30/10＝300m²
②計画道路による特例の許可をうける場合
　前面道路容積率＝7×6/10＝42/10＜指定容積率：50/10
　∴容積率＝42/10
　建築可能な延べ面積＝8×10×42/10＝336m²

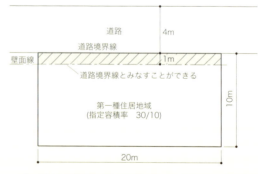

法52条9項の壁面線による容積率算定の特例
①壁面線による特例を適用しない場合
　前面道路容積率＝4×4/10＝16/10＜指定容積率：30/10
　∴容積率＝16/10
　建築可能な延べ面積＝10×20×16/10＝320m²
②壁面線による特例の適用する場合
　前面道路容積率＝5×4/10＝20/10＜指定容積率：30/10かつ
　　4×6/10＝24/10
　（容積率緩和の上限は、前面道路幅員×6/10としなければならない）
　∴容積率＝20/10
　建築可能な延べ面積＝9×20×20/10＝360m²
　（壁面線より道路側の敷地の面積は算入しない）

図 4・24　計画道路による容積率算定の特例　　　　図 4・25　壁面線による容積率算定の特例

❶ **特例容積率の限度の指定**　特例容積率適用地区内の2以上の敷地（敷地の過半が当該地区内に属するものを含む）に関係する土地所有者などが、特定行政庁に対して、当該2以上の敷地（特例敷地）のそれぞれに適用される特別の容積率（特例容積率）の限度の指定を申請することができる。ただし、申請者は、特例敷地の利害関係者（所有権者、借地権者、抵当権者など）に対して、あらかじめ同意を得なければならない。

　特定行政庁は、申請が図4・27の（a）〜（c）の要件に該当すると認めるときは、特例敷地のそれぞれに適用される特例容積率の限度を指定し、特例敷地の特例容積率の限度、位置などを公告し、一般の縦覧に供さなければならない。特例容積率の指定は、公告により効力を生ずる。

❷ **特例敷地内の容積率**　特例敷地内の建築物については、特例容積率以下かつ前面道路による容積率以下としなければならない。

❸ **特例容積率の限度の指定取消し**　特例敷地の土地所有者などは、利害関係者の同意によって、特例容積率の限度の指定の取消しを申請することができる。また、特定行政庁は、特例敷地内の建築物の容積率が法52条1項〜9項の規定による限度以下のとき、その他建築物の構造が交通上、安全上および衛生上支障がないと認められるとき、当該申請にかかわる指定を取消す。取消しは、特定行政庁の公告により効力を生ずる。

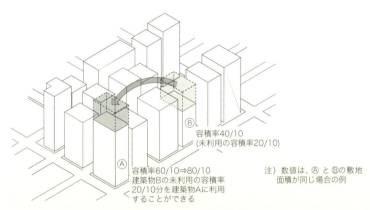

図4・26　特例容積率適用地区制度

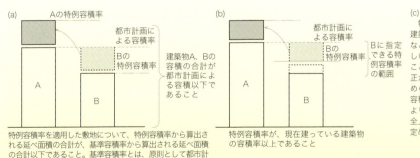

図4・27　特例容積率の指定要件

❷ 建ぺい率（法53条）

1）建ぺい率の制限（法53条1項）

建ぺい率とは、建築面積の敷地面積に対する割合をいい、次式で表される。また、建ぺい率は、表4・5のように用途地域の種類などによって、それぞれ限度が設けられている。

$$建ぺい率 = \frac{建築面積}{敷地面積}$$

2）建ぺい率の緩和（法53条3項）

次の①、②のどちらかに該当する場合には、定められた建ぺい率の割合にそれぞれ1/10を、両方に該当する場合には2/10を加算することができる。

① 建ぺい率の限度が8/10とされている地域以外の地域で、かつ、防火地域内または準防火地域内の耐火建築物またはこれと同等以上の延焼防止性能を有する建築物（耐火建築物等）および準防火地域内の準耐火建築物またはこれと同等以上の延焼防止性能を有する建築物（準耐火建築物等）。

② 街区の角にある敷地またはこれに準ずる敷地で、特定行政庁が指定するものの内にある建築物（道路の幅員、道路に敷地の辺が接する長さ、道路が交わる部分の角度など敷地周辺の空地確保に条件があり、特定行政庁の定めによる）。

3）敷地が2以上の用途地域にわたる場合（法53条2項）

建築物の敷地が2つ以上の用途地域にわたる場合の建ぺい率は、図4・28のようにそれぞれの用途地域についての建ぺい率の限度から建築面積の限度を求め、それらの合計を敷地面積で除する。

たとえば、用途地域が二つの場合は次の式による。

$$建ぺい率 = \frac{建築面積の合計}{敷地全体の面積} \quad 建築面積の合計 = \begin{array}{l}(用途地域1の建ぺい率の限度 \times 用途地域1の敷地面積)\\+(用途地域2の建ぺい率の限度 \times 用途地域2の敷地面積)\end{array}$$

4）壁面線の指定がある場合などの緩和（法53条4項、5項）

敷地の隣地側に壁面線の指定や地区計画などによる壁面の位置の制限がある場合や、前面道路側に避難上・消火上必要な壁面線の指定や特定防災街区整備地区の壁面の位置の制限がある場合、特定行

表4・5 用途地域別の建ぺい率制限

用途地域・区域 \ 敷地条件など	都市計画で定める数値	a. 特定行政庁の指定する角地等	b. 防火地域内の耐火建築物等※	a. + b. の場合
第一種低層住居専用地域 第二種低層住居専用地域 第一種中高層住居専用地域 第二種中高層住居専用地域 田園住居地域 工業専用地域	3/10 4/10 5/10 6/10	＋1/10	＋1/10	＋2/10
第一種住居地域 第二種住居地域 準住居地域 準工業地域	5/10 6/10 8/10	＋1/10	＋1/10 （建ぺい率の限度が8/10と指定されている場合、建ぺい率の制限なし）	＋2/10 （建ぺい率の限度が8/10と指定されている場合、建ぺい率の制限なし）
近隣商業地域	6/10 8/10	＋1/10		
商業地域	8/10	＋1/10	建ぺい率の制限なし	建ぺい率の制限なし
工業地域	5/10 6/10	＋1/10	＋1/10	＋2/10
用途地域の指定のない区域	3/10、4/10、5/10、6/10、7/10 のうち特定行政庁が定める	＋1/10	＋1/10	＋2/10

※ ＋1/10の緩和は、準防火地域の耐火建築物等または準耐火建築物等にも適用される。

政庁が安全上、防火上および衛生上支障がないと認めて建築審査会の同意を得て許可したものの建ぺい率は、その許可の範囲内において、制限を緩和される。また、省エネ性能向上のために必要な外壁工事などを行う建築物で構造上やむを得ないものも、同様の緩和が適用される。

5）建ぺい率の適用除外（法53条6項）

次の建築物は、建ぺい率の制限が適用されない。従って、敷地全面に建築物を建てることが可能である。
①建ぺい率の限度が8/10とされている地域で、かつ、防火地域内にある耐火建築物等。
②巡査派出所、公衆便所、公共用歩廊など。
③公園、広場、道路、川などの内にある建築物で、特定行政庁が安全上、防火上および衛生上支障がないと認めて建築審査会の同意を得て許可したもの。

6）敷地が防火地域または準防火地域の内外にわたる場合（法53条7項、8項）

図4・29のように建築物の敷地が防火地域の内外にわたる場合において、敷地内のすべての建築物が耐火建築物等であれば、敷地全体を防火地域とみなして建ぺい率の制限を適用する。建築物の敷地が準防火地域と防火・準防火地域外にわたる場合も同様に、敷地内のすべての建築物が耐火建築物等または準耐火建築物等のとき、敷地全体を準防火地域とみなして緩和規定を適用する。

3 外壁の後退距離（法54条）

第1種・第2種低層住居専用地域または田園住居地域内においては、外壁またはこれに代わる柱の面から敷地境界線までの距離を都市計画において定めることができる。この外壁の後退距離を定める場合は、1.5mまたは1mとする。

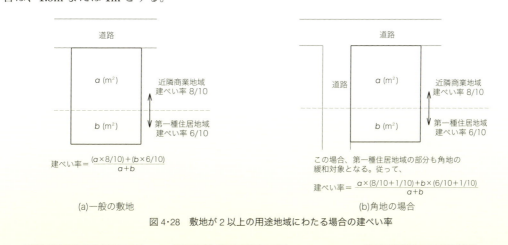

図4・28　敷地が2以上の用途地域にわたる場合の建ぺい率

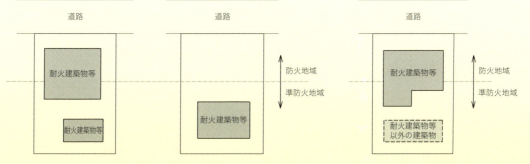

図4・29　敷地が防火地域の内外にわたる場合の建ぺい率

4・4　高さ制限

建築物には、道路や隣地と建築物相互の日照、採光、通風の確保を目的として、絶対高さの制限、道路斜線制限、隣地斜線制限、北側斜線制限の高さ制限が設けられ、これらの制限のうち最も小さい数値が適用される。また、住居地の日照保護を目的とした日影規制による高さ制限もある。

❶絶対高さの制限

1）絶対高さの制限の原則（法55条）

第一種低層住居専用地域、第二種低層住居専用地域または田園住居地域内の建築物の高さは、10mまたは12mのうち都市計画で定められた数値以下とする。図4・30は、絶対高さの制限によって建築物の高さを低くおさえ、良好な環境を保持している住宅地の例である。

2）制限の緩和（法55条2項、3項）

絶対高さの制限が10mの地域において、次の条件（令130条の10）を満たす建築物で、特定行政庁が低層住宅にかかわる良好な住居の環境を害するおそれがないと認めるものは、12mとすることができる。

① ［1－建ぺい率の制限値＋1/10］以上の空地があること。
②敷地面積が、原則として、1500m²以上であること。ただし、特定行政庁は、規模が750m²以上1500m²未満の範囲内で別に定めることができる。

また、太陽光発電パネルなどを設置する建築物（構造上やむを得ないものとして省令で定めるもの）で、特定行政庁が建築審査会の同意を得て許可したものは、制限が緩和される。

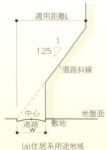

図4・30　絶対高さ制限を受けた住宅地の例

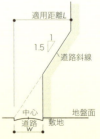

図4・32　道路斜線制限を受けた建築物の例

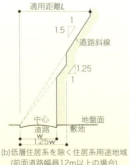

(a)住居系用途地域
(前面道路幅員12m未満の場合)

(b)低層住居系を除く住居系用途地域
(前面道路幅員12m以上の場合)

(c)住居系以外の用途地域

図4・31　道路斜線制限の原則

3) 適用の除外（法55条4項、5項、法44条2項）

次の建築物のうち、特定行政庁が建築審査会の同意を得て許可したものは適用を除外される。
① 敷地の周囲に広い公園、広場、道路などの空地を有し、低層住宅にかかわる良好な住居の環境を害するおそれのないもの。
② 学校、寺院、神社などの建築物で、用途上やむを得ないもの。

❷ 道路斜線制限

1) 道路斜線制限の原則（法56条1項一号）

建築物の各部分の高さは、図4・31に示すように前面道路の反対側の境界線からの水平距離（l_a）に、住居系地域においては1.25を乗じた数値以下、その他の地域においては1.5を乗じた数値以下とする。道路斜線制限の適用される範囲は、表4・6の地域・区域の種類と各敷地に適用される容積率（適用容積率）によって定められた適用距離（L）の数値までで、これを超える部分には道路斜線制限を適用しない。なお、敷地が2以上の道路に接している建築物は、それぞれの方向からの道路斜線制限の適用を受ける（p.112参照）。図4・32は、二方向からの道路斜線制限を受けた建築物の例である。

2) 制限の緩和

ⓐ 外壁面が後退している場合（法56条2項～4項、令130条の12） 建築物の外壁が、前面道路の境界線から後退（セットバック）している場合、前面道路の反対側の境界線は、図4・33(a)に示すように外壁面が後退している距離の分だけ外側にあるものとする。なお、加算される後退距離は、道路に面する外壁面から道路境界線までの距離のうち、最小のものとする（図4・34）。また、外壁面の後退には、地盤面下の部分および令130条の12に掲げる物置、ポーチ、門、塀などを含まない。

表4・6 道路斜線制限の適用距離（別表第3）

	地域・区域	適用容積率	適用距離（L）	勾配
(1)	第一種低層住居専用地域 第二種低層住居専用地域 第一種中高層住居専用地域 第二種中高層住居専用地域 田園住居地域 第一種住居地域 第二種住居地域 準住居地域	20/10 以下	20m	1.25 (1.5) [*1,2]
		20/10を超え 30/10 以下	25m [*2]	
		30/10を超え 40/10 以下	30m [*2]	
		40/10を超える	35m [*2]	
(2)	近隣商業地域 商業地域	40/10 以下	20m	1.5
		40/10を超え 60/10 以下	25m	
		60/10を超え 80/10 以下	30m	
		80/10を超え 100/10 以下	35m	
		100/10を超え 110/10 以下	40m	
		110/10を超え 120/10 以下	45m	
		120/10を超える	50m	
(3)	準工業地域 工業地域 工業専用地域	20/10 以下	20m	1.5
		20/10を超え 30/10 以下	25m	
		30/10を超え 40/10 以下	30m	
		40/10を超える	35m	
(4)	高層住居誘導地区内の建築物で住宅部分の床面積が延べ面積の2/3以上のもの		35m	1.5
(5)	用途地域の指定のない区域	20/10 以下	20m	1.25 または 1.5 [*3]
		20/10超、30/10 以下	25m	
		30/10 超	30m	

*1 前面道路幅員が12mの場合、前面道路の反対側の境界線から［前面道路幅員×1.25］以下の区域では1.5となる（第一種、第二種低層住居専用地域を除く）。
*2 第一種・第二種中高層住居専用地域（容積率40/10以上）、第一種・第二種・準住居地域のうち特定行政庁が指定する区域内では、適用距離は5mを減じ、勾配は1.5とする。
*3 勾配は、特定行政庁が、土地利用の状況などを考慮して定める。

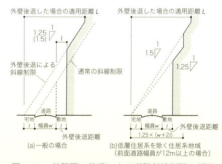

図4・33 外壁面の後退による道路斜線制限の緩和

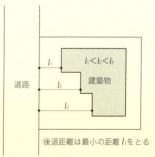

図4・34 後退距離のとり方

❶ **前面道路幅員が 12m 以上ある場合（法 56 条 3 項、4 項）**　第一種中高層住居専用地域、第二種中高層住居専用地域、第一種住居地域、第二種住居地域、準住居地域内において、前面道路幅員が 12m 以上ある場合、前面道路幅員の 1.25 倍以上の区域内の高さは、図 4・31（b）のように前面道路の反対側の境界線からの水平距離に 1.5 を乗じた数値以下とする。また、図 4・33（b）のように外壁面が後退している場合、道路幅員に後退距離の 2 倍を加えた数値の 1.25 倍以上の区域内の高さは、斜線勾配を 1.5 にすることができる。

❷ **敷地が 2 以上の地域にわたる場合（法 56 条 5 項、令 130 条の 11）**　敷地が 2 以上の用途地域にわたる場合の適用距離は、当該前面道路に接する用途地域による。すなわち、前面道路に接する用途地域の適用距離が、その他の用途地域にも適用される。図 4・35（a）は用途地域の境界線が前面道路に交わらない場合の適用距離の計算例と道路斜線を示し、図 4・35（b）は、用途地域の境界線が前面道路に交わる場合の適用距離の範囲を示す。

❸ **敷地が 2 以上の前面道路に接する場合（法 56 条 6 項、令 132 条）**　建築物の敷地が、図 4・36 のように 2 以上の前面道路に接している場合、前面道路幅員は、次のとおりとする。

①最も広い幅員の道路境界線からその道路幅員の 2 倍かつ 35m 以内の区域、および幅員の狭い前面道路の中心線から 10m を超える区域については、最も広い幅員の道路とみなす。

②①以外の区域（前面道路が 3 以上ある場合）のうち、広い幅員の道路境界線からその道路幅員の 2 倍かつ 35m 以内の区域にある幅員の狭い前面道路は、広い幅員の道路とみなす。

③①および②以外の区域については、敷地に接する前面道路の幅員による。

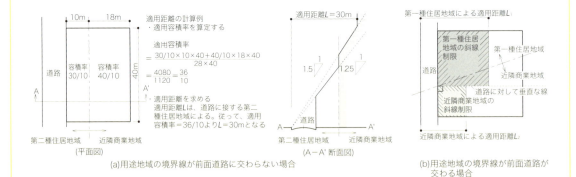

図 4・35　敷地が 2 以上の用途地域にわたる場合

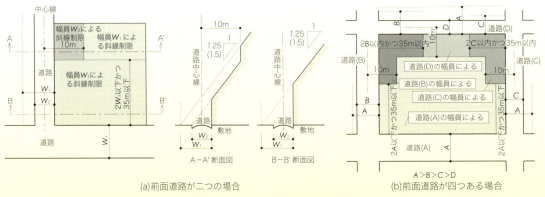

図 4・36　敷地が 2 以上の前面道路に接する場合

❺公園などがある場合（法56条6項、令134条）　前面道路の反対側に公園、広場、水面その他これに類するものがある場合、図4・37（a）のように前面道路の反対側の境界線は公園などの反対側の境界線とする。また、図4・37（b）のように前面道路の反対側に公園などがあり、さらに外壁面の後退もある場合はどちらの緩和も適用する。

❻敷地が道路面より高い場合（法56条6項、令135条の2）　建築物の敷地の地盤面が図4・38のように前面道路より1m以上高い場合、前面道路は次式によって算定した数値だけ高い位置にあるものとみなす。

$$緩和される高さ = \frac{敷地の地盤面と前面道路との高低差 - 1m}{2}$$

❼天空率による緩和（法56条7項、令135条の6、令135条の9）　計画建築物の天空率が道路高さ制限適合建築物の天空率以上である場合、道路斜線制限は適用されない（図4・39）。

(a)外壁面が後退していない場合　(b)外壁面が後退している場合
図4・37　公園などがある場合

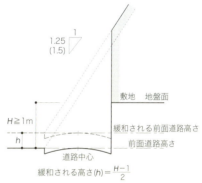

緩和される高さ$(h) = \frac{H-1}{2}$

図4・38　敷地が道路より高い場合

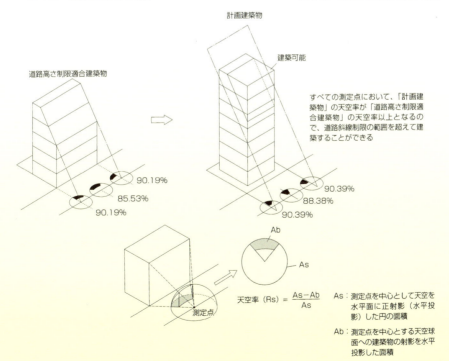

図4・39　天空率による緩和

3 隣地斜線制限

1）隣地斜線制限の原則（法56条1項二号）

建築物の各部分の高さは、図4·40のように用途地域の区分によって、一定の高さを起点として隣地境界線から建築物の部分までの距離（l_b）に応じて次のように制限されている。

① 第一種中高層住居専用地域、第二種中高層住居専用地域、第一種住居地域、第二種住居地域、準住居地域（③の建築物を除く）

　建築物の高さ（h）$\leq 20\text{m} + 1.25\,l_b$（特定行政庁が指定する区域は $h \leq 31\text{m} + 2.5\,l_b$）

② 近隣商業地域、商業地域、準工業地域、工業地域、工業専用地域（③の建築物を除く）

　建築物の高さ（h）$\leq 31\text{m} + 2.5\,l_b$

③ 高層住居誘導地区（住宅の用途に供する部分の床面積が延べ面積の2/3以上であるもの）

　建築物の高さ（h）$\leq 31\text{m} + 25\,l_b$

④ 用途地域の指定のない区域

　建築物の高さ（h）$\leq 20\text{m} + 1.25\,l_b$ または（h）$\leq 31\text{m} + 2.5\,l_b$ のうち、特定行政庁が土地利用の状況などを考慮して定める。

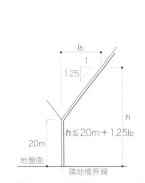

(a) 斜線勾配が1.25と定められた地域　(b) 斜線勾配が2.5と定められた地域

図4·40　隣地斜線制限の原則

図4·41　隣地斜線制限を受けた建築物

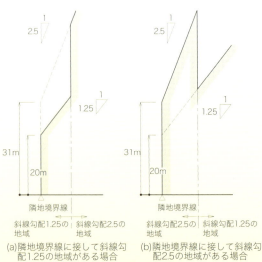

(a) 隣地境界線に接して斜線勾配1.25の地域がある場合　(b) 隣地境界線に接して斜線勾配2.5の地域がある場合

図4·42　敷地が2以上の用途地域にわたる場合

図 4・41 の建築物について、建築物に向かって左側は、隣地斜線制限の規定によって形態に影響を受けている。また、建築物に向かって右側は、道路斜線制限とその適用距離の規定によって、このような外観となっている。

2）敷地が 2 以上の地域にわたる場合（法 56 条 5 項）

敷地が 2 以上の用途地域にわたる場合、建築物の各部分の高さは、図 4・42 のようにその部分の属するそれぞれの地域の制限を受ける。

3）制限の緩和

❶ 外壁面が後退している場合（法 56 条 1 項二号）　　地盤面より住居系用途地域では 20m を、その他の地域・地区では 31m を超える建築物の部分で、外壁が隣地境界線から後退している場合は、隣地境界線は外壁面が後退している距離の分だけ外側にあるものとする。なお、加算される後退距離は、外壁面から隣地境界線までの距離のうち最小のものとする（図 4・43（a））。

❷ 公園などに接する場合（法 56 条 6 項、令 135 条の 3 第 1 項一号）　　建築物の敷地が公園（都市公園法施行令 2 条 1 項 1 号に規定する公園を除く）、広場、水面その他これに類するものに接する場合、当該隣地境界線は、公園などの幅の 1/2 だけ外側にあるものとする（図 4・43（b））。

❸ 敷地が隣地より低い場合（法 56 条 6 項、令 135 条の 3 第 1 項二号）　　建築物の敷地の地盤面が隣地の地盤面（隣地に建築物がない場合は隣地の平均地表面）より 1m 以上低い場合、当該地盤面は、次式によって算定した高さだけ上にあるものとする（図 4・43（c））。

$$緩和される高さ = \frac{敷地の地盤面と隣地地盤面の高低差 - 1m}{2}$$

❹ 天空率による緩和（法 56 条 7 項、令 135 条の 7、令 135 条の 10）　　道路斜線制限と同様の緩和規定がある。

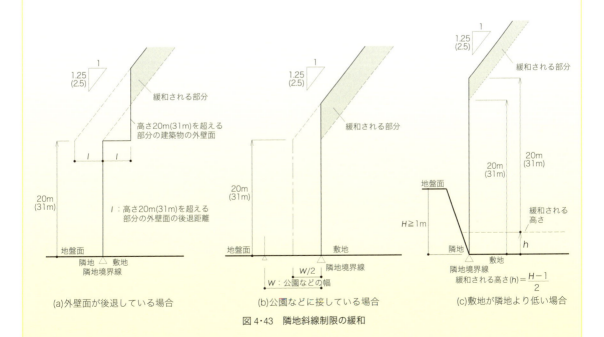

図 4・43　隣地斜線制限の緩和

4 北側斜線制限

1）北側斜線制限の原則（法56条1項三号）

北側斜線制限の規定は、第一種・第二種低層住居専用地域内、田園住居地域内、または、第一種・第二種中高層住居専用地域内での建築物に対して適用されるもので、各部分の高さは、図4・44のように一定の高さを起点として、建築物の外壁面から前面道路の反対側の境界線または隣地境界線（図4・45）までの真北方向の水平距離（l_n）に応じて、次のように算定される。ただし、第一種・第二種中高層住居専用地域で日影規制の対象に指定されている区域は北側斜線制限の規定を適用しない。

ⓐ 第一種低層住居専用地域、第二種低層住居専用地域、田園住居地域

　　建築物の高さ（h）≦ 5m ＋ 1.25l_n

ⓑ 第一種中高層住居専用地域、第二種中高層住居専用地域

　　建築物の高さ（h）≦ 10m ＋ 1.25l_n

2）敷地が2以上の地域にわたる場合（法56条5項）

敷地が2以上の用途地域にわたる場合、建築物の各部分の高さは、図4・46に示すようにその部分の属するそれぞれの地域の制限を受ける。

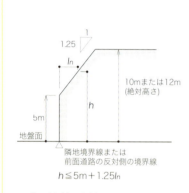

(a)第一種・第二種低層住居専用地域、
　田園住居地域の場合

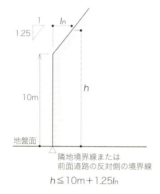

(b)第一種・第二種中高層住居専用地域
　（日影規制が適用時は、北側制限は不適用）

図4・44　北側斜線制限の原則

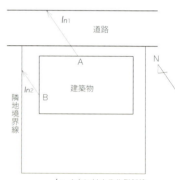

l_{n1} A点に対する北側斜線制限の水平距離

l_{n2} B点に対する北側斜線制限の水平距離

図4・45　水平距離のとり方

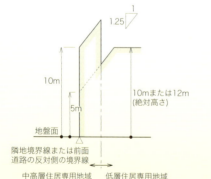

(a)中高層住居専用地域が北側の場合

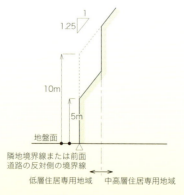

(b)低層住居専用地域が北側の場合

図4・46　敷地が2以上の地域にわたる場合

3) 制限の緩和

北側斜線制限には、次のような緩和があるが、他の斜線制限のような敷地が公園、広場に接する場合の緩和はないので注意を要する。

❶ **北側前面道路の反対側に水面などがある場合（法56条6項、令135条の4第1項一号）** 敷地の北側前面道路の反対側に水面、線路敷その他これらに類するもの（公園、広場は含まれない）がある場合、前面道路の反対側の境界線は、図4・47（a）に示すように、水面などの幅の1/2だけ外側にあるものとみなす。

❷ **敷地の北側に水面などが接する場合（法56条6項、令135条の4第1項一号）** 敷地の北側隣地境界線に接して水面、線路敷きその他これらに類するもの（公園、広場は含まれない）がある場合、隣地境界線は、図4・47（b）に示すように水面などの幅の1/2だけ外側にあるものとする。

❸ **敷地が隣地より低い場合（法56条6項、令135条の4第1項二号）** 建築物の敷地の地盤面が隣地（北側に前面道路がある場合その反対側の隣接地）の地盤面（隣地に建築物がない場合は隣地の平均地表面）より1m以上低い場合、隣地斜線制限の場合と同じように当該地盤面は、次式によって算定した高さだけ上にあるものとする。

$$緩和される高さ = \frac{敷地の地盤面と隣地の地盤面の高低差 - 1m}{2}$$

❹ **天空率による緩和（法56条7項、令135条の8、令135条の11）** 道路斜線制限と同様の緩和規定がある。

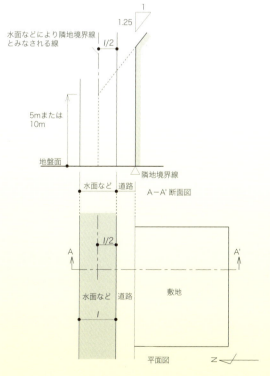
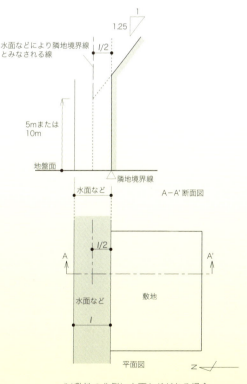

(a) 北側前面道路の反対側に水面などがある場合　　(b) 敷地の北側に水面などがある場合

図4・47　北側斜線制限の緩和

【例題 4・1】 図 4・48 に示す第二種中高層住居専用地域内の敷地で都市計画による指定容積率が 40/10 であるとき、A、B、C の各点に建築することができる最高の高さを求めよ。ただし、敷地、隣地および道路の相互間に高低差はないものとする。

【解】 A～C 点における各斜線制限の限度を算定し、【解】の (a)～(c) の斜線を図示する。

この敷地に適用される容積率を求める。前面道路容積率：6m×4/10 = 24/10、指定容積率：40/10
∴ 24/10　従って、適用容積率は 24/10 となり、道路斜線制限の適用距離は 25m となる。

　A点　道路斜線制限：(4 + 6 + 4) ×1.25 = 17.5m

　　　　隣地斜線制限：20 + (4 + 4 + 6) ×1.25 = 37.5m

　　　　北側斜線制限：10 + 10×1.25 = 22.5m

　従って、A 点での最高高さは、道路斜線制限で決まり 17.5m となる。

　B点　道路斜線制限：(4 + 6 + 8) ×1.25 = 22.5m

　　　　隣地斜線制限：20 + (5 + 5) ×1.25 = 32.5m

　　　　北側斜線制限：10 + (4 + 12) ×1.25 = 30m

　従って、B 点での最高高さは、道路斜線制限で決まり 22.5m となる。

　C点　道路斜線制限：30m で適用距離の範囲外

　　　　隣地斜線制限：20 + (4 + 4) ×1.25 = 30m

　　　　北側斜線制限：10 + 4×1.25 = 15m

　従って、C 点での最高高さは、北側斜線制限で決まり 15m となる。

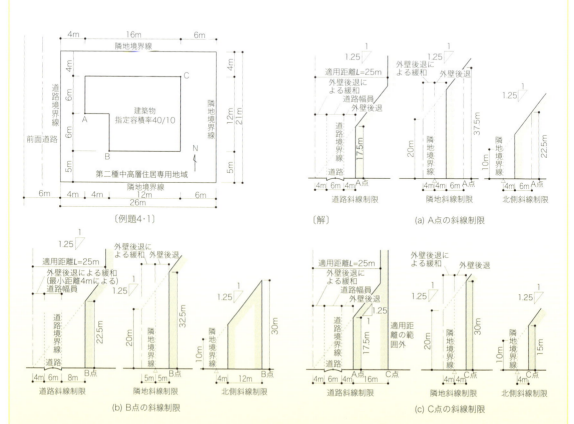

図 4・48 【例題 4・1】

5 日影規制

1) 日影規制の適用（法56条の2第1項、別表第4）

日影規制は、表4・7に示す地域内の一定規模以上の建築物が、敷地の周囲の土地に日影を一定時間以上生じさせないようにするためのもので、地方公共団体が、その地方の気候及び風土、土地利用の状況などを勘案して、条例によって対象区域および制限される日影時間を定める。

ⓐ対象区域（法56条の2第1、4項、法57条の2第4項）　対象となる区域は、第一種・第二種低層住居専用地域、田園住居地域、第一種・第二種中高層住居専用地域、第一種・第二種住居地域、準住居地域、近隣商業地域、準工業地域、用途地域の指定のない区域の全部または一部で、地方公共団体が条例で指定する区域（対象区域という）に日影規制が適用される。ただし、高層住居誘導地区内の建築物については日影規制を適用しない。

また、日影規制を受けない区域に建てられる高さ10mを超える建築物で、冬至日において日影が対象区域に生じる場合は、当該対象区域内にある建築物とみなして日影規制を適用する。

ⓑ対象建築物（法56条の2第1項、別表第4）　規制の対象となる建築物は、表4・7における1項の地域では、軒の高さが7mを超えるものまたは地階を除く階数が3以上のもの、2項および3項の地域では高さが10mを超えるものとする。4項の区域では、軒高＞7mまたは階数≧3と高さ＞10mのうちで、条例によって定める。

なお、図4・49のように屋上部分に階段室などの塔屋がある場合、塔屋部分の水平投影面積が建築面積の1/8以下のとき、高さが5mまでは建築物の高さに算入しない（令2条1項六号ロ）。

表4・7　日影規制（別表第4）

地域・区域	対象建築物		測定面の高さ	日影時間の限度（条例で号を定める）		
				号	5mを超え10m以内（　）内は北海道	10mを超える（　）内は北海道
(1) 第一種低層住居専用地域 第二種低層住居専用地域 田園住居地域	軒高＞7mまたは階数≧3（地階を除く）		1.5m	(一)	3 (2) 時間	2 (1.5) 時間
				(二)	4 (3) 時間	2.5 (2) 時間
				(三)	5 (4) 時間	3 (2.5) 時間
(2) 第一種中高層住居専用地域 第二種中高層住居専用地域	高さ＞10m		4mまたは6.5m	(一)	3 (2) 時間	2 (1.5) 時間
				(二)	4 (3) 時間	2.5 (2) 時間
				(三)	5 (4) 時間	3 (2.5) 時間
(3) 第一種住居地域 第二種住居地域 準住居地域 近隣商業地域 準工業地域	高さ＞10m		4mまたは6.5m	(一)	4 (3) 時間	2.5 (2) 時間
				(二)	5 (4) 時間	3 (2.5) 時間
(4) 用途地域の指定のない区域*	イ	軒高＞7mまたは階数≧3（地階を除く）	1.5m	(一)	3 (2) 時間	2 (1.5) 時間
				(二)	4 (3) 時間	2.5 (2) 時間
				(三)	5 (4) 時間	3 (2.5) 時間
	ロ	高さ＞10m	4m	(一)	3 (2) 時間	2 (1.5) 時間
				(二)	4 (3) 時間	2.5 (2) 時間
				(三)	5 (4) 時間	3 (2.5) 時間

* 対象建築物は、地方公共団体が、イまたはロのうちから条例で定める。

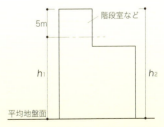

図4・49　階段室などの塔屋の取り扱い

2）日影時間の測定（法 56 条の 2 第 1 項、別表第 4）

ⓐ 日影の測定時間　日影の測定時間は、冬至日（12 月 22 日頃）の真太陽時による午前 8 時から午後 4 時までの 8 時間とする。ただし、北海道の区域は、午前 9 時から午後 3 時までの 6 時間が対象となる。

ⓑ 日影の測定面　日影の測定面の高さは、図 4・50 に示すように敷地の平均地盤面から第一種・第二種低層住居専用地域および田園住居地域においては 1.5m（1 階の窓の位置に相当する高さ）、その他の対象区域においては 4m または 6.5m（2 階または 3 階の窓の位置に相当する高さ）とする。

ⓒ 日影時間の測定範囲　日影時間の測定範囲は、図 4・51 のように敷地境界線から 5m を超え 10m 以内の範囲と、10m を超える範囲に分けられ、それぞれについて日影時間が規制されている。ただし、対象区域外の部分及び対象建築物の敷地内を除く。

3）同一敷地内に 2 以上の建築物がある場合（法 56 条の 2 第 2 項）

学校や病院などのように同一敷地内に 2 以上の建築物がある場合において、敷地内に規制の対象となる建築物があれば、すべてを一つの建築物とみなし、本来ならば対象とならない規模の建築物も日影規制を受ける。また、敷地に高低差がある場合、すべての建築物の地面に接する位置の平均、すなわち平均地盤面を算定し、この平均地盤面をもとに日影規制の検討を行う。

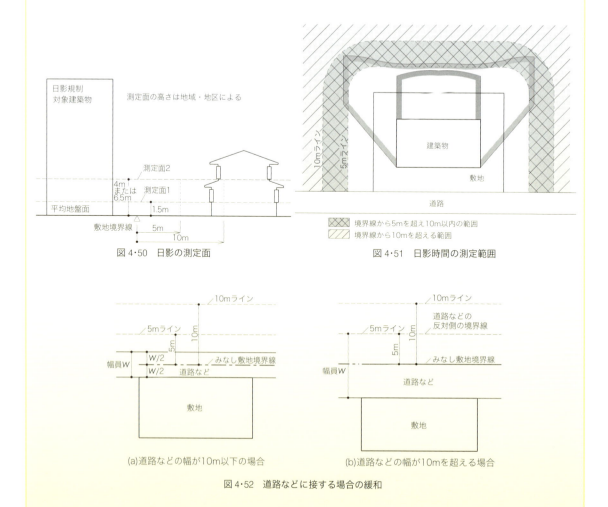

図 4・50　日影の測定面

図 4・51　日影時間の測定範囲

(a) 道路などの幅が 10m 以下の場合　　(b) 道路などの幅が 10m を超える場合

図 4・52　道路などに接する場合の緩和

4）制限の緩和

ⓐ 道路などに接する場合（法56条の2第3項、令135条の12） 建築物の敷地が図4・52のように道路、水面、線路敷などに接する場合の敷地境界線は、これらの幅の1/2だけ外側にあるものとする。ただし、幅が10mを超える場合は道路などの反対側の境界線より5m内側を敷地境界線とみなす。

ⓑ 敷地の平均地盤面が隣地の地盤面より低い場合（法56条の2第3項、令135条の12） 建築物の敷地の平均地盤面が、図4・53のように日影を生じる隣地の地盤面（建築物がない場合は隣地の平均地表面）より1m以上低い場合、当該地盤面は次式によって算定した高さだけ上にあるものとみなす。

$$緩和される高さ = \frac{敷地の地盤面と隣地の地盤面の高低差 - 1m}{2}$$

5）対象区域外にある建築物の日影（法56条の2第4項）

対象区域外のある高さが10mを超える建築物で、冬至日において、対象区域内の土地に日影を生じさせるものは、対象建築物として日影規制を受ける。

6）対象建築物が日影規制の異なる区域の内外にわたる場合（法56条の2第5項、令135条の13）

対象建築物が図4・54のように日影規制の異なる区域の内外にわたる場合、それぞれの区域内に対象建築物があるものとして日影規制を受ける。

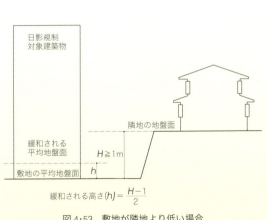

図4・53 敷地が隣地より低い場合

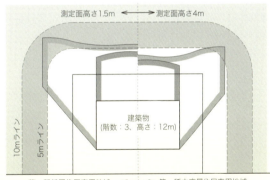

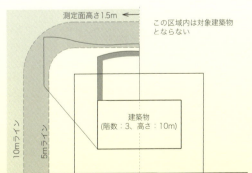

図4・54 対象建築物が日影規制の異なる区域の内外にわたる場合

4・5 防火地域

防火地域・準防火地域は、図4・55のような市街地における火災の拡大を防ぐために、都市計画によって定められる（図4・56）。これらの地域内の建築物は、その規模などによって、耐火建築物や準耐火建築物のほか、一定の延焼防止性能を有する建築物とするよう制限されている。本節では、これら同等以上の延焼防止性能を有する建築物を合わせて、耐火建築物等、準耐火建築物等と呼ぶ。

❶防火地域内の建築制限（法61条、令136条の2）

1）耐火建築物等または準耐火建築物等としなければならない建築物

防火地域内において、階数が3以上、または、延べ面積が100m²を超える建築物は、耐火建築物等とし、その他の建築物は、耐火建築物等または準耐火建築物等としなければならない。ただし、次の①〜④に該当する建築物を除く。

①延べ面積が50m²以内の平家建の附属建築物で、外壁および軒裏が防火構造のもの[*1]。
②卸売市場の上家または機械製作工場で主要構造部が不燃材料でつくられたもの、その他これらに類する構造でこれらと同等以上に火災の発生のおそれの少ない用途に供するもの[*1]。
③建築物に附属する高さ2mを超える門または塀で、不燃材料でつくりまたは覆われたもの。
④高さ2m以下の門または塀。

2）看板などの防火措置（法64条）

防火地域内にある看板、広告塔、装飾塔などの工作物のうち、建築物の屋上に設けるものや高さが3mを超えるものについては、その主要な部分を不燃材料でつくりまたは覆わなければならない。

図4・55　防火地域の指定を受けた市街地

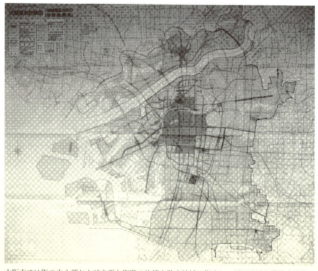

大阪市では街の中心部および主要な街路の沿線を防火地域に指定し、周辺地域を準防火地域に指定している。■防火地域　□準防火地域。

図4・56　防火地域、準防火地域指定（大阪市）

---

*1　外壁開口部設備（外壁の開口部で延焼のおそれのある部分に設ける防火設備）を20分間防火設備とする。

2 準防火地域内の建築制限（法61条、令136条の2）

1）耐火建築物等または準耐火建築物等としなければならない建築物

準防火地域において、地階を除く階数が4以上の建築物または延べ面積が1500m²を超える建築物は、耐火建築物等とし、地階を除く階数が3で延べ面積が1500m²以下の建築物、地階を除く階数が2以下で延べ面積が500m²を超え1500m²以下の建築物は、耐火建築物等または準耐火建築物等としなければならない。また、地階を除く階数が2以下で延べ面積が500m²以下の建築物（木造建築物等以外）は、外壁開口部設備を20分間防火設備とする建築物（または同等）としなければならない。ただし、前項1）の②に該当する卸売市場の上家、機械製作工場などは、以上のような建築制限をうけない。

2）木造建築物等の防火措置

準防火地域内にある木造建築物等（主要構造部のうち、自重または積載荷重を支える部分が、木材、プラスチックなどの可燃材料でつくられたもの）は、次の部分に防火措置を講じなければならない。

　①外壁および軒裏で延焼のおそれのある部分は、防火構造とする。
　②高さ2mを超える附属の門または塀は、その部分が建築物の1階にあるとした場合の延焼のおそれのある部分を、不燃材料でつくりまたは覆わなければならない。

以上の防火地域、準防火地域内における建築制限を表4·8に示す。

表4·8　防火地域・準防火地域内の建築制限

地域		対象建築物	構造	適用除外
防火地域	(1)	階数が3以上の建築物 延べ面積が100m²を超える建築物	耐火建築物等	①延べ面積が50m²以内の平家建の附属建築物で、外壁および軒裏が防火構造のもの[*1] ②卸売市場の上家または機械製作工場で、主要構造部が不燃材料でつくられたもの、その他これらに類する構造でこれらと同等以上に火災の発生のおそれの少ない用途に供するもの[*1] ③高さ2mを超える門または塀で、不燃材料でつくりまたは覆うなど延焼防止上支障のないもの ④高さ2m以下の門または塀
	(2)	その他の建築物	耐火建築物等または準耐火建築物等	
準防火地域	(1)	地階を除く階数が4以上の建築物 延べ面積が1500m²を超える建築物	耐火建築物等	上記の②に該当するもの
	(2)	地階を除く階数が3で延べ面積が1500m²以下の建築物、地階を除く階数が2以下で延べ面積が500m²を超え1500m²以下の建築物	耐火建築物等または準耐火建築物等	
	(3)	地階を除く階数が2以下で延べ面積が500m²以下の建築物（木造建築物等を除く）	外壁開口部設備を20分間防火設備（または同等以上の延焼防止性能を有するもの）	
	(4)	木造建築物等　外壁および軒裏で延焼のおそれのある部分	防火構造[*1]	
		木造建築物等　高さ2mを超える附属の門または塀[*2]	不燃材料でつくりまたは覆うなど延焼防止上支障のない構造	

*1　外壁開口部設備を20分間防火設備とする。
*2　1階にあるとした場合の延焼のおそれのある部分。

3 防火地域・準防火地域内の共通の制限

1）屋根に関する制限（法62条、令136条の2の2）

防火地域または準防火地域内における、建築物の屋根の構造は、市街地において通常の火災が発生したときに、その火の粉によって、建築物に火災が発生することを防止するために必要とされる性能を政令によって定めている。その技術的基準を表4・9に示す。

2）隣地境界線に接する外壁（法63条）

防火地域または準防火地域にある建築物で、外壁が耐火構造であるものについては、その外壁を隣地境界線に接して設けることができる。

3）建築物が防火地域などの内外にわたる場合（法65条）

一つの建築物が2以上の地域にわたって建っている場合、原則として、図4・57のように制限の厳しい地域の規定が適用される。ただし、図4・58のように建築物が、緩い地域側で、防火壁（令113条）によって区画されている場合、防火壁より制限の緩い地域側に建つ建築物の部分については、その地域の規定が適用される。

表4・9 屋根の性能に関する技術的基準（令136条の2の2）

(1)	屋根が、市街地における通常の火災における火の粉により、防火上有害な発炎をしない。
(2)	屋根が、市街地における通常の火災における火の粉により、屋内に達する防火上有害な溶融、亀裂などの損傷を生じない。

注　不燃性の物品を保管する倉庫などで、屋根以外の主要構造部が準不燃材料でつくられたものの屋根にあっては、(1)のみでよい。

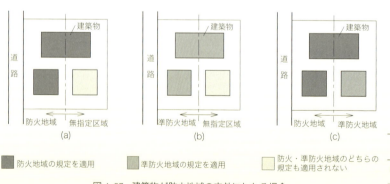

図4・57　建築物が防火地域の内外にわたる場合

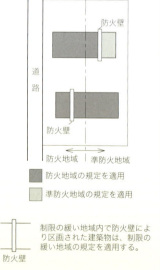

図4・58　防火壁で区画されている場合

4・6　総合設計制度・地区計画など

❶総合設計制度（法59条の2、令136条）

　総合設計制度は、広い敷地の中に一般に開放された広場や歩道などのオープンスペースを設ける建築計画に対して、容積率や高さの規定を緩和することによって、都市環境の整備改善と土地の高度利用を図ろうとするものである。図4・59の建築物のように、敷地内に政令（令136条1項）で定める以上の空地（公開空地）を有し、敷地面積が政令（令136条3項）で定める規模以上のとき、特定行政庁が交通上、安全上、防火上、衛生上支障がなく、容積率および建築物の高さについて総合的な配慮がなされていることにより市街地の環境の整備改善に資すると認めて許可した場合は、建築物の容積率および建築物の高さを、許可の範囲内まで割り増しすることができる。

❷総合的設計による一団地の建築物（法86条1項、3項）

　建築基準法では、原則として、一敷地一建築物を基本として様々な制限が適用されているが、「総合的設計による一団地の建築物」（図4・60）では、2以上の建築物について一棟ごとに制限を適用せずに全体として同一の敷地内にあるものとみなして、敷地と道路との関係、容積率、建ぺい率、斜線制限、日影規制などの規制を適用する。これを「一団地認定の制度」という。

　たとえば、共同住宅団地の各棟は、用途上可分（それぞれ独立した建築物として考えることができる）であるため、本来、一棟一敷地として各規定を適用しなければならないが、総合的設計がなされていれば、特定行政庁が、その各建築物の位置および構造が安全上、防火上および衛生上支障がないと認めるものについては、これらの建築物は、同一敷地内にあるものとみなす。なお、防災空間の確保のため特定行政庁の認定によって、隣接空地を含む一団地を一敷地とみなすこともできる。

図4・59　総合設計制度によるオフィスビル（梅田スカイビル）

図4・60　総合的設計による一団地の建築

3 連担建築物設計制度（法86条2項、4項、6項）

　連担建築物設計制度は、一団地認定の制度と同様に、「一敷地一建築物」原則の特例となるもので、狭小な敷地で、都市基盤整備が行き届いていない市街地に対して、敷地ごとの規制だけでは市街地環境を確保しながら土地を有効活用することが困難であるという理由で設けられた。

　この制度は、隣接する複数敷地において、既存建築物の存在を前提とした合理的な設計により建築物の建築等を行う場合、特定行政庁が、各建築物の位置および構造が安全上、防火上および衛生上支障がないと認めるものについては、これらの建築物は、同一敷地内にあるものとみなして「一団地認定の制度」と同様の規定を適用する。

　図4・61（a）に示すように、通常の場合は、それぞれの敷地の規制を満たすように建築物の形態が制限されるが、連担建築物設計制度が適用されれば、(b)、(c) のように、既存建築物が利用していない分の容積が割り増しでき、各種斜線制限が緩和される。

　連担建築物設計制度の適用を受けるには、敷地内通路や建築物配置について表4・10のような条件を満足する必要がある。また、特定行政庁によって独自の基準を設ける場合もある。

　なお、「一団地認定の制度」、「連担建築物設計制度」の認定を申請しようとする者は、対象区域内の他の所有者または借地権者の同意を得なければならない。

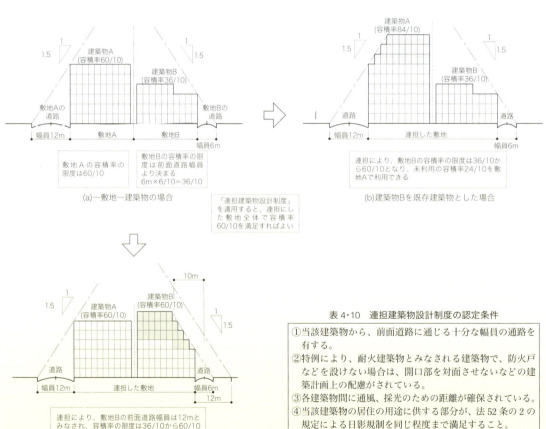

図4・61　連担建築物設計制度（商業地域内、指定容積率60/10で、敷地A、敷地Bとも同面積とした場合の例の場合）

表4・10　連担建築物設計制度の認定条件

①当該建築物から、前面道路に通じる十分な幅員の通路を有する。
②特例により、耐火建築物とみなされる建築物で、防火戸などを設けない場合は、開口部を対面させないなどの建築計画上の配慮がされている。
③各建築物間に通風、採光のための距離が確保されている。
④当該建築物の居住の用途に供する部分が、法52条の2の規定による日影規制を同じ程度まで満足すること。
⑤日影規制は、複数建築物を一体として対応した計画であること。
⑥連担した敷地内には、路道、河川などを含まないこと。

4 地区計画等

　地区計画等とは、地区計画、防災街区整備地区計画、歴史的風致維持向上地区計画、沿道地区計画、集落地区計画をいう。図4・62は再開発地区計画によって整備された街区である。

　地区計画は、「建築物の建築形態、公共施設その他の施設の配置等からみて、一体としてそれぞれの区域の特性にふさわしい態様を備えた良好な環境の各街区を整備し、および保全する計画（都計法12条の5）」をいい、都市計画で区域等を決定する。つまり、地区計画は大きな都市計画の中での、細部の地区について行う計画である。

　地区計画には、地区整備計画を定め、道路、公園などの地区施設の配置および規模、建築物等の用途の制限、容積率の最高限度または最低限度、建ぺい率の最高限度、敷地面積または建築面積の最低限度、壁面の位置の制限、壁面後退区域*における工作物の設置の制限、建築物の高さの最高限度または最低限度、建築物の形態または色彩などの意匠の制限、建築物の緑化率の最低限度などのうち、必要なものが定められる。

　地区整備計画が定められた区域内は、開発行為や建築物の建築などが、規制や誘導の対象となる。さらに市町村は、都市計画で定められた建築物に関する事項のうち、特に重要なものについて、条例により制限を定めることができる。

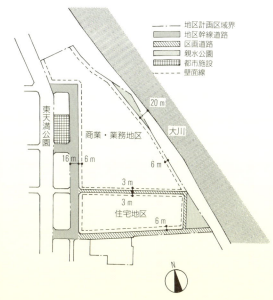

図4・62　地区計画の例（大阪市天満一丁目地区）

＊　壁面の位置の制限として定められた限度の線と敷地境界線との間の土地の区域。

5 建築協定（法69条〜77条）

　建築協定は、建築基準法などの規制だけでは、より良い地域環境の形成や環境保全などに不十分であると住民が考えた時に、建築物についての必要な基準を協定として定めることができる制度である。

　この協定は、市町村が建築協定を締結することができる旨を、条例で定めている区域に限り適用できる。この制度は、住宅地としての環境または商店街としての利便を高度に維持増進する場合や、土地の環境を改善する場合に適用すると効果的である（図4・63）。まず、土地の所有者等（土地の所有者、建築物の所有を目的とする地上権又は賃借権を有する者）は、全員の合意に基づき、次に示す事項を定めた協定書を作成し、建築協定を締結する。

　①建築協定区域
　②建築物の敷地、位置、構造、用途、形態、意匠または建築設備に関する基準
　③協定の有効期間
　④協定違反があったときの措置

　この協定は、特定行政庁の認可を受けることにより効力を発生する。また、認可の公示日以後に新しく土地の所有者になった者にも適用される。協定を廃止する場合は、土地の所有者等の過半数の合意を必要とし、特定行政庁の認可を受けなければならない。また所有者が一人（一社）でも建築協定が締結でき、これを一人協定という。この協定は、認可の日から3年以内に、協定区域内の土地の所有者が二人以上になった時に、建築協定としての効力が発生する。これは、民間の住宅地開発者が宅地の開発や分譲などを行う場合、分譲前に所有者が認可を受けておき、分譲後に購入者がこの協定に従うというものである。

図の協定区域内では次の基準が定められている。
①建築物は、一戸建とする。
②地階を除く階数は、2以下とする。
③建築物の高さは、敷地の地盤面から10mを超えてはならない。
④建ぺい率は、50％以下とする。
⑤容積率は、100％以下とする。
⑥建築物の外壁またはこれに代わる柱の面から敷地境界線までの距離は、1.0m以上とする。
⑦道路の隅切り部分を車の出入口としない。
⑧境界線に設ける囲障の高さは、1.8m以下とし、生垣またはフェンスとする。
⑨建築物の各部分の高さは、当該部分から前面道路の反対側の境界線または隣地境界線までの真北方向の水平距離に0.6を乗じたものに、5.0mを加えたもの以下とする。

図4・63　建築協定区域の例

5章 確認申請と手続規定

5・1 確認と許可

❶確認申請（法6条、法6条の2、法87条、令9条）

　確認とは、建築士などが作成した建築物の設計図書が、関係基準関係規定（表5・1に建築基準法以外の関係法令を示す）に適合していることを、建築主事または指定確認検査機関が公式に「認定する行為」をいう。確認審査の指針は国土交通大臣によって告示されており、審査に建築主事などの考えによる判断が入る余地はない。

　建築主は、一定の範囲を超える規模、構造、階数、用途の建築物の建築（新築、増築、改築、移転）または大規模の修繕、大規模の模様替を行おうとする場合には、工事着手前に建築主事または指定確認検査機関に確認申請書と添付図書（主として設計図書）を提出して、その計画が建築物の敷地、構造、設備などに関する法令に適合している旨の確認を受け、確認済証の交付を受けなければならない。また、用途の変更、昇降機設備の設置や一定規模を超える工作物の築造、確認後の建築物の計画の変更についても確認を必要とする。

1）確認申請を必要とする建築物（法6条）

　表5・2に示すような特殊建築物（法別表第1(い)欄に掲げられているもの）で、その用途に使用する部分の床面積の合計が200m²を超えるものや、大規模の木造建築物、一定規模を超える木造以外の建築物、昇降機その他の建築設備は、確認の申請書を提出して確認を受けなければならない。また、都市計画区域、準都市計画区域、準景観地区および知事が指定する区域内における建築物は、すべて確認申請が必要である。ただし、以下のものは確認申請を必要としない（法85条2項）。

表5・1　建築基準関係規定

	関係規定	条項
(1)	消防法	9条、9条の2、15条、17条
(2)	屋外広告物法	3条から5条
(3)	港湾法	40条1項
(4)	高圧ガス保安法	24条
(5)	ガス事業法	162条
(6)	駐車場法	20条
(7)	水道法	16条
(8)	下水道法	10条1項・3項、25条の2、30条1項
(9)	宅地造成等規制法	8条1項、12条1項
(10)	流通業務市街地の整備に関する法律	5条1項
(11)	液化石油ガスの保安の確保及び取引の適正化に関する法律	38条の2
(12)	都市計画法	29条1項・2項、35条の2第1項、41条2項*¹、42条、43条1項、53条1項*²
(13)	特定空港周辺航空機騒音対策特別措置法	5条1項～3項*³
(14)	自転車の安全利用の促進及び自転車等の駐車対策の総合的推進に関する法律	5条4項
(15)	浄化槽法	3条の2第1項
(16)	特定都市河川浸水被害対策法	10条
(17)	バリアフリー法	14条1項～3項
(18)	都市緑地法	35条、36条、39条1項
(19)	建築物のエネルギー消費性能の向上に関する法律	11条1項

※上記の規定並びにこれらに基づく命令および条例の規定で建築物（準用工作物を含む）の敷地、構造または建築設備にかかわるものとする。
＊1　同条法第35条の2第4項において準用する場合を含む。
＊2　同法第53条2項において準用する場合を含む。
＊3　同条5項において準用する場合を含む。

表5・2　確認申請を要する建築物（用途・構造・規模・工事の種類）

区域	条文	用途・構造	規模	工事の種類
全国	法6条1項一号（令115条の3）	①特殊建築物……「映画館、劇場、演芸場」観覧場、「集会場、公会堂」、病院、「診療所（収容施設のあるもの）」、児童福祉施設」、「ホテル、旅館」、「下宿、寄宿舎」、共同住宅、学校、「体育館、水泳場、スポーツ練習場、スケート場、スキー場、ボーリング場」、「百貨店、マーケット、物品販売業を営む店舗（>10m²）」、展示場、「バー、ナイトクラブ、キャバレー、カフェー」、飲食店、「料理店、待合」、ダンスホール、遊技場、公衆浴場、倉庫、自動車車庫、自動車修理工場、「テレビスタジオ、映画スタジオ」	用途に供する部分の床面積の合計＞200m²（※）	建築（新築・増築・改築・移転）大規模の修繕大規模の模様替特殊建築物への用途変更*¹
	法6条1項二号	②大規模の木造建築物	階数≧3（※）または延べ面積＞500m²　高さ＞13m、軒高＞9m	
	法6条1項三号	③木造以外の建築物	階数≧2（※）または延べ面積＞200m²	
	法87条の4第1項	④建築設備（令146条1項）	・エレベーター、エスカレーター・特定行政庁が指定するもの	設置
都市計画区域、準都市計画区域、準景観地区および知事指定区域内	法6条1項四号	⑤①～③以外のすべての建築物	規模に関係しない	建築（新築、増築、改築、移転）

※　増築後これらの規模に達する場合は、申請を要する。
＊1　一般の建築物から特殊建築物への変更、また表中「　」内相互の変更を除く特殊建築物相互の変更は、確認申請を要する。
注）2025年4月より、法6条1項二号と三号は統合されて二号となり、階数2以上または延べ面積200m²超のすべての建築物が確認申請を要する。

①防火・準防火地域以外で建築物を増築、改築、または移転しようとする場合で、その部分の床面積の合計が 10m² 以内のもの。

②災害時に建築する、公益上必要な用途に供する応急仮設建築物。

③工事現場における仮設事務所・材料置場。

④令 137 条の 18 の各号に列記された、類似の用途相互への変更（表 5・2 中の「　」内相互）。

また、国、都道府県または建築主事を置く市町村の建築物と敷地については、法の適用は同じであるが、確認申請を必要とせず、工事着工前に計画通知を建築主事に提出する。通知を受けた建築主事は、審査の結果を国の機関の長など（国、都道府県、市町村の機関の長またはその委任を受けた者）に対して交付しなけらばならない（法 18 条）。

2）工作物への準用（法 88 条）

工作物についても、表 2・4（p.20）に示す工作物は、確認申請が必要である。

3）確認申請を要する用途変更（法 87 条、令 137 条の 18、令 137 条の 19）

既存の建築物の用途を変更して、法 6 条 1 項一号の特殊建築物（表 5・2）の用途とする場合、民間または国の機関等は、用途変更の確認申請または通知をする必要がある。ただし、表 5・2 中の「　」内に示した類似の用途間で相互に変更する場合は除かれる。たとえば、事務所を児童福祉施設に変更する場合は、確認申請が必要であるが、映画館を劇場に変更する場合は確認申請が不要である。

また法 87 条に、用途変更後の建築物に対し準用される適用条文が掲げられている（表 5・3）。

4）確認申請の過程

建築の確認申請書は、図 5・1 のように、指定された様式に必要事項を記入したものと、建築物の計

表 5・3　用途変更後の適用条文と内容

87条（法・条例による準用）		用途変更後の適用条文	内　　容
1項	特殊建築物（法6条1項一号）への用途変更	法の準用	①法6条、法6条の2	建築主事、指定確認検査機関による確認
			②法6条の3	建築物の建築に関する確認の特例
			③法7条1項	建築主の建築物に関する完了検査申請義務
			④法18条1項～3項、12項～14項	国の機関の長などの着工前の計画、工事完了の通知義務
2項	建築物の用途変更	法の準用	⑤法48条1項～13項	用途地域内における用途制限
			⑥法51条	卸売市場、火葬場、ごみ焼却場などの位置
			⑦60条の2第3項	都市再生特別地区の用途制限の適用除外
			⑧68条の3第7項	開発整備促進区の用途制限の適用除外
		法に基づく条例の準用	⑨法39条2項	災害危険区域における居住用建築物の建築の禁止など
			⑩法40条	条例による制限の付加
			⑪法43条2項、法43条の2	特殊建築物などの敷地の接道義務の付加
			⑫法49条	特別用途地区における建築物の建築制限または禁止
			⑬法49条の2	特定用途制限地域の用途制限
			⑭法50条	用途地域などにおける敷地、構造、建築設備の制限
			⑮法68条の2第1項、5項	地区計画等に基づく市町村の条例による制限
			⑯法68条の9第1項	法6条1項四号の規定に基づく区域内の建築物の制限
3項	既存不適格建築物（法3条2項）の用途変更	法の準用	⑰法27条	耐火・準耐火建築物としなければならない特殊建築物
			⑱法28条1項、3項	居室の採光および換気
			⑲法29条	地階における住宅等の居室
			⑳法30条	長屋または共同住宅の各戸の界壁
			㉑法35条～法35条の3	特殊建築物等の避難および消火に関する技術的基準および内装制限、無窓の居室などの居室を区画する主要構造部
			㉒法36条中法28条1項若しくは法35条	居室の採光面積の割合、特殊建築物・延べ面積>1000m²建築物などの避難および消火に関する技術的基準
		法・条例の準用	㉓上記⑤、⑥、⑨～⑯（法68条の2第5項除く）	上記に同じ

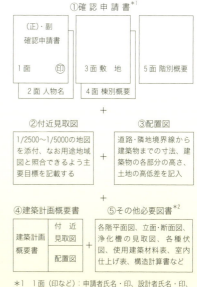

図 5・1　確認申請時に必要な書類および図面

*1　1面（印など）：申請者氏名・印、設計者氏名・印、建築物概要（敷地の地名地番、主要用途など）
2面（人物名など）：建築主、代理者、建築設備に関して意見を聞いた者、工事監督者、工事施工者の概要、備考（建築物名称）
3面（敷地など）：地名地番、都市計画区域の内外の別、防火地域、道路、敷地面積、主要用途、工事種別、建築面積、延べ面積など

*2　建築物の種類により異なる

画が適合していることを審査するために必要な図面などで構成される。確認申請書が提出された場合の処理過程は図5・2のようになる。なお、特定行政庁が定めた区域においては、指定された様式の第1面を除く部分を、磁気ディスクなどで提出することができる（規則11条の3）。

ⓐ 確認申請書の受理（法6条3項）　建築主事は、その建築物の計画が、建築士法3条から3条の3（p.164の表6・17）に定める者によらない場合は、提出された確認申請書を受理することができない。

ⓑ 確認済証の交付と確認審査に要する期間（法6条4項、6項、8項、法6条の2第5項）　建築主事は、建築物の計画が規定に適合すると確認したときは、申請建築物の種類（表5・3）によって、図5・2に定められた期間内に、当該申請者に確認済証を交付しなければならない。

なお、指定確認検査機関が確認済証を交付したときは、建築物の計画に関する国土交通省令で定める書類を添えて、その旨を特定行政庁に報告しなければならない。確認済証の交付を受けた後でなければ、表5・2の建築物の建築、大規模の修繕または大規模の模様替の工事は、実施できない。

ⓒ 構造計算適合性判定（法6条5項、法6条の3、法18条の2）　建築主は、申請建築物が法20条1項二号または三号に定める基準に適合するかどうかの審査を要するときは、都道府県知事または知事の指定する機関の構造計算適合性判定を受けなければならない。適合判定がされた場合、建築主はその通知書を建築主事または指定確認検査機関に提出する（図5・2）。ただし、比較的容易な構造計算であって、構造計算について高度な専門知識を有する者が確認審査をする場合は、この適合性判定が免除される。

ⓓ 確認に際しての消防（署）長の同意と同意に要する期間（法93条1項、2項）　建築主事または指定確認検査機関は、建築確認をするにあたり、その建築物の所在地を管轄する消防長（消防本部を置かない市町村にあっては、市町村長）または消防署長の同意を得なければ建築確認をすることができない。消防長または消防署長は、同意を求められた建築物によって、図5・2に示す期間内に同意を与え、また、同意できない場合はその事由を、建築主事または指定確認検査機関に通知しなければならない。

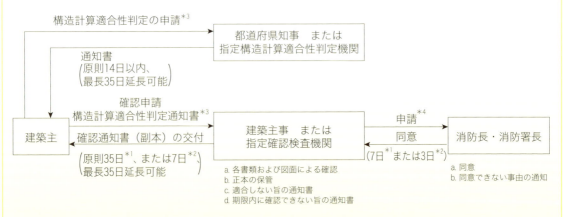

図5・2　確認申請の流れ（2025年4月改正予定）

5章　確認申請と手続規定　133

❺不適合通知など（法6条7項、法6条の2第6項）　建築主事は、申請に関わる計画が規定に適合しない場合や、申請書の記載によっては適合するかどうかを決定できない正当な理由があるときは、その旨及び理由を記載した通知書を図5・2の期間内に申請者に交付しなけらばならない。また、特定行政庁は、指定確認検査機関が確認済証を交付した建築物の計画が建築基準関係規定に適合しないと認めるときは、当該建築物の建築主および指定確認検査機関にその旨を通知しなければならない。この場合、当該確認済証はその効力を失うことになる。

5) 建築確認の特例（法6条の4、令10条、令136条の2の11）

建築確認事務の合理化および簡素化の観点から、次に示す建築物（①、②については建築、大規模の修繕、大規模の模様替、③については建築）の単体規定の一部が建築確認の審査対象から除外される（表5・4）。

①法68条の10第1項の認定を受けた型式（認定型式、p.135参照）に適合する建築材料を用いる建築物。
②認定型式に適合する建築物の部分を有する建築物。
③法6条1項四号の建築物で、建築士の設計したもの。

表5・4　確認対象から除外される規定

一号	二号 認定型式に適合する建築物の部分を有する建築物		三号 法6条1項四号に掲げる建築物で設計士の設計に係るもの	
	令10条一号	令10条二号	令10条三号	令10条四号
認定型式（法68条の10第1項の認定を受けたもの（法68条の26第1項の構造方法等の認定の内容を含む））に適合する建築材料を用いる建築物	認定型式に適合する建築物の部分が、令136条の2の11第一号に掲げるものは、以下の規定が除外される	認定型式に適合する建築物の部分が、令136条の2の11第二号の表の建築物の部分の欄の各項に掲げるものであるもの 同表の一連の規定の欄の当該各項に掲げる規定（これらの規定中建築物の部分の構造にかかわる部分が当該型式認定に適合する建築物の部分に適用される場合に限る）が除外される	防火地域・準防火地域以外の区域内における一戸建て住宅（住宅の用途以外の用途に使う部分の床面積が、延べ面積の1/2以上であるものまたは50m²を超えるものを除く）は、以下の規定が除外される	左記の一戸建て住宅以外の建築物は、以下の規定が除外される
	令136条の2の11第一号 建築物の部分で、門、塀、改良便槽、屎尿浄化槽、合併処理浄化槽、給水タンク、貯水タンクの類（屋上・屋内を除く）以外のもの イ．法20条一号後段、二号後段、三号イ後段、法21～24条、法25～27条、法28条（1項除く）、法28条の2～30条、法31条1項、法33条、法34条、法35条の2、法35条の3、法37条、法第3章5節（法61条、法62条2項中、門および塀にかかわる部分、法66条を除く）、法67条の2第1項（門および塀にかかわる部分を除く）、法84条の2 ロ．令第2章（令19条、令20条、令31～35条を除く）、令第3章（令52条1項、令61条、令62条の8、令74条2項、令75条、令76条を除き、令80条の2にあっては国土交通大臣の指定の基準に限る）、令第4章、令第5章（6節を除く）、令第5章の2～令第5章の3、令第5章の4（令129条の2の4第3項三号を除き、令129条の2の3第二号、令129条の2の4第2項六号にあっては国土交通大臣が指定する構造方法にかかわる部分に限る）、令第7章の2、令第7章の9	令136条の2の11第二号の表	イ．法20条四号イ、法21～25条、法27条、法28条、法29条、法31条1項、法32条、法33条、法35条～法35条の3、法37条 ロ．令第2章（令20条の2、令32条、令35条を除く）、令第3章（8節を除き、令80条の2にあっては国土交通大臣の指定する基準にかかわる部分に限る）、令第4章～令第5章の2、令第5章の4（2節を除く）、令144条の3 ハ．法39条から法41条までの規定に基づく条例の規定のうち特定行政庁が法6条の4第2項の規定の趣旨により規則で定める規定	イ．法20条四号イ、法21条、法28条1項、2項、法29条、法30条、法31条1項、法32条、法33条、法37条 ロ．令第2章（令20条、令32条、令35条を除く）、令第3章（8節を除き、令80条の2にあっては国土交通大臣の指定する基準にかかわる部分に限る）、令119条、令第5章の4（令129条の2の4第1項六号・七号、2節を除く）、令144条の3 ハ．法39条から法41条までの規定に基づく条例の規定のうち特定行政庁が法6条の4第2項の規定の趣旨により規則で定める規定
		建築物の部分 / **一連の規定**		
		防火設備 / イ．法2条九号の二ロ、法28条の2（三号除く）、法37条、法64条 ロ．令109条14項、令109条の2、令110条の3、令112条の1項・12項ただし書・19項・21項、令114条5項、令136条の2第三号イ、令137条の10第四号		
		換気設備 / イ．法28条の2、法37条 ロ．令20条の8第1項一号*		
		屎尿浄化槽 / イ．法28条の2（三号除く）、法31条2項、法37条 ロ．令32条、令129条の2の3第二号*		
		合併処理浄化槽 / イ．法28条の2（三号除く）、法37条 ロ．令32条、令35条1項、令129条の2の3第二号*		
		非常用の照明装置 / イ．法28条の2（三号除く）、法35条、法37条 ロ．令126条の5		
		給水タンク・貯水タンク / イ．法28条の2（三号除く）、法37条 ロ．令129条の2の3第二号* 令129条の2の4第1項四号・五号、2項二号・三号・五号・六号*		
		冷却塔設備 / イ．法28条の2（三号除く）、法37条 ロ．令129条の2の6（二号除く）		
		エレベーター部分で昇降路及び機械室以外のもの / イ．法28条の2（三号除く）、法37条 ロ．令129条の3、令129条の4（3項七号を除く）、令129条の5、令129条の6、令129条の8、令129条の10、令129条の11、令129条の13の3第6項～11項、12項*		
		エスカレーター / イ．法28条の2（三号除く）、法37条 ロ．令129条の3、令129条の12（1項一号、六号除く）		
		避雷設備 / イ．法28条の2（三号除く）、法37条 ロ．令129条の15		

*　国土交通大臣が定める構造方法のうちその指定する構造方法にかかわる部分に限る

審査対象から除外される規定ついては、令10条および令136条の2の11に示されている。

認証型式部材等製造者が製造する認証にかかわる「型式部材等（認証型式部材等という）」は、確認審査において、改めて図面などを審査することなく認証に係わる型式に適合しているものとみなす。

また、建築物以外の認証型式部材等や、建築物である認証型式部材等の新築で、建築士である工事監理者のもとで設計図どおりに工事されたものは中間検査や完了検査において、認証に係わる型式に適合しているものとみなす。

❷建築許可、認定と認可

1）許可

許可とは、原則的に制限または禁止されている行為を、法令の定める特定の条件を満たしている場合に適法として許す行政行為をいい、許可権者の判断によって行われる。建築基準法上の許可は、特定行政庁の権限で行われる。許可の多くは集団規定における道路、高さ、容積率などに関するものであるが、重要な許可にあっては建築審査会の同意を必要とし、法48条各項の用途地域制のただし書

表5·5　許可に関する条文と許可の内容

許可に関する条文	許可の事前手続 建築審査会の同意（○…必要）	許可の内容
法43条1項（敷地と道路の関係）	○	敷地が道路に2m以上接していないにもかかわらず建築する場合
法44条（1項二号、四号）（道路内の建築制限）	○	道路内において建築が禁止されているにもかかわらず建築する場合
法47条（壁面線による建築制限）	○	壁面線を越えて建築できない規定を緩和する場合
法48条（法87条、法88条を含む）（用途地域）	○※1	建築物の用途が制限されている地域にもかかわらず、禁止されている用途の建築物を建築するか用途変更する場合
法51条（法87条、法88条を含む）（卸売市場などの敷地の位置）	×※2	卸売市場などの位置は、都市計画で決定していなければ新築・増築できないのに、それ以外の敷地で新築などをする場合
法52条（10項、11項、14項）（容積率の制限）	○	規定による容積率の限度を超えて建築する場合
法53条（4項、5項三号）（建ぺい率）	○	建ぺい率の適用除外を受ける場合
法53条の2（1項三号、四号）（建築物の敷地面積）	○	第一種・第二種低層住居専用地域内における建築物の敷地面積の最低限度の特例を受ける場合
法55条（3項一号、二号）（低層住居専用地域内における建築物の高さ制限）	○	第一種・第二種低層住居専用地域内における建築物の高さが10mまたは12mの限度を超える場合
法56条の2（1項）（日影による中高層建築物の高さ制限）	○	対象区域内の建築物は、定められた日影時間以上の日影を生じさせてはならないが、その制限を超える場合
法57条の4（1項）（特例容積率適用地区内の高さ制限）	○	特例容積率適用地区に関する都市計画で定められた高さの最高制限を緩和する場合
法59条（1項三号、4項）（高度利用地区）	○	高度利用地区内の建築物について、容積率・建ぺい率および建築面積、道路斜線制限を緩和する場合
法59条の2（1項）（総合設計）	○	総合設計（敷地面積が大きく、敷地内に一定の空地を有する建築物）のとき、容積率、斜線制限、第一種・第二種住居専用地域の高さ制限を緩和する場合
法60条の2（1項三号）（都市再生特別地区）	○	都市再生特別地区内の公益上必要な建築物について都市計画で定められた容積率などの制限を緩和する場合
法67条の2（3項二号、5項二号、9項二号）（特定防災街区整備地区）	○	特定防災街区整備地区に関する都市計画で定められた敷地面積、壁面の位置などの制限を緩和する場合
法68条（1項二号、2項二号、3項二号）（景観地区）	○	景観地区内において高さの最高限度または最低限度、壁面の位置の制限、敷地面積の最低限度を緩和する場合
法68条の3（4項）（再開発等促進区など）	○	再開発等促進区、沿道再開発等促進区の区域内における建築物の各部分の高さ制限を緩和する場合
法68条の5の3（2項）（高度利用などを図る地区計画等の区域）	○	地区計画または沿道地区計画の区域内の建築物について、敷地内に有効な空地が確保された場合の道路斜線制限を緩和する場合
法68条の7（5項）（予定道路）	○	予定道路を前面道路とみなして建築物の容積率を緩和する場合
法85条（3項〜5項）（仮設建築物）	×	仮設建築物の存続期間の緩和
法86条（3項、4項）、法86条の2（2項、3項）（複数建築物の制限の緩和など）	○	一敷地にある複数建築物が総合的に設計されている場合などに制限を緩和する場合

※1　公聴会の開催が必要
※2　都市計画審議会の審議が必要

の許可（特例許可という）については、あらかじめその許可に利害関係を有する者の出頭を求めて「公開による聴聞」を開かなければならない。表5・5に許可申請を要する場合の一覧を示す。

2）認定

認定とは、原則的に制限または禁止されている行為を、「地区計画に適合している」、「周囲の環境を害するおそれがない」、「交通上・安全上・防火上・衛生上支障がない」などの条件を満たしていると特定行政庁が認めたとき、特例として緩和したり、適用除外とする行政行為をいう。いずれも、「ただし書き」や「本文」にそのことが明記されている。表5・6に認定の内容を示す。

3）認可（法70条、法73条）

認可とは、第三者の法律上の行為が公の機関の同意を得なければ有効に成立できない場合に、その法律上の効力を完成させるために、公の機関が与える同意の行為をいう。これには建築協定の認可があり、特定行政庁がこれを行う。

3 型式適合認定（法68条の10）

国土交通大臣は申請された「構造材料又は主要構造部、建築設備その他の建築物の部分」について、その型式が技術的基準に関する建築基準法令の一連の規定に適合する場合、その旨を認定する。これを「型式適合認定」という。

また、規格化された型式の建築材料、建築物の部分または建築物で国土交通省令で定めるものを「型式部材等」と呼ぶ。これらに該当するものには、エレベーター、屎尿浄化槽、プレハブ住宅などがある。

この型式部材等を製造（新築を含む）する者は、「認証型式部材等製造者」としての認証を、申請に基づいて国土交通大臣より受けることができる。また、外国で製造され、わが国に輸入される型式部材等についても同様に扱われ、このときの製造者を「認証外国型式部材等製造者」という。

表5・6　特定行政庁が行う認定

認定に関する条項	認定の内容
法44条（1項三号） （道路内の建築制限）	地区計画区域内などにおける自動車専用道路の上空または路面下における建築物の建築を差し支えないと認定する場合
法55条（2項） （低層住居専用地域内の高さの限度）	都市計画で建築物の高さが10mと定められた第一種・第二種低層住居専用地域内において、敷地内に一定の空地を有し、敷地面積の規模が一定以上あるとき、高さの限度を12mとする場合
法57条（1項） （高架工作物内に設ける建築物の高さの限度）	高架工作物内に設ける建築物の建築物の高さの限度について、55条、56条、56条の2の適用除外の場合
法68条（5項） （景観地区）	高さの最高限度、壁面位置の制限、敷地面積の最低限度が定められてる景観地区内で、敷地に有効な空地を有するとき、高さ制限を適用除外とする場合
法68条の3（1項～3項） （再開発等促進区内などの制限の緩和）	再開発促進区または沿道再開発促進区の区域内における容積率、建ぺい率または高さの制限の適用除外の場合
法68条の4、法68条5の4、法68条の5の5 （地区計画等の区域内の制限の緩和）	地区計画等の区域内における容積率・建ぺい率・高さの制限を適用除外とする場合
法86条（1項、2項） （一定の複数建築物に対する制限の緩和）	総合的設計による一団地の建築物、既存建築物を前提とした総合的設計による建築物の特例を認定する場合
法86条の2（1項） （同一敷地内建築物以外の建築物の位置および構造）	公告対象区域内において同一敷地内建築物以外の建築物を建築する場合、他の同一敷地内建築物との位置および構造において安全上・防火上などの支障がない旨の特例を受ける場合
法86条の5 （一定の複数建築物の認定の取消し）	公告対象区域内の土地の所有権または借地権を有するものが、全員の合意により、法86条1項、2項または法86条の2第1項の取消し求めた場合
法86条の6（2項） （一団地の住宅施設の特例）	一団地の住宅施設において都市計画に基づく建築物の容積率・建ぺい率・外壁後退距離および建築物の高さの制限を適用除外とする場合

4 法の適用除外（法3条）

建築物は原則として建築基準法令が適用されるが、以下の建築物は、それぞれの理由により法の規定を適用することが適当でないとして、法のすべてまたは一部の適用から除外されている。

1）文化財（法3条1項）

以下の国宝等の建築物およびその原形を再現するものに、材料・構造などを規制することはその建築物の価値を著しく損なうおそれがあることから、法のすべてが適用されない。

① 文化財保護法によって国宝、重要文化財に指定または仮指定された建築物や、重要美術品として認定された建築物。

② 地方公共団体が条例により現状変更の規制および保存の措置が講じられている建築物（保存建築物という）で、特定行政庁が建築審査会の同意を得て指定したもの。

③ 国宝、重要文化財または保存建築物であったものの原形を再現する建築物で、特定行政庁が建築審査会の同意を得て再現がやむを得ないと認めたもの。

2）伝統的建築物群保存地区内の建築物（法85条の3）

文化財保護法で定められた伝統的建築物群保存地区内において、市町村は条例で、伝統的建築物群およびこれと一体をなして価値を形成している環境を保全するため、国土交通大臣の承認を得て、建築基準法の一定の条文を適用せず、またはこれらの制限を緩和することができる。

適用を除外する規定は、大規模建築物の主要構造部、屋根、外壁、防火壁、採光および換気、敷地と道路の関係、容積率、建ぺい率、高さ制限、斜線制限、防火地域に関する制限などである。

表5・7 既存不適格建築物の増築、改築などの制限の緩和（1）

条項・内容	不適格条項	法86条の7による緩和範囲
令137条の2 （構造耐力）	法20条	増・改築部分の床面積の合計が基準時*の延べ面積の1/2を超えず、かつ一定の構造上の安全性が確保できること 増・改築部分が1/20かつ50m²を超えず一定の条件を満たすこと
令137条の3 （防火壁）	法26条	増・改築部分の床面積の合計が50m²を超えないこと
令137条の4 （特殊建築物の耐火）	法27条	増・改築部分の床面積の合計が50m²を超えないこと（増築時は、劇場の客席、病院の病室、学校の教室などの特殊建築物の主な用途の部分を除く）
令137条の4の2 令137条の4の3 （石綿）	法28条の2	増・改築部分の床面積の合計が基準時の延べ面積の1/2を超えず、石綿に対する安全が確保できること
令137条の5 （長屋・共同住宅の各戸の界壁）	法30条	増築後の延べ面積が基準時の1.5倍を超えないこと 改築部分の床面積が基準時の延べ面積の1/2を超えないこと
令137条の6 （非常用昇降機の設置）	法34条2項	増築部分の高さが31m以下、かつ増築床面積の合計が基準時の延べ面積の1/2を超えないこと 改築部分の床面積の合計が基準時の延べ面積の1/5を超えず、かつ改築部分の高さが基準時における当該部分の高さを超えないこと
令137条の7 （用途地域内の用途制限）	法48条1項 〜12項	増・改築が基準時敷地内におけるものであり、増・改築後の建ぺい率・容積率は法定の制限内であること（地区計画等の区域内では条例で定める制限内） 増築後の床面積は、基準時の1.2倍を超えないこと 増築後の不都合部分の床面積は、基準時不都合部分の合計の1.2倍を超えないこと 増設後の原動機の出力・機械の台数・容器などの容量は、基準時の1.2倍を超えないこと 用途の変更を伴わないこと

* 基準時とは、既存不適格建築物が、引き続き不適格条項の適用を受けない期間の始まりのときをいう

景観法19条1項に規定する景観重要建造物に指定された建築物についても、同様な適用除外規定がある（法85条の2）。

3）既存不適格建築物（法3条2項、3項、法86条の7、法86条の8、令137条の2〜137条の12）

新しい法令の施行または適用の以前からある建築物（既存建築物）または現に建築・修繕・模様替の工事中の建築物については、新しい法令を適用して建築物の改造等を義務づけることは社会的安定性を著しく損なうことから、新規定の適用は除外され、法に適合していなくても違反建築物にはならない。このような建築物を一般に「既存不適格建築物」と呼んでいる。しかし、従前の法令や地域地区などの制限に違反しているもの、新規定の施行適用後に増築、改築、移転または大規模の修繕・模様替をするもの、法令にいったん適合したものは、適用除外建築物とはならない。ただし、同一敷地内の移転および特定行政庁が市街地の環境の保全上支障がないと認める敷地外への移動については、適用除外となる（令137条の16）。

ただし、既得権保護の観点から、表5・7および表5・8に示すような規定に不適合な既存不適格建築物については、一定の条件（令137条の2〜137条の12）を満たす範囲内で増築、改築、大規模の修繕、大規模の模様替ができる（86条の7第1項）。また、安全性向上のための改修を促進させるために、増築などの規制の合理化が図られている（法86条の7第2項、3項、法86条の8）。

表5・8　既存不適格建築物の増築、改築などの制限の緩和 (2)

条項・内容	不適格条項	法86条の7による緩和範囲
令137条の8 （容積率の制限）	法52条1項、2項、7項、法60条1項	増・改築は、自動車または自転車の停留や駐車のための施設（以下自動車車庫等という）の用途に限り、その他の部分は除く 増改築後の自動車車庫等の床面積の合計が、増築後の建築物の床面積の合計の1/5を超えないこと 増築以前の自動車車庫等以外の床面積の合計が、基準時の床面積の合計を超えないこと
令137条の9 （高度利用地区または都市再生特別地区内の容積率、建築面積の制限）	法59条1項 法60条の2第1項	増築後の建築面積・延べ面積は、基準時の1.5倍を超えないこと 増築後の建築面積が、都市計画で定められた地区ごとの建築面積の最低限度の2/3を超えないこと 増築後の容積率が、都市計画で定められた地区ごとの容積率の最低限度の2/3を超えないこと 改築にかかわる部分の床面積が基準時の延べ面積の1/2を超えないこと
令137条の10 （防火地域および特定防災街区整備地区内の構造制限） （木造建築物では外壁・軒裏が防火構造に限る）	法61条 法67条の2第1項	増・改築部分の床面積の合計が50m²を超えず、基準時の建築物の延べ面積を超えないこと（増築または改築する建築物が同一敷地内に2以上ある場合も、床面積の合計とする） 増築または改築後における階数が2以下で、かつ延べ面積が500m²を超えないこと 増築または改築にかかわる部分の外壁、軒裏は、防火構造とすること
令137条の11 （準防火地域内の構造制限） （木造建築物は同上）	法62条1項	増・改築部分の床面積の合計が50m²を超えないこと（同一敷地内に2以上のとき同上） 増築または改築後における階数が2以下であること 増築または改築にかかわる部分の外壁、軒裏は、防火構造とすること
令137条の12 （大規模の修繕、大規模の模様替）	上記の条項（表5・7を含む）	法20条については、構造耐力上の危険性が増大しないこと 法48条については、用途変更を伴わないこと

4）仮設建築物（法85条、令147条）

　災害（非常災害、一般災害）のあった場合の応急仮設建築物や、工事現場用の仮設建築物、一般仮設建築物（博覧会用建築物、建替え工事のための仮設店舗）など一時的に使用する建物は、建築基準法の全部または一部の適用が除外される。表5・9に緩和される事項を示す。

5）簡易な構造の建築物（法84条の2、令136条の9、令136条の10）

　壁のない自動車車庫や膜屋根のスポーツ練習場などの簡易な構造の建築物または建築物の部分については、防火に関しては一般の建築物ほどの性能がなくても支障がない。そこで、次の❶または❷に該当する建築物（令136条の9）で、令136条の10で定められた主要構造部などの基準（表5・10）に適合するものについては、実情に合わせて防火の制限など法の一部が緩和されている。

表5・9　仮設建築物の適用除外（法85条、令147条）　　　（表中○…適用除外）

区分		法85条			
	対象となる仮設建築物 適用除外条項・内容	法85条1項（防火地域以外）一号（非常災害時に国などが救助用に建築するもの）、二号（被災者自家用≦30m²）	法85条2項前段（停車場、官公署など、一般災害時の公益上必要な応急建築物）	法85条2項後段（工事施工のための現場事務所、材料置場、下小屋）	法85条5項、6項（特定期間の仮設興行場、博覧会用建築物、建替え工事のための仮設事務所、仮設店舗など）
	設置期間	3ヶ月　許可→2年以内の存続	3ヶ月　許可→2年以内の存続	工事に要する期間	1年以内＊（建替え工事用は特定行政庁が認める間）
	許可の要否	不要（3ヶ月を超えるとき、要）			要
第一章	法6、18条　確認・計画通知	○	○		適用
	法7条〜7条の6　検査と使用承認		○		適用
	法12条　定期報告		○		
	法15条　届出・統計		○		適用
	法19条　敷地の安全など		○		適用
第二章	法21条〜23条　大規模建物の構造、屋根、外壁		○		
	法26条　防火壁		○		
	法27条　耐火・準耐火とすべき特殊建築物		適用		○
	法31条　便所		○		
	法33条　避雷設備		○		適用
	法34条　昇降機		適用（2項を除く）		
	法35条　特殊建築物の避難防火	○	○		適用
	法35条の2　特殊建築物の内装		適用		○
	法35条の3　無窓の居室の主要構造部		適用		○
	法37条　建築材料の品質		○		
	法39条　災害危険区域		○		適用
	法40条　地方公用団体の制限の付加		○		適用
第三章	法63条　防火・準防火地域の屋根の不燃化		○（防火・準防火地域内の＞50m²のもの適用）		○
	上記以外の第3章の規定		○		
令147条	令22、28〜30、37、46、49、67、70条、第3章8節、令112、114条、第5章の2、令129条の2の3、129条の13の2、129条の13の3		○		
	令41〜43、48条、第5章		○		適用

＊　国際的な規模の会議・競技会などに使用する場合は必要な期間（法85条6項）

ⓐ 開放的簡易建築物（令 136 条の 9 第一号） 壁がない建築物や国土交通大臣が開放性が高いと認めて指定する構造の建築物または建築物の部分で、以下の①〜④に該当し、かつ階数が 1 で床面積が 3000m² 以内であるものを開放的簡易建築物という（図 5・3（a））。なお、階数が 1 の建築物または建築物の部分とは、その上下に他の階が存在しないものをいう。また、この簡易な構造の建築物の部分については、他の建築物の部分と耐火構造などの壁若しくは煙感知器連動の防火戸で防火区画されている部分に限り、防火区画のない場合は簡易な構造の建築物の部分とみなされない。

①自動車車庫（令 136 条の 10 第三号 表 5・11 に基準を示す）。
②スケート場、水泳場、スポーツ練習場、これら類する運動施設。
③不燃性の物品の保管など、火災の発生のおそれの少ない用途のもの。
④畜舎、堆肥舎、水産物の増殖場及び養殖場。

ⓑ 膜構造建築物（令 136 条の 9 第二号） 屋根および外壁が帆布などでつくられている建築物（膜構造建築物）または建築物の部分で、間仕切り壁がなく、開放的簡易建築物で示された用途の②〜④に該当し、かつ、階数が 1 で床面積が 3000m² 以内であるもの（図 5・3（b））。

(a) 自動車車庫

(b) 膜屋根のスポーツ練習場

図 5・3　簡易な構造の建築物

表 5・10　簡易な構造の建築物の構造基準

規模	構造部・位置	柱・梁		外壁		屋根
		延焼のおそれのある部分	その他の部分	延焼のおそれのある部分	その他の部分	
防火地域 準防火地域	500m² を超える	準耐火構造 不燃材料でつくる	制限なし	準耐火構造 不燃材料でつくる 国土交通省大臣指定の構造	制限なし	準耐火構造 不燃材料でつくる 国土交通省大臣指定の構造
	500m² 以下					
法 22 条指定区域						
その他の地域	1000m² を超える					
	1000m² 以下	制限なし				

表 5・11　自動車車庫に供する開放的簡易建築物の構造基準

規模	構造部・位置	柱・梁		外壁		外壁の開口部・屋上*1		屋根
		延焼のおそれのある部分	その他の部分	延焼のおそれのある部分	その他の部分	隣地境界線から1m 以下の部分	その他の部分	
1000m² を超える*2		準耐火構造 不燃材料でつくる		準耐火構造 不燃材料でつくる 国土交通大臣指定構造*3		塀その他で国土交通大臣が定める基準*4 に適合するものを設置	制限なし	準耐火構造 不燃材料でつくる 国土交通大臣指定の構造*3
1000m² 以下 150m² 以上								その他*5 準耐火構造 不燃材料でつくる 国土交通大臣指定の構造*3
150m² 未満	防火地域			制限なし		制限なし		
	準防火地域							
	法 22 条指定区域							
	その他の地域			制限なし				

＊ 1　自動車車庫の用途に供する部分に限る
＊ 2　屋上を自動車車庫の用途に供するものに限る
＊ 3　H5 告示 1428 号
＊ 4　H5 告示 1434 号
＊ 5　H5 告示 1435 号に適合し、2 以上の直通階段（車路も含む）の設置されたもの

5・2　工事の着工と完了

１各種の届け

建築物を建てるときには各種の届けが義務付けられている（表5・12）。これは行政の長が、法の適正な維持および執行を確保するために、建築物の動静を把握する目的で行う。

1）建築工事届・建築物除却届（法15条1項）

建築主は、確認を受けた建築物の建築工事を着工するに先立って建築工事届を、また建築物の除却の工事を施工する者は、除却工事に先立ち建築物除却届を、都道府県知事に提出しなければならない。

ただし、どちらも床面積の合計が10m²以内の場合は除く。

2）工事中における安全上の措置等に関する計画の届出（法90条の3、令147条の2）

特殊建築物で、令147条の2第一号～三号（表5・13）に掲げる建築物の建築主は、新築工事中または避難施設などの工事の施工中に当該建築物を使用する場合は、工事の施工中における建築物の安全上、防火上または避難上の措置に関する計画を作成して、特定行政庁に届け出なければならない。

3）定期報告（法12条1項、3項、令16条）

次に示す建築物または建築設備の所有者（所有者と管理者が異なる場合においては、管理者）は、敷地、構造、建築設備について、定期的にその状況を建築士（一級若しくは二級）または国土交通大臣が定める資格者に調査させ、その結果を特定行政庁に報告しなければならない（表5・14）。

①法6条1項一号に掲げる特殊建築物のうち令16条1項の建築物および特定建築物（同号の特殊建築物または階数が3以上で延べ面積が200m²を超えるもの）で、特定行政庁が指定するもの。

②昇降機および①の建築物の昇降機以外の建築設備で、特定行政庁が指定するもの。

表5・12　各種の届けと申請者並びに申請先

条文	届けの種類	申請者	申請先
法6条	確認申請（計画通知）	建築主	建築主事 指定確認検査機関
法6条の2			
（法18条）			
法87条			
法87条の2			
法88条			
法7条、7条の2	工事完了検査申請		
法7条の3、4	工事中間検査		
法7条の6	仮使用の承認申請		特定行政庁、建築主事
法15条	建築工事届		都道府県知事
	建築物除却届	工事施工者	
法12条	定期報告	所有者または管理者	特定行政庁
法42条1項五号	道路位置の指定申請	道を築造しようとする者	
法48条など	建築許可申請	建築主	
法90条の3	工事中の安全措置の計画届		

表5・13　工事中の安全上の措置等について計画の届出を要する建築物（令147条の2）

条文	工事にかかわる建築物の用途	規模（階・床面積）
一号	百貨店、マーケットその他の物品販売業を営む店舗（床面積＞10m²）、展示場	3階以上の階または地階でその用途に供する部分の床面積の合計＞1500m²
二号	病院、診療所（患者収容施設のあるもの）、児童福祉施設等	5階以上の階でその用途に供する部分の床面積の合計＞1500m²
三号	劇場、映画館、演芸場、観覧場、公会堂、集会場、ホテル、旅館、キャバレー、カフェー、ナイトクラブ、バー、ダンスホール、遊技場、公衆浴場、待合、料理店、飲食店　一号の用途、二号の用途	5階以上の階または地階でその用途に供する部分の床面積の合計＞1500m²
四号	地下工作物内の建築物	居室の床面積の合計＞1500m²

2 検査（法7条～法7条の6、令13条、令13条の2）

1）中間検査（法7条の3、法7条の4）

1995年1月の阪神・淡路大震災により、建築物の安全性確保の重要性が改めて認識され、1998年6月の大改正で、工事の中間検査が法定化された。中間検査は、違法行為を未然に防止し、建築物の安全性を確保することを目的にしており、次に示す内容となっている。

①階数が3以上の共同住宅の床および梁の配筋工事のうち政令で定める工程を「特定工程」とする。
②特定行政庁が、その地方の建築の動向や工事の状況などを考慮して、区域・期間、建築物の構造、用途、規模を限定して指定する工程を「特定工程」とする。この特定工程は、全国一律ではなく、その指定は公示され、また指定の必要がなくなったと認められるときは速やかに指定を解除する。表5・15に実施例を示す。
③建築主は、確認申請をした建築物の工事に特定工程が含まれる場合は、特定工程の工事を終了した日から4日以内に中間検査の申請を建築主事にしなければならない。
④申請を受理した日から4日以内に、建築主事等(建築主事またはその委任を受けた当該市町村・都道府県の職員)は、申請にかかわる工事中の建築物などが建築基準関係規定に適合するかどうかを検査し、適合していると認めたときは、中間検査合格証を建築主に対し交付しなければならない。

表5・14 定期報告対象建築物の例（大阪府施行規則より抜粋）

	用　途	規　模
(1)	学校、体育館	階数≧3または床面積の合計≧2000m²
(2)	公会堂、集会所	階数≧3、客席部分≧200m²、地階に対象用途または劇場などで主階が1階にないもの
(3)	劇場、映画館、演芸場、観覧場（屋外のもの除く）	
(4)	ホテル、旅館	階数≧3、2階部分の床面積≧300m²または地階に対象用途
(5)	児童福祉施設等（要援護者の入所施設があるもの）	
(6)	病院、診療所（患者の収容施設のあるもの）	
(7)	百貨店、マーケット、展示場、物品販売業を営む店舗	階数≧3、2階部分の床面積の合計≧500m² 地階に対象用途または床面積の合計≧3000m²
(8)	公衆浴場	
(9)	キャバレー、カフェ、ナイトクラブ、バー、ダンスホール、遊技場、待合、料理店	
(10)	飲食店	
(11)	博物館、美術館、図書館、ボーリング場、スケート場、水泳場など	階数≧3または床面積の合計≧2000m²
(12)	寄宿舎	階数≧3かつ床面積の合計≧1000m²または
(13)	共同住宅	階数≧5かつ床面積の合計≧500m²
(14)	事務所その他これに類するもの	階数≧5かつ床面積の合計≧3000m²

表5・15 中間検査を行う「特定工程」と「特定工程後の工程」（大阪府の例）

構　造	特定工程	特定工程後の工程
木造	屋根の小屋組の工事	壁の外装工事または内装工事
鉄筋コンクリート造	2階の床およびこれを支持する梁（平屋は屋根床版）の配筋工事（配筋工事を現場で施工しないものは、2階の梁および床版の取付け工事）	2階の床およびこれを支持する梁（平屋は屋根床版）のコンクリート打込み工事（コンクリート打込み工事を現場で施工しないものは、2階の柱および壁の取付け工事）
鉄骨造	2階の床版の取付け工事（平屋は建方工事）	壁の外装工事または内装工事
鉄骨鉄筋コンクリート造	2階の床およびこれを支持する梁の配筋工事	2階の床およびこれを支持する梁のコンクリート打込み工事
その他の構造	屋根の工事	壁の外装工事または内装工事
上記の構造のうち2以上の構造にわたる構造	上記の構造に応じた特定工程のうち最も早く施工する工事（主要構造部の一部が木造の場合は最も遅く施工する工事）	左に掲げる工事にかかわる構造に応じるそれぞれの特定工程後の工事

注 1 中間検査を行う区域：大阪府の区域のうち、建築主事を置く市の区域を除く大阪府全域
　 2 中間検査を行う期間：平成19年6月20日以降の確認申請受付分から
　 3 対象となる建築物：(1)住宅（長屋、共同住宅、寄宿舎、下宿を含む）で確認申請部分の面積が50m²を超えるもの
　　　　　　　　　　　(2) (1)以外の建築物で、確認申請部分の床面積が300m²を超えるもの、または地階を除く階数が3以上のもの
　 4 木造で階数3以上、延べ面積500m²を超えるもの、高さ13mを超えるもの、または軒高9mを超えるもの、木造以外で階数2以上または延べ面積200m²を超えるものは、基礎の配筋工事も特定工程となる。

⑤政令および特定行政庁が特定工程と併せて指定する「特定工程後の工程」にかかわる工事は、中間検査合格証の交付を受けた後でなければ、施工してはならない。

⑥中間検査で検査した建築物の部分と敷地については、完了検査において再検査しない。

⑦中間検査は、指定確認検査機関も行うことができ、中間検査合格証も建築主事等が交付したものと同等にみなされる。ただし、指定確認検査機関が中間検査を引き受けたときは、そのことを建築主事に報告し、検査の結果を特定行政庁に報告しなければならない。

2）完了検査（法7条、法7条の2）

建築主は、確認申請を要する建築物の工事を完了したとき、完了した日から4日以内に建築主事に到達するように、完了検査の申請をしなければならない。

また、建築主事が申請を受理した場合、建築主事等は、受理した日から7日以内に建築基準関係規定に適合しているかどうかを検査し、適合していると認めたときは、建築主に対して完了検査済証を交付しなければならない。図5・4、図5・5に中間検査申請書および完了検査申請書の用紙を示す（1面のみ）。

3）検査の特例

❶建築物に関する検査の特例（法7条の5）　法68条の10第1項の認定型式に適合する建築材料を用いる建築物、認定型式に適合する建築物の部分を有する建築物の建築、大規模の修繕・大規模の模様替、または法6条1項四号の小住宅などの建築物で、建築士の設計したものの建築工事（建築士である工事監理者によって設計図書のとおりに実施されたことが確認されたものに限る）については、中間検査・完了検査についての特例を受け、その認証にかかわる形式に適合するものとみなされる。

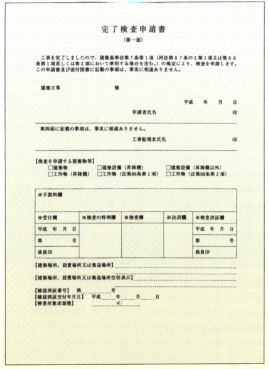

図5・4　中間検査申請書　　　　　　　　　図5・5　完了検査申請書

❶認証型式部材等に関する検査の特例（法68条の20第2項）　建築物以外の認証型式部材等で法68条の19で定める「表示」を付したもの、建築物である認証型式部材等（プレハブ住宅など）でその新築工事が建築士である工事監理者によって設計図書のとおりに実施されたことが確認されたものは、中間検査、完了検査において、検査の特例を受け、その認証にかかわる形式に適合するものとみなされる。

4）**検査済証の交付を受けるまでの建築物の使用制限（法7条の6、令13条、令13条の2）**
　完了検査済証の交付を受けるまでの建築物の使用に関する規定には、次の二つの場合がある。

❶完了検査済証の交付後でなければ建築物やその部分を使用し、または使用させてはならないもの
　①法6条1項一号〜三号の建築物を新築する場合。
　②①の建築物（共同住宅以外の住宅と居室のない建築物を除く）の増築、改築、移転、大規模の修繕、大規模の模様替の工事で、避難施設等（表5・16）に関する工事（廊下・階段・出入口その他の避難施設、消火栓・スプリンクラーなどの消火設備、排煙設備、非常用の照明設備、非常用の昇降機、防火区画で政令で定める工事。ただし軽易な工事*を除く）を含む場合。

❷完了検査済証の交付を受ける前に、仮に建築物やその部分を使用し、または使用させることができるもの
　①特定行政庁が、安全上、防火上、避難上支障がないと認めて仮使用の認定をしたとき。
　②建築主事または確認検査員が、安全上、防火上、避難上支障がないものとして国土交通大臣が定める基準に適合していると認めたとき。
　③完了検査申請が受理された日から（指定確認検査機関が検査を引受けた場合は、検査にかかわる工事が完了した日または検査の引受を行った日のいずれか遅い日）から7日を経過したとき。

表5・16　避難施設等の種類

令13条の3	避難施設等の内容	（注…規定条項）
一号	出入り口および廊下その他の通路 （避難階*1以外の階では、居室から直通階段*2に通ずるものに限り、避難階では、階段または居室から屋外への出口に通ずる者に限る）	*1 直接地上へ通ずる出入口のある階をいう *2 令120条、令121条
二号	客席からの出口の戸*3、直通階段*2、避難上有効なバルコニー*4 屋外通路その他これらに類するもの、屋外への出口*5、屋上広場*6	*3 令118条 *4 令121条　3項ただし書 *5 令125条 *6 令126条2項
三号	地下街の各構えが接する地下道*7および地下道の出入口*8	*7 令128条の3第1項 *8 令128条の3第4項
四号	スプリンクラー設備、水噴霧消火設備または泡消火設備で自動式のもの	
五号	排煙設備*9	*9　令126条の2第1項
六号	非常用の照明設備*10	*10　令126条の4
七号	非常用の昇降機*11	*11　令129条の13の3
八号	防火区画*12	*12　令112条（令128条の5項にて準用するを含む）または令128条の3第2項若しくは3項

＊　令13条の2「避難施設等に関する工事に含まれない軽易な工事」とは、バルコニーの手すりの塗装工事、出入口または屋外への出口に用いるガラスの取替え工事、非常用照明設備にに用いる照明カバーの取替えの工事など。

3 工事現場の危害防止

1）確認の表示（法89条）

確認申請を要する建築物（法6条1項）の建築・大規模の修繕・大規模の模様替を行う施工者は、次のような義務を負う。

①工事現場の見やすい場所に、建築主、設計者、工事施工者および現場管理者の氏名（名称）ならびに工事にかかわる確認があった旨を表示する。

②当該工事にかかわる設計図書を工事現場に備える。

2）危害の防止（法90条、令136条の2の20、令136条の3〜136条の8）

建築物の建築、修繕、模様替または除却のための工事の施工者は、地盤の崩落、建築物または工事用の工作物の倒壊などによる危害を防止するため、表5・17に示す措置を講じなければならない。

表5・17　危害を防止するのための措置

	条文	措置の内容
(1)	令136条の2の20 （仮囲い）	以下の建築、修繕、模様替、除却の工事を行う場合は、工事期間中の工事現場に、地盤面より高さ1.8mの仮囲いを設けなければならない。 ①高さ13m若しくは軒高9mを超える木造建築物。 ②木造以外の2階建以上の建築物。
(2)	法136条の3 （根切り工事、山留め工事などを行う場合）	①根切り工事、山留め工事その他の基礎工事を行う場合は、地下の配管設備（ガス管、ケーブル、水道管、下水道管）の損壊を、あらかじめ防止する。 ②地階の根切り工事その他の深い根切り工事（これに伴う山留め工事を含む）は、地盤調査による地層および地下水の状況に応じて作成した施工図に基づいて工事を行う。 ③隣接する建築物や工作物に接して根切り工事や掘削を行う場合、その建築物の基礎または地盤を補強し、急激な排水を避けるなどをして、傾斜、倒壊等の危害の防止をする。 ④深さ1.5m以上の根切り工事を行う場合は、山留めを行う。 ⑤山留めの切りばり、矢板、腹起しその他主要な部分は、土圧に対して、定められた方法による構造計算により安全であることが確かめられる最低の耐力以上の耐力を有する構造とする。 ⑥根切りおよび山留めについては、その工事の施工中必要に応じて点検を行い、山留めを補強し、排水を適当に行うとともに、矢板の抜取りに際しては、周辺地盤の沈下による危害の防止のための措置をとる。
(3)	令136条の4 （基礎工事用機械等の転倒防止）	くい打機（他に、くい抜機、アース・ドリル、リバース・サーキュレーション・ドリル、チュービングマシンを有するせん孔機、アース・オーガー、ペーパー・ドレーン・マシン）などの自走式基礎工事用機械またはつり上げ重量0.5t以上の移動式クレーンを使用する場合は、敷板、敷角などの使用などにより転倒を防止する。
(3)	令136条の5 （落下物に対する防護）	①工事現場の境界線から5m以内で、かつ、地盤面からの高さが3m以上の場所から、くず・ごみその他の飛散するおそれのある物を投下するときはダストシュートを設ける。 ②同じく5m以内で、かつ、高さが7m以上の部分で工事を行う場合、落下物により工事現場の周辺に危害を生ずるおそれがあるときは、鉄網または帆布でおおう。
(4)	令136条の6 （建て方）	①建築物の建て方を行う場合は、筋かいなどを設けて、荷重または外力による倒壊を防ぐ。 ②鉄骨造の建て方におけるボルトの仮締めは、荷重または外力に対し十分安全なものとする。
(5)	令136条の7 （工事用材料の集積）	工事用材料の集積は、倒壊、崩落などの危険のない場所に集積し、山留め周辺または架構の上に集積する場合は、予定荷重を超えないようにする。
(6)	令136条の8 （火災の防止）	火気を使用する場合、その場所に不燃材料の囲いを設ける等防火上の措置をとる。

5・3 違反建築物に対する措置

■1 命令（法9条）

1）是正命令（法9条、法9条の2、法9条の3）

　特定行政庁は、建築基準法令などに違法な建築物または建築物の敷地については、建築主、工事の請負人（下請人も含む）、現場管理者、建築物若しくは敷地の所有者・管理者などに対して、工事の停止、または、相当の猶予期限をつけて建築物の除却、移築、改築、増築、修繕、模様替、使用禁止、使用制限などや、違反を是正する措置をとることを命ずることができる。また緊急な場合には、特定行政庁は、建築監視員に工事の停止や使用禁止などの命令を行う権限を与えている。さらに、法9条の3において、特定行政庁は、これらの命令（法9条1項または10項の規定による）をした場合には、命令にかかわる建築物の設計者、工事監理者若しくは工事の請負人（下請人を含む）、当該建築物にかかわる取引をした宅地建物取引業者、または当該命令にかかわる浄化槽の製造業者の氏名や住所などを、これらの者を監督する国土交通大臣または都道府県知事に通知する。通知を受けた国土交通大臣または都道府県知事は、これらの通知にかかわる者について、建築士法、建設業法、浄化槽法、宅地建物取引業法による免許または許可の取消し、業務の停止処分などの措置を、特定行政庁に通知しなければならない。表5・18に違反建築物に対する措置を示す。

2）行政代執行（法9条12項）

　特定行政庁は、是正命令の履行が行われないときや十分でない場合には、行政代執行法に従って、これらを行うべき義務者にかわって除却、移築などの是正措置を行うことができる。

表5・18　違反建築物に対する措置（是正命令）

命令の条文	違反内容（公益上の支障、著しい保安上、衛生上の危険や有害）	命令権者 特定行政庁	命令権者 建築監視員	義務者（相手方）工事関係者 建築主	設計者	工事監理者	請負人	下請人	現場管理者	工事従事者	権利者等 所有者	管理者	占有者	命令の内容
(1) 法9条1項（違反是正の命令）	建築物、建築物の敷地、準用工作物又は許可条件に対する違反	○		○			○	○	○		○	○	○	工事の施工の停止、（相当の猶予期間をつけて）除却、移転、改築、増築、修繕、模様替、使用禁止、使用制限その他[*1]
(2) 法9条7項（緊急の仮命令）		○	○											使用禁止、使用制限[*2]
(3) 法9条10項（ア．緊急の工事停止命令）	建築中、修繕中、模様替、工事中の建築物、準用工作物または許可条件に対する違反	○	○	○			○	○	○					工事施工の停止
（イ．緊急の作業停止命令）		○	○							○				作業の停止[*3]
(4) 法10条1項〜3項（単体規定不適格既存建築物にかかわる措置命令）	建築物の敷地、構造または建築設備の著しい保安上の危険または衛生上の有害	○									○	○		（相当の猶予期間をつけて）除却、移転、改築、増築、修繕、模様替、使用禁止、使用制限その他保安上・衛生上の措置[*1]
(5) 法11条1項（集団規定不適格既存建築物にかかわる措置命令）	建築物の敷地、構造、建築設備または用途が、公益上著しい支障	○									○	○		（相当の猶予期間をつけて）除却、移転、修繕、模様替、使用禁止、使用制限[*4]
(6) 法90条3項による準用（工事現場の危害の防止命令）	建築中、修繕中、模様替または除却工事中の建築物、工事用の工作物の危害	○	○	○			○	○	○		○	○		工事施工に伴う地盤の崩落の防止、建築物または工事用の工作物の倒壊等による危害の防止に必要な措置
(7) 法90条の2第2項準用（工事中の特殊建築物に対する措置命令）	建築中、修繕中、模様替中または除却中に使用されている特殊建築物の安全上、防火上、避難上著しい支障	○									○	○		（相当の猶予期間をつけて）使用禁止、使用制限その他安全上、防火上または避難上必要な措置

*1　命令を予告し、公開による意見の聴取をなどを要する。
*2　仮命令を受けた者は、3日以内に聴聞の請求ができる。聴聞請求から5日以内に意見聴取を行い、不当と認めたときは命令を取り消す。
*3　緊急工事施工停止命令の義務者が工事現場にいないときに限る。
*4　建築物所在地の市町村の議会の同意を得た場合に限る。このとき当該市町村は、命令に基づく措置によって生ずる損害を時価によって補償しなければならない。

2 保安上危険な建築物などに対する措置（法10条、法11条）

　特定行政庁は、既存不適格建築物であって単体規定の適用を受けない建築物が、保安上危険でありまたは著しく衛生上有害である場合は、所有者などに対して相当の猶予期限をつけて、当該建築物の除却、移築、増改築、修繕、模様替、使用禁止、使用制限などを命ずることができる。また、特殊建築物の場合は、そのまま放置すれば保安上危険となり、または著しく衛生上有害となるおそれがある場合に、同様の措置を勧告し、勧告にかかわる措置をとらない場合には措置を命ずることができる。

　特定行政庁は、既存不適格建築物であって集団規定の適用を受けない建築物が、公益上著しく支障がある場合、市町村議会の同意を得て上記の措置（増改築を除く）を命ずることができる。

3 罰則（法98条〜107条）

　法を確実に遵守させるため、法の諸規定に違反した者に対して罰則が科せられる。

　1998年6月の建築基準法の大改正では、指定確認検査機関、指定資格検定機関、指定認定機関についての規定が盛り込まれ、多くの業務と権限が民間に委譲されることになったので、1999年の改正では、従来の罰則に加えて、これら民間機関に対する罰則規定が多数追加され。

　具体的な違反事項や程度に応じて、以下のような罰則の規定・対象者・内容などが定められている。

1）設計者・施工者が処罰の対象となる場合（法98条、法99条、法101条）

　法第2章の単体規定及び法第3章の集団規定の技術的基準に抵触する設計上の違反設計をした場合は、その規定の内容により、設計者に対し3年以下の懲役もしくは300万円以下の罰金、1年以下の懲役もしくは100万円以下の罰金、または100万円以下の罰金が科せられる。

　以下の①〜⑤に該当する違反行為があった場合は、施工者が処罰される。

①建築士法に規定する設計資格を有する設計者および工事監理者を定めずに工事をした場合。
②設計図書を用いないで工事をした場合や設計図書に従わない工事を行った場合。
③確認が必要な工事を、確認を受けずに行った場合。
④確認があった旨の表示および設計図書を、工事現場に備えていない場合。
⑤工事現場の危害を防止する措置を講じないで工事を行った場合。

　なお、設計上の違反が建築主（工作物では築造主、建築設備では設置者）の故意によるときは、設計者、工事施工者だけでなく、建築主もあわせて罰則の対象となる。

2）罰則の内容（法98条〜法107条）

　上記のほか、建築主などが工事停止などの命令に従わなかった場合は、3年以下の懲役または300万円以下の罰金、指定資格検定機関の役員などが不正な行為をした場合、指定確認検査機関や指定認定機関などが業務停止の命令に従わなかった場合などは、1年以下の懲役または100万円以下の罰金を科せられる。その他の場合は内容により1億円以下、100万円以下、50万円以下、30万円以下の罰金または30万円以下の過料（法104条違反）を科せられる。なお、過料は、刑罰でない金銭罰である。表5・19、表5・20に罰則規定を示す。

表5・19 罰則（その1） （表中の①②…根拠条文の号数をあらわす）

根拠条文	違反条項	処罰の対象とする違反の内容	罰則の対象者	罰則の内容
法98条1項	法9条1項、法9条10項前段	①建築物・工作物・工事現場に関する政令または許可条件の違反について、特定行政庁または建築監視員の是正命令（工事施工の停止、除却、移転、使用制限など）に従わない場合、違反が明らかな建築・修繕・模様替の工事中の建築物について、緊急の工事停止命令に従わない場合	建築主、請負人、現場管理者、所有者、管理者、占有者	3年以下の懲役または300万円以下の罰金
	法20条一～三号、21条、26条、27条、35条、35条の2	②建築物の単体規定（構造耐力、大規模建築物の主要構造部、防火壁、耐火・準耐火建築物としなければならない特殊建築物、特殊建築物の避難・消火に関する技術的基準、特殊建築物の内装制限）の規定に違反した場合	設計者、（設計図書を用いない、または設計図書に従わないで工事を施工した場合、工事施工者）	
	法36条	③建築物の単体規定（防火壁、防火区画）の政令の規定に違反した場合		
法99条1項	法6条1項、7条の6第1項、68条の19第2項	①建築確認が必要であるのに、確認済証の交付を受けずに建築工事などを着工させた場合、検査済証の交付以前の特殊建築物などの使用制限に違反した場合、型式部材等以外の建築材料・建築物の部分または建築物に型式部材等の表示を付した場合	違反した者	1年以下の懲役または100万円以下の罰金
	法6条8項、7条の3第6項	②確認申請中であるのに確認済証の交付以前に着工した場合、中間検査合格証の交付以前に特定工程後の工事の施工をした場合	工事施工者	
	法7条1項、7条の3第1項	③期限内に工事完了検査届、中間検査の申請をせず、または虚偽の申請をした場合	違反した者	
	法9条10項後段、10条2項、3項、11条1項、法90条の2第1項	④違反が明らかな建築・修繕・模様替の工事中の建築物について、工事の従事者に対して行う緊急の作業停止命令に従わない場合、法第2章既存不適合建築物に対する措置命令に従わない場合、法第3章既存不適格建築物に対する措置命令に従わない場合、工事中に使用されている特殊建築物などに対する安全上・防火上・避難上の措置命令に対する違反があった場合	違反した者	
	法12条5項一号、6項、7項、15条の2第1項	⑤⑥⑦特定行政庁などから求められた報告・物件の提出をせず、または虚偽の報告・物件の提出をした場合や、検査・試験を拒み、質問に対して答弁せず、または虚偽の答弁をした場合	所有者、建築主、設計者、建築材料等の製造者、工事施工者など	
	法20条1項四号、22条1項、23条、25条、28条3項、28条の2、32条、33条、34条1項、2項、35条の3、37条、61条、62条、64条、67条1項	⑧建築物の単体規定（構造耐力、屋根の構造、外壁の構造、大規模木造建築物等の外壁など、居室の換気、石綿・化学物質の飛散・発散に対する措置、電気設備、避雷設備、昇降機の構造、高層建築物の非常用昇降機の設置、無窓の居室等の主要構造部、建築材料の品質）、および集団規定（防火地域、準防火地域、防火・準防火地域内の屋根、防火・準防火地域内の開口部、防火地域内の看板、特定防災街区整備地区内の建築物）に違反した場合	設計者、（設計図書を用いない、または設計図書に従わないで工事を施工した場合、工事施工者）	
	法36条	⑨建築物の単体規定（消火設備、避難設備、配管設備、煙突、昇降機の構造）の政令の規定に違反した場合		
	法77条の8第1項	⑩指定資格検定機関の役員および職員が、資格検定事務に関して知り得た秘密を漏らした場合		
	法77条の8第2項	⑪資格検定委員が事前に資格検定の問題を漏らした場合または不正の採点をした場合		
	法77条の25第1項、77条の35の10第1項、77条の43第1項	⑫指定確認検査機関、指定構造計算適合性判定機関および指定認定機関（ともに職員を含む）が職務に関して知り得た秘密を漏らし、または自己の利益のために使用した場合	違反をした者	
	法77条の35第2項	⑬指定確認検査機関の業務の停止命令に違反した場合		
	法77条の62第2項	⑭建築基準適合判定資格者が、業務の禁止または登録を削除されたにもかかわらず確認検査業務を行った場合		
法100条	法77条の15第2項、77条の35の19第2項、77条の51第2項	指定資格検定機関の資格検定事務、指定構造計算適合性判定機関の構造計算適合判定、指定認定機関の認定等の業務の停止命令に違反した場合	違反を行った機関の役員・職員	
法101条1項	法5条の6第1項～3項、5項	①建築士法第3条～3条の2に規定する建築物を、設計資格を有する者の設計によらず、または設計士である工事監理者を定めないで工事をした場合	工事施工者	100万円以下の罰金
	法12条1項、3項、5項	②特殊建築物などの定期検査の報告をせず、または虚偽の報告をした場合	所有者	
	法19条、28条1項、2項、31条、43条1項、44条1項、47条、52条1項、2項、7項、53条1項、2項、53条の2第1項、54条1項、55条1項、56条1項、56条の2第1項、57条の4第1項、57条の5第1項、59条1項、2項、60条1項、2項、60条の2第1項、2項、60条の3第1項、2項、67条3項、5項～7項、68条1項～3項	③建築物の単体規定（敷地の安全衛生、居室の採光・換気、便所）、および集団規定（敷地の接道、道路内の建築制限、壁面線による建築制限、容積率、建ぺい率、建築物の敷地面積、低層住専内の外壁の後退距離、低層住専内の絶対高さ、道路斜線・隣地斜線、北側斜線、日影による高さ制限、特例容積率適用区域内の高さの限度、高層住居誘導地区、高度利用地区、特定街区、都市再生特別地区、特定防災街区整備地区、景観地区）に違反した場合	設計者、（設計図書を用いない、または設計図書に従わないで工事を施工した場合、工事施工者）	
	法36条	④建築物の単体規定（居室の採光面積、天井高さ、床高さ、床の防湿、階段の構造、便所、浄化槽）の政令の規定に違反した場合		
	法48条1項～13項、法51条	⑤用途地域、卸売市場などの特殊建築物の位置の規定に違反した場合	建築主、築造主	
	法58条	⑥高度地区の制限に違反した場合	設計者、（工事施工者）	
	法68条の18第2項	⑦認証型式部材製造者が、製造する認証型式部材について、検査・検査記録の作成・検査記録の保存をせず、または虚偽の検査記録を作成した場合	違反した者	
	法85条3項～6項	⑧特定行政庁の許可を受けずに応急仮設建設物を設置期間を超えて存続させた場合、仮設興業場・博覧会場・仮設店舗を期限を超えて許可を得ず存続させた場合	建築主	
	法84条1項	⑨被災市街地において、都市計画または土地区画整理事業の必要があると認めた区域に限り、災害発生から1ヶ月間の建築制限または禁止に違反した場合		
	法90条1項	⑬工事現場の危害の防止の規定に違反した者	工事施工者	

表5・20 罰則（その2）　　　　　　　　　（表中の①②…根拠条文の号数をあらわす）

根拠条文	違反条項	処罰の対象とする違反の内容	罰則の対象者者	罰則の内容
法102条	法12条5項三号	指定構造計算適合性判定機関が、求められた報告をせず、または虚偽の報告をした場合	指定構造計算適合性判定機関または職員	100万円以下の罰金
法103条	法6条の2第5項、7条の2第6項、7条の4第6項、7条の6第3項	①指定資格検定機関が、確認、工事完了検査、中間検査の報告をせず、または虚偽の報告をした場合	違反した者	50万円以下の罰金
	法15条1項、87条の1項（7条の1項の準用）	②建築物の工事着工届、除却届または特殊建築物への用途変更に際しての完了検査の届け出をせず、または虚偽の届出をした場合	建築主	
	法77条の29第2項、89条	③指定確認検査機関が義務づけられているそれぞれの業務に関する国土交通省令で定められた書類の保存、工事の施工者が行う建築主・設計者・工事施工者・現場管理者の氏名並びに工事の確認があった旨の表示をしなかった場合、工事にかかわる設計図書を工事現場に備えていない場合		
	法77条の31第1項、86条の8第4項	④特定行政庁などが求める工事計画若しくは施工状況の報告、認証型式部材等製造者に対する業務の報告、指定確認検査機関の業務に関する報告、既存の1の建築物について2以上に分けて工事を行う場合の状況の報告をせず、または虚偽の報告をした場合	違反した者	
	法77条の31第1項、2項	⑤⑥指定確認検査機関の事務所などへの立ち入り検査の際に、検査を拒み、もしくは忌避した場合、または質問に対して答弁せず、もしくは虚偽の答弁をした場合		
	法77条の29第1項	⑦指定確認検査機関が、確認検査の業務に関する事項を記載した帳簿を備え付けず、記載せず若しくは虚偽の記載をし、またこれを保存しなかった場合		
	法77条の34第1項	⑧指定確認検査機関が、国土交通大臣に届出をしないで確認検査の業務の全部を廃止し、または虚偽の届出をした場合		
法104条	法77条の13第1項、77条の35の17第1項、77条の49第1項	①建築基準適合判定資格者検定機関、指定構造計算適合性判定機関、指定認定機関が業務に関する報告をせず、または虚偽の報告をした場合	違反した指定資格検定機関などの役員	
	法77条の11、77条の35の14第1項、77条の47第1項	②建築基準適合判定資格者検定機関、指定構造計算適合性判定機関、指定認定機関が業務に関する事項を記載した帳簿を備え付けず、記載せず若しくは虚偽の記載をし、またこれを保存しなかった場合		
	法77条の13第1項、77条の35の17第1項、77条の49第1項	③建築基準適合判定資格者検定機関、指定構造計算適合性判定機関、指定認定機関が事務所などへの立ち入り検査の際に、検査を拒み、または忌避した場合		
	法77条の14第1項、77条の35の18第1項、77条の50第1項	④建築基準適合判定資格者検定機関、指定構造計算適合性判定機関、指定認定機関が、国土交通大臣に許可を受けずに事務および業務の全部または一部を休止、または廃止した場合		
	77条の35の14第2項、77条の47第2項	⑤指定構造計算適合性判定機関、指定認定機関が、国土交通省令で定める書類を保存しなかった場合		
法105条（両罰規定）	法98条1項一号（法19条4項、20条、21条、22条1項、23条、24条、25条～27条、28条3項、28条の2、32条～35条の3、36条、37条、61条、62条、64条、67条1項、3項、5項～7項の規定に違反する特殊建築物等およびその敷地に関する是正命令の違反に限る）、98条（1項一号を除く特殊建築物等に係る部分に限る）、99条1項八号、九号、十五号、十六号、2項（特殊建築物等に係る部分に限る）	①②法人の代表者または法人若しくは人の代理人、使用者、従業者がその法人または人の業務に関して行った、99条～102条までの違反については、行為者を罰するほか、法人または人に罰金刑を科す	法人または人	法人には1億円以下の罰金、人には法98条～102条の各罰金
	法98条（上記以外）、99条1項一号～七号、八号、九号（特殊建築物等に係る部分を除く）、十二号（77条の25第1項に限る）、十三号、十四号、十五号、十六号（特殊建築物等に係る部分を除く）、2項（特殊建築物等に係る部分を除く）、101条、103条			法98条～102条の各罰金
法106条	法12条の2第3項	①国土交通大臣の資格者証の返納命令に従わない場合	建築物調査員	30万円以下の過料
	法68条の16、68条の17第1項、77条の61	②認証型式部材等製造者が認証申請事項を変更するとき、認証にかかわる型式部材等の製造の事業を廃止するとき、建築基準適合判定資格者の死亡などがあったとき、届出をせずまたは虚偽の届出をした場合	製造者、相続人など	
	法77条の29の2	③指定確認検査機関が、事務所に国土交通省令で定める書類を備えず、関係者に閲覧させず、虚偽の記載をするなどした場合	違反した者	
法107条（条例への委任）	法39条2項、40条、43条2項、43条の2、49条1項、49条の2、50条、68条の2第1項、法68条の9第1項、2項	災害危険区域の建築の禁止など、特殊建築物の接道についての制限の付加、法42条3項の道路に接する建築物への制限の付加、特別用途地区の建築制限など、特定用途制限地域内の用途制限、用途地域などの制限、地区計画等の区域内の制限、都市計画区域・準都市計画区域以外の建築制限の規定に基づく条例に違反した場合	違反した者	50万円以下の罰金

6章

関連法令

6・1　都市計画法

❶都市計画の概要

1）都市計画の目的

　都市計画法は、「都市計画の内容及びその決定手続き、都市計画制限、都市計画事業その他都市計画に関し必要な事項を定めることにより都市の健全な発展と秩序ある整備を図り、もって国土の均衡ある発展と公共の福祉の増進に寄与すること」と、第1条に法の目的を述べている。そして第2条には「農林漁業との健全な調和」、「健康で文化的な都市生活及び機能的な都市活動の確保」「そのための土地の合理的な利用」を基本理念として掲げている。この理念を達成するには、国や地方公共団体が行う事業に対して住民の協力が不可欠となってくる。

2）都市計画区域

　都市計画区域は、市または一定の要件を備えた町村の中心市街地を含み、かつ、自然的および社会的条件などを勘案し、一体の都市として総合的に整備し、開発し、および保全する必要がある区域で、都道府県が指定したものである。都市の環境と機能の悪化を防止し、良好な環境をつくり出すために、この区域には、建築基準法第3章で定めている集団規定が適用される。

3）準都市計画区域

　準都市計画区域は、都市計画区域外の区域のうち、相当数の建築物などの建築またはその敷地の造成がすでに行われており、また今後行われる見込みのある一定の区域で、自然的および社会的条件などを考慮し、土地利用の整序や環境保全の措置をすることなく放置すれば、将来における一体の都市としての整備、開発、保全に支障があると認められる区域を都道府県が指定するものである。この区

表6・1　都市計画の内容

条文	地域、地区、区域	内　容
都計法7条	区域・区分	無秩序な市街化を防止し、計画的な市街化を図るため、必要がある時は、都市計画に、市街化区域、市街化調整区域との区分を定めることができる*。
都計法8条	地域・地区	適正な土地利用計画に基づいて地域や地区を定めることにより、都市機能の維持増進や環境の保護をする。 用途地域、特定街区、防火地域、風致地区など
都計法11条	都市施設	道路や都市高速鉄道などの交通施設、公園や広場などの公共空地、水道や下水道などの供給処理施設など
都計法12条	市街地開発事業	土地区画整理事業や市街地再開発事業などの開発事業
都計法10条の2	促進区域	都市計画に基づく積極的な土地の利用を図るために、定められた区域内の土地所有者に2～5年以内に所定の土地利用を実現させる。市街地再開発促進区域など
都計法10条の3	遊休土地転換利用促進地区	市街化区域内にある約5000m^2以上の遊休土地の計画的な土地利用を促進する
都計法12条の2	市街地開発事業等予定区域	予定区域を大規模な用地買収を伴う市街地開発事業を定める前に定め、定めてから3年以内に都市計画を定め、施行予定者によって計画後2年以内に事業許可申請を行う
都計法12条の4	地区計画等の計画	地区計画、再開発地区計画などがある（p.127参照）
都計法10条の4	被災市街地復興推進地域	地震や火災などの災害により失われた市街地を復興させることを推進する

＊　三大都市圏の既成市街地などや政令指定都市を含む都市計画区域においては区分区域を定めなければならない。

域には、土地利用の整序を図るために必要な都市計画として、用途地域、特別用途地域、特定用途制限地域、高度地区、景観地区、風致地区、緑地保全地域および伝統的建造物群保存地区で定めることができる。また、都市計画区域と同様に、開発許可制度や建築基準法第3章で定めている集団規定が適用される。

4) 都市計画の内容

都市計画は、都市の健全な発展と秩序ある整備を図るための土地利用、都市施設の整備および市街地開発事業に関する計画である。都道府県は、具体的には、表6・1に示すような9種類の都市計画を定める。

5) 都市計画を定める者と決定手続き

上記の都市計画は図6・1のように都道府県が定める場合と市町村が定める場合がある。

都道府県が定める場合、市町村および関係機関との協議の上、都道府県が原案を作成する。予定地域の住民や利害関係のある人々を対象とした公聴会・説明会を開き、原案に対する市町村の意見を聞くとともに市町村都市計画審議会を経て公告する。住民に対する都市計画案の縦覧の後、都道府県都市計画審議会の議を経て決定する。そして、国土交通大臣の同意をうけ、決定の告示を行い、手続きの完了となる。市町村が定める場合、原案の作成を市町村が行うことの他は同じ手続きとするが、国土交通大臣の同意ではなく、都道府県知事の同意によって決定し、告示を行うことで手続きは完了する。

土地所有者等またはまちづくりを目的とする特定非営利活動法人、都市再生機構、地方住宅供給公社などの団体は、都市計画の決定または変更の提案を行うことができる（都計法21条の2）。

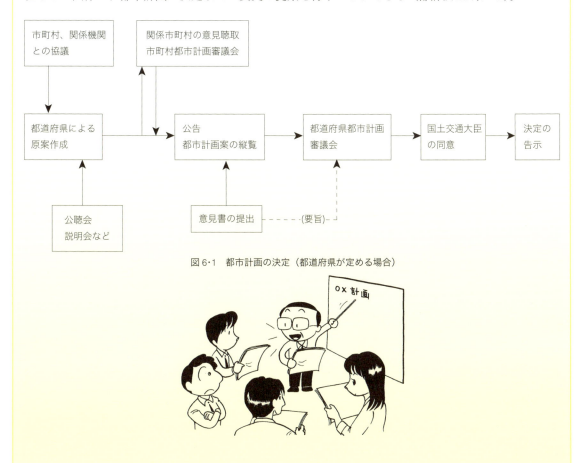

図6・1 都市計画の決定（都道府県が定める場合）

❷開発行為

　開発行為とは、主として建築物の建築または特定工作物の建設のための土地の造成（区画形質の変更）をいう。特定工作物には、コンクリートプラント、アスファルトプラントなどの周辺地域の環境の悪化をもたらすおそれのある「第一種特定工作物」と、ゴルフコース、野球場、遊園地、動物園などの運動・レジャー施設または墓園などで規模が1ha以上の「第二種特定工作物」がある。

　この規定は、健全な都市活動を確保するために開発行為の基準を設けて許可制とし、都市近郊の無秩序な市街化（スプロール現象）を防止しようとするものである。

1）開発行為の許可（都計法第29条）

　都市計画区域内、準都市計画区域内において、開発行為を行う者、または、それらの区域外で一定の市街地を形成すると見込まれる規模の開発行為を行う者は、原則として都道府県知事（指定都市などではその長）の許可を受けなければならない。

　市街化区域内の開発許可の概要を図6・2に、市街化調整区域内の開発許可の概要を図6・3に示す。

2）許可を必要としない開発行為

　開発行為であっても、次に示すものは、住民にとって必要な施設や無秩序な市街化にならないものなので、許可を必要としない。具体的には表6・2に示す。

①市街化区域、区域区分が定められていない都市計画区域または準都市計画区域内において開発区域が小規模であるもの。

②市街化調整区域、区域区分が定められていない都市計画区域または準都市計画区域内における農林漁業者の業務および居住にかかわるもの。

③駅舎・図書館などの公益上必要な建築物の開発行為。

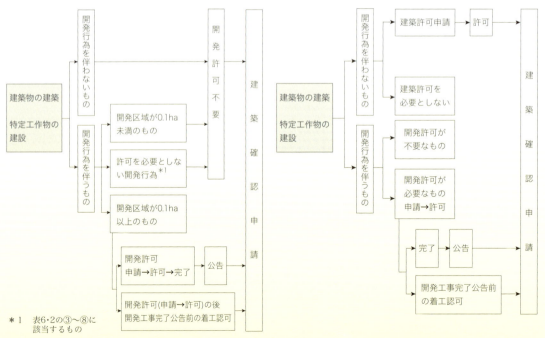

図6・2　市街化区域の開発許可　　　　　　　　図6・3　市街化調整区域の開発許可

3）開発許可の基準

都道府県知事は、開発許可申請が提出された場合、開発行為が次に揚げる基準に適合し、かつ、手続きが法律や命令に違反していないときは、開発許可を行う。

ⓐ 市街化調整区域以外の場合（都計法33条）

①用途地域などが定められているとき、予定建築物の用途がこれに適合している。
②道路、公園、広場などが防災上、安全上適切に配置されている。
③排水施設および給水施設が適切に配置されている。
④地区計画等が定められているとき、その内容に適合している。
⑤公共施設、学校などの公益的施設、予定建築物の用途の配分が適切に定められている。
⑥軟弱地盤、がけ崩れなどの土地の改良などの安全措置をとり、また災害危険区域、地すべり防止区域などの土地を含まない。
⑦1ha以上の開発行為での樹木の保存、表土の保全および騒音・振動に対する緑地帯・緩衝帯などの配置が定められている。
⑧40ha以上の開発行為での道路、鉄道などの輸送能力に支障がない。
⑨開発区域内の権利者の同意がある。

ⓑ 市街化調整区域内の場合（都計法34条）　　上記ⓐの許可基準に該当するほか、主として開発区域周辺の地域に居住している者の公益上必要な建築物や日用品の販売などを行う建築物の建築、市街化調整区域内にある観光資源などの有効利用上必要な建築物などの建築のための開発行為、または農林漁業の活性化、中小企業の事業の共同化、危険物の貯蔵などのための開発行為に該当すれば許可される。ただし、主として第二種特定工作物の建設のためのものについてはこの規定を満足しなくてもよい。

表6・2　許可を必要としない開発行為

Ⅰ．都市計画区域および準都市計画区域内
①市街化区域、区域区分が定められていない都市計画区域、準都市計画区域内で規模が1000m²未満のもの
　ただし、知事が必要と認めるときは規制で、区域を限り、300m²以上1000m²未満の範囲で別に定めることができる。また、東京都23区内や首都圏整備法、近畿圏整備法、中部圏開発整備法などに規定する区域などでは、この規模を500m²未満としてもよい。
②市街化調整区域、区域区分が定められていない都市計画区域、準都市計画区域内での農林漁業用に使用する畜舎、堆肥舎などの建築物や、建築面積90m²以内のもの。およびこれらを営む人々が居住するための建築物の建築目的で行うもの
③駅舎などの鉄道施設、図書館、公民館、変電所、その他政令で定める公益上必要な建築物の建築目的で行う開発行為
④都市計画事業の施行として行う開発行為
⑤土地区画整理事業、市街地再開発事業、住宅街区整備事業、防災街区整備事業の施行として行う開発行為
⑥公有水面埋立法2条1項の免許を受け、同法22条2項の竣工認可の告示のない埋立地おける開発行為
⑦非常災害のため必要な応急措置として行う開発行為
⑧通常の管理行為、軽易な行為などで政令で定めるもの
Ⅱ．都市計画区域および準都市計画区域外
①農林漁業用の建築物およびこれらを営む人々が居住するための建築物の建築目的で行うもの
②上記Ⅰの③④⑥⑦⑧

6・2 消防法

❶消防法の目的（消法1条）

消防法は、火災を予防、警戒、鎮圧し、国民の生命と財産を保護するとともに、火災または地震などの被害を軽減することを目的とする。

❷防火対象物（消法2条、消令別表第1）

1）防火対象物の定義

消防法においては、まず、火災を予防すべき対象として防火対象物を定義している。防火対象物とは、建築物や船舶、山林などをいい、具体的には消令別表第1に列記されている。このなかで、建築物に関係するものを表6・3、表6・4に示す。この表の各項により、設置すべき消防用設備が異なるので、建築物の用途が、この表の中のどれに該当するかを明確にしておかなければならない。

2）複合用途防火対象物

消令別表第1（表6・3、表6・4）の(1)～(15)項の各項およびイ、ロ、ハ、ニの細区分に属する防火対象物を単一用途とみなし、異なる2以上の用途を含むものを(16)項に該当する複合用途防火対象物という。たとえば、劇場と映画館のみを含む建築物は単一用途となるが、劇場と集会場または劇場と百貨店を含む建築物は複合用途となる。

表6・3 防火対象物の分類（1）（消防令別表第1による）

項		防火対象物の用途	特定防火対象物
(1)	イ	劇場、映画館、演芸場または観覧場	○
	ロ	公会堂または集会場	
(2)	イ	キャバレー、カフェー、ナイトクラブその他これらに類するもの	○
	ロ	遊技場またはダンスホール	
	ハ	風俗営業法2条5項に規定する性風俗関連特殊営業を営む店舗（ニ並びに(1)項イ、(4)項、(5)項イ、(9)項イを除く）その他これらに類するものとして総務省令で定めるもの	
	ニ	カラオケボックスその他遊興のための設備または物品を個室（これに類する施設を含む）において客に利用させる役務を提供する業務を営む店舗で総務省令で定めるもの	
(3)	イ	待合、料理店その他これらに類するもの	○
	ロ	飲食店	
(4)		百貨店、マーケットその他の物品販売業を営む店舗または展示場	○
(5)	イ	旅館、ホテルまたは宿泊所	○
	ロ	寄宿舎、下宿または共同住宅	―
(6)	イ	(1)病院のうち特定診療科名を有し療養病床または一般病床を有するもの、(2)診療所のうち特定診療科名を有し4人以上の入院施設を有するもの、(3)(1)以外の病院または(2)以外の診療所で入院施設を有するもの、(4)入院施設を有しない診療所または助産所	○
	ロ	(1)老人短期入所施設、特別養護老人ホーム、避難が困難な要介護者を主として入居させる軽費老人ホーム・有料老人ホーム、介護老人保健施設など(2)救護施設、(3)乳児院、(4)障害児入所施設、(5)障害者支援施設（主として避難が困難な障害者等を入所させるもの）など	
	ハ	(1)老人デイサービスセンター、軽費老人ホーム（ロ(1)除く）、老人福祉センター、老人介護支援センター、有料老人ホーム（ロ(1)除く）など、(2)更正施設、(3)助産施設、保育所、児童養護施設、児童自立支援施設、児童家庭支援センターなど、(4)児童発達支援センター、情緒障害児短期治療施設など、(5)身体障害者福祉センター、障害者支援施設（ロ(5)除く）、地域活動支援センター、福祉ホームなど	
	ニ	幼稚園、特別支援学校	
(7)		小学校、中学校、高等学校、中等教育学校、高等専門学校、大学、専修学校、各種学校その他これらに類するもの	―
(8)		図書館、博物館、美術館その他これらに類するもの	―
(9)	イ	公衆浴場のうち、蒸気浴場、熱気浴場その他これらに類するもの	○
	ロ	イに掲げる公衆浴場以外の公衆浴場	―

3）主用途と従属用途

結婚式場がホテルに併設される場合や、売店が映画館に併設される場合などは、主用途と従属用途の関係として単一用途とみなすことができる。消防庁の旧通達により、次のいずれかを満足する場合は、単一用途とみなす。

①主用途とそれ以外の用途部分の管理者が同一で、利用者が同一または密接で、利用時間がほぼ同一である場合。

②主用途の床面積が延べ面積の 90％以上あり、かつ、それ以外の部分の床面積の合計が 300m² 未満である場合。

4）地下街と準地下街

表 6・4 の(16の2)項の地下街とは、地下の工作物内に設けられた店舗や事務所などで、連続して地下道に面して設けられたものと、その地下道の部分を合わせたものをいう。この地下街にある(1)～(16)項の防火対象物は、この(16の2)項の防火対象物として各規制を受ける。

また、表 6・4 の(16の3)項の防火対象物は、建築物の地階が連続して地下道に面して設けられたものと、その地下道の部分を合わせたものをいう（ただし、この地階に後述する劇場、飲食店、百貨店などの特定防火対象物を含むものに限る）。(16の3)項の防火対象物は、一般に、準地下街と呼ばれる。この準地下街にある(1)～(16)項の防火対象物は、その各項の防火対象物であると同時に、(16の3)項の防火対象物でもあるものとして、二重の規制を受ける。

5）特定防火対象物

防火対象物のうち、多数者が出入りするものとして政令で定めるものを特定防火対象物という。具体的には、表 6・3 および表 6・4 の右欄に○印を付けた用途のものになる。

表 6・4　防火対象物の分類 (2)（消防令別表第 1 による）

項		防火対象物の用途	特定防火対象物
(10)		車両の停車場または船舶若しくは航空機の発着場（旅客の乗降または待合の用に供するものに限る）	―
(11)		神社、寺院、教会その他これに類するもの	―
(12)	イ	工場または作業場	―
	ロ	映画スタジオまたはテレビスタジオ	
(13)	イ	自動車車庫または駐車場	―
	ロ	飛行機または回転翼航空機の格納庫	
(14)		倉庫	―
(15)		前各項に該当しない事業場	―
(16)	イ	複合用途防火対象物のうち、その一部が(1)項から(4)項まで、(5)項イ、(6)項または(9)項イに掲げる防火対象物の用途に供されているもの	○
	ロ	イに掲げる複合用途防火対象物以外の複合用途防火対象物	―
(16の2)		地下街（地下の工作物内に設けられた店舗、事務所その他これらに類する施設で連続して地下道に面して設けられたものと当該地下道とを合わせたものをいう）（消防法 8 条の2）	○
(16の3)		建築物の地階（(16の2) 項に掲げるものの各階を除く）で連続して地下道に面して設けられたものと当該地下道とを合わせたもの（(1)項から(4)項、(5)項イ、(6)項または(9)項イに掲げる防火対象物の用途に供される部分が存するものに限る）〔準地下街〕	○
(17)		文化財保護法の規定によって重要文化財、重要有形民俗文化財、史跡若しくは重要な文化財として指定され、または旧重要美術品等の保存に関する法律の規定によって重要美術品として認定された建造物	―
(18)		延長 50m 以上のアーケード	

表 6・5　無窓階（消防令 10 条 1 項五号）

階	無窓階の定義
10 階以下	直径 1m 以上の円が内接できる開口部または、幅 75cm 以上高さ 1.2m 以上の開口部が 2 以上なく、かつ、それらの開口部面積の合計が当該階床面積の 1/30 以下
11 階以上	直径 50cm 以上の円が内接できる開口部の面積の合計が当該階床面積の 1/30 以下

3 防火対象物に設置する消防用設備（消法17条、消令10条〜29条の3）

1）適用単位

設置および維持すべき消防用設備の種類は、防火対象物の用途と規模に応じて定められている。また、この適用は敷地ごとではなく、棟ごとになされる。ただし、各棟が渡り廊下や地下連絡路などで接続されている場合は、原則としてこれらを一棟とみなす。逆に一棟の内部で、開口部のない耐火構造の床や壁で区画されている場合（消令8条）や、複合用途防火対象物の各用途部分（消令9条）は、一般に、それぞれ別の防火対象物とみなす。

建築物の地上階のうち、避難上または消火活動上有効な開口部のない階を無窓階といい（表6・5）、地階と同様に一般部分より規制の適用が厳しくなる。

2）消防用設備の設置基準

設置すべき消防用設備としては、消火設備（消火器具、屋内消火栓設備、スプリンクラー設備、水噴霧消火設備などの特殊な防火設備、屋外消火栓設備、動力消防ポンプ設備）、警報装置（自動火災報知設備、ガス漏れ警報設備）、避難設備（避難器具、誘導灯）、消防用水、排煙設備、連結散水設備、連結送水管などがあり、消令10条から消令29条の3に設置すべき防火対象物と設備の技術的基準が記されている。その中の主なものを次に示す。

ⓐ屋内消火栓設備 　建築物在住者による初期消火のための設備で、消火栓箱から1号消火栓は半径25m、2号消火栓は半径15m以内に、各階の床がすべて含まれるようにする。屋内消火栓設備を設置すべき防火対象物を表6・6に示す。

表6・6 屋内消火栓設備を設置する防火対象物

消令別表第1の項	延べ面積	地階、無窓階、4階以上の階の床面積
(1)	500m² 以上	100m² 以上
(2)〜(10)、(12)、(14)	700m² 以上	150m² 以上
(11)、(15)	1000m² 以上	200m² 以上
(16の2)	150m² 以上	—

注1　主要構造部を耐火構造とし、内装を難燃材料以上としたものはこの数値の3倍、主要構造部を耐火構造としたもの、または、主要構造部を準耐火構造（同等を含む）とし内装を難燃材料としたものは、この数値の2倍とする。
注2　指定可燃物を一定量以上扱う防火対象物にも設置する（消令11条1項五号）。
注3　スプリンクラー設備などの設置により、設置が免除される（消令11条4項）。

表6・8 スプリンクラーヘッドの間隔

防火対象物の種類		各部からヘッドまでの距離 (R)	ヘッドの間隔 (A)
劇場などの舞台部		1.7m	2.4m
指定可燃物を貯蔵・取り扱う施設		1.7m *1	2.4m
特定防火対象物 消防令別表第1(16)項イの複合用途防火対象物 11階以上の階	耐火建築物以外	2.1m *2	2.96m
	耐火建築物	2.3m *3	3.25m

注1　高感度型ヘッドを用いる場合、*1は1.9m、*2は2.3m、*3は2.6mとなり、ヘッドの間隔はそれに応じて増加する。
注2　ラック式倉庫、地下街、準地下街は、総務省令による。

表6・7 屋外消火栓設備を設置する防火対象物

建築物の耐火性	1、2階の床面積の合計
耐火建築物	9000m² 以上
準耐火建築物	6000m² 以上
その他	3000m² 以上

注1　同一敷地内に2以上の建築物（耐火建築物、準耐火建築物を除く）があり、その相互の1階の外壁間の中心線から、1階3m、2階5m以下の部分があるとき、これらの建築物は一つの建築物とみなす。
注2　スプリンクラー設備などの設置により、設置が免除される（消令11条4項）。

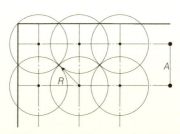

図6・4　スプリンクラーヘッドの配置

- ⓑ **屋外消火栓設備**　屋外から建築物の1、2階の初期消火を行うための設備で、消火栓から半径40m以内に1、2階の床がすべて含まれるようにする。屋外消火栓設備を設置すべき防火対象物を表6・7に示す。
- ⓒ **スプリンクラー設備**　火災を自動感知して天井面から散水する装置で、散水ヘッドの間隔は、図6・4、表6・8のように定められている。スプリンクラー設備を設置すべき防火対象物を表6・9に示す。
- ⓓ **特殊消火設備**　水噴霧、泡、二酸化炭素、ハロゲン化物、粉末消火設備を一般に特殊消火設備といい、飛行機格納庫、自動車修理場や駐車場、通信機器室、可燃物の貯蔵室などに設置する。
- ⓔ **連結散水設備**　消防ポンプ車の送水により、建築物の地階部分にスプリンクラーと同様に散水する装置である。地階の床面積の合計が700m²以上の防火対象物に設置する。
- ⓕ **連結送水管**　高層建築物などにあらかじめ送水管を設置し、消防ポンプ車の送水により消火活動が行えるようにした設備で、送水口は、サイアミーズコネクションとも呼ばれる。連結送水管を設置すべき防火対象物を表6・10に示す。
- ⓖ **誘導灯**　誘導灯および誘導標識の設置対象を表6・11に示す。

4 消防用設備の適用除外と遡及適用（消法17条の2の5）

消防用設備の設置義務は、法改正によって厳しくなることがある。法改正前から存在する建築物や、その時点で工事中の建築物には、原則的には設備の更新義務はなく、適用除外となる。しかし、次のような場合には、改正法による設備の設置と維持の義務が生じる。これを遡及適用という。

①消防用設備のうち、消火器、自動火災報知設備、避難器具、誘導灯など（消令34条）は、あらゆる防火対象物に遡及適用される。

②特定防火対象物には、すべての消防用設備の設置義務が遡及適用される。

表6・9　スプリンクラー設備を設置する防火対象物

防火対象物	設置すべき部分とその規模
消令別表第1（表6・3）の(6)項イ(1)・(2)、(6)項ロ(1)・(3)の防火対象物	・総務省令で定める延焼抑制機能を備える設備を有しないもの
消令別表第1（表6・3）の(6)項ロ(2)・(4)・(5)の防火対象物	・総務省令で定める延焼抑制機能を備える設備を有しないもの（ただし、介助がなければ避難困難な者を主として入居させるもの以外は延べ面積275m²以上に限る）
消令別表第1（表6・3）の(1)項の防火対象物（劇場など）	・舞台部（大道具室、小道具室を含む）の床面積が500m²（地階、無窓階、4階以上の階にあるときは300m²）以上の舞台部分
特定防火対象物* （消令別表第1（表6・3）の(1)項〜(4)項、(5)項イ、(6)項、(9)項イの防火対象物）	・地階を除く階数が11階以上のもののすべての階 ・平屋建を除き、延べ面積6000m²（物品販売店舗、病院、入院施設を有する診療所は3000m²）以上のすべての階 ・地階、無窓階で床面積1000m²の階 ・4〜10階で床面積1500m²の階（ただし、(2)、(4)項は1000m²の階）
地下街（消令別表第1（表6・4）の(16の2)項）	・延べ面積1000m² ・(6)項イ(1)・(2)、ロの防火対象物で総務省令で定める延焼抑制機能を備える設備を有しないもの
準地下街（消令別表第1（表6・4）の(16の3)項）	・延べ面積1000m²以上、かつ、特定防火対象物が500m²以上含まれる
複合用途防火対象物（消令別表第1（表6・4）の(16)項イ）	・地階を除く階数が11階以上のもののすべての階 ・特定防火対象物が3000m²以上のもののうち、当該特定用途が含まれる階 ・特定防火対象物が存する階（地階、無窓階は1000m²以上の階、4〜10階は床面積1500m²以上の階（ただし、(2)、(4)項は1000m²以上の階））
ラック式倉庫	・天井の高さが10mを超え、かつ延べ面積700m²以上
すべての防火対象物	・11階以上の階 ・指定数量の1000倍以上の指定可燃物を扱うもののすべての階

* 多数者が出入りするものとして政令で定める防火対象物で、消防用設備の設置義務が改正された場合に、遡って適用される。

表6・10　連結送水管を設置する防火対象物

- 地上7階以上の防火対象物
- 地上5階または6階で、延べ面積が6000m²の防火対象物
- 延べ面積が1000m²の地下街
- 延長50m以上のアーケード
- 道路の用に供される部分を有する防火対象物

表6・11　誘導灯・誘導標識を設置する防火対象物

避難口誘導灯、通路誘導灯	特定防火対象物の各階
	その他の防火対象物の地階、無窓階、11回以上の階
客席誘導灯	法令別表(1)項、(16)項イおよび(16の2)項内にある(1)項の用途部分
誘導標識	法令別表(1)〜(16)項の防火対象物

6・3 バリアフリー法

1 バリアフリー法の概要

「高齢者、障害者等の移動等の円滑化の促進に関する法律」は、一般にバリアフリー法と呼ばれる。この法律は、従前のハートビル法と交通バリアフリー法を統合させたもので、公共交通機関の施設、道路、公園、建築物について、高齢者や障害者、その他日常生活または社会生活に身体の機能上の制限を受ける人々の移動上または施設利用上の利便性および安全性の向上を図り、これによって公共の福祉の増進を図ることを目的としている。

2 特定建築物・特別特定建築物と建築物特定施設

1) 特定建築物・特別特定建築物（バリアフリー法2条、同令4条、5条）

特定建築物には、学校、病院、劇場、観覧場、集会場、展示場、百貨店、ホテル、事務所、共同住宅、老人ホーム、老人福祉センター、体育館、博物館、公衆浴場、飲食店、郵便局、銀行などのサービス業を営む店舗、工場、車両の停車場などの建築物で旅客の乗降または待合の用に供するもの、自動車の駐車施設、公衆便所、公共用歩廊などがあり、バリアフリー令4条で定められている。これらのうち、公立小中学校、特別支援学校のほか、不特定多数者が利用するものや主として高齢者・障害者

表6・12　建築物特定施設の基準（バリアフリー令6条、11条〜23条、H18省令114号）

特定施設	建築物移動等円滑化基準	建築物移動等円滑化誘導基準
出入口	①移動等円滑化経路[*1]にあるものの幅は80cm以上とし、戸を設ける場合は自動開閉など容易に開閉・通過できる構造とする。	①幅は90cm以上とする。 ②直接地上に通ずるもののうち1以上は幅120cm以上とし、戸を設ける場合は自動的に開閉する構造とする。
廊下等	①階段または傾斜路の上端に近接する部分には、原則として点状ブロック等を敷設する。 ②移動等円滑化経路にあるものの幅は120cm以上とし、50m以内ごとに車いすの転回に支障がない場所を設ける。	①幅は180cm（50m以内ごとに車いすのすれ違いに支障がない場所を設ける場合は140cm）以上とする。 ②階段または傾斜路の上端に近接する部分には、原則として点状ブロック等を敷設する。 ③視覚障害者が利用する廊下等には、原則として突出物を設けない。 ④休憩の用に供する設備を適切な位置に設ける。
階段	①踊場を除き、手すりを設ける。 ②踏面端部と周囲との明度さなどを大きくし、段を容易に識別できるようにする。 ③段がある部分の上端に近接する踊場の部分には、原則として点状ブロック等を敷設する。 ④主たる階段は、原則として回り階段としない。	①幅は140cm以上とする（手すりの幅は10cmを限度としてないものと見なせる）。 ②けあげは16cm以下、踏面は30cm以上とする。 ③踊場を除き、両側に手すりを設ける。 ④段がある部分の上端に近接する踊場の部分には、原則として点状ブロック等を敷設する。 ⑤主たる階段は、回り階段としない。
傾斜路	①勾配1/12を超えるかまたは高さが16cmを超える部分には、手すりを設ける。 ②傾斜がある部分の上端に近接する踊場の部分には、原則として点状ブロック等を敷設する。 ③移動等円滑化経路にあるものの幅は120cm（階段と併設するものは90cm）以上とする。また、勾配は1/12（高さが16cm以下のものは1/8）以下とし、高さ75cm以内ごとに踏幅150cm以上の踊場を設ける。	①幅は150cm（階段と併設するものは120cm）以上とする。 ②勾配は1/12以下とし、高さ75cm以内ごとに踏幅150cm以上の踊場を設ける。 ③高さが16cmを超える場合は、両側に手すりを設ける。 ④傾斜がある部分の上端に近接する踊場の部分には、原則として点状ブロック等を敷設する。
昇降機	①移動等円滑化経路にあるもののかごおよび昇降路の出入口の幅は80cm以上、かごの奥行きは135cm以上、乗降ロビーの幅と奥行きは150cm以上とする。 ②不特定多数者が利用する建築物の移動等円滑化経路にあるもののかごの幅は140cm以上とし、車いすの回転に支障がない構造とする。 ③移動等円滑化経路にある不特定多数者または主として視覚障害者が利用する昇降機には、戸の閉鎖や昇降方向を知らせる音声装置を設ける。	①かごおよび昇降路の出入口の幅は80cm以上、かごの奥行きは135cm以上、乗降ロビーの幅と奥行きは150cm以上とする。 ②多数者が利用する居室や車いす使用者用の諸室のある階に設置が義務づけられたもののかごの幅は140cm以上とし、車いすの回転に支障がない構造とする。 ③不特定多数者または主として視覚障害者が利用する昇降機には、戸の閉鎖や昇降方向を知らせる音声装置を設ける。
便所	①1以上の便所内に車いす使用者用便房を1以上設ける。 ②1以上の男子便所の男子用小便器のうち、1以上は床置式などとする。	①便所が設けられている階ごとに、1以上の便所に車いす使用者用便房を設ける。その便房数は、総数が200以下の場合は総数の1/50以上、総数が200を超える場合は総数の1/100＋2以上とする。 ②男子便所が設けられている階ごとに、1以上の便所に床置き式小便器を1以上設ける。
敷地内通路	①段および勾配が1/12を超えまたは高さ16cmを超えかつ勾配が1/20を超える傾斜部分には手すりを設ける。 ②移動等円滑化経路にあるものの通路幅は120cm以上とし、50m以内ごとに車いすの転回に支障がない場所を設ける。 ③移動等円滑化経路にあるものの傾斜路の幅は120cm（段と併設するものは90cm）以上とする。また、勾配は1/12（高さが16cm以下のものは1/8）以下とし、勾配が1/20を超える場合は高さ75cm以内ごとに踏み幅150cm以上の踊場を設ける。	①段がある部分の幅は140cm以上とし（両側に手すりを設けるが、手すりの幅は10cmを限度としてないものと見なせる）、けあげは16cm以下、踏面は30cm以上とする。 ②傾斜路の幅は150cm（段と併設するものは120cm）以上とし、勾配は1/15以下とする。勾配が1/20を超える場合は高さ75cm以内ごとに踏幅150cm以上の踊場を設ける。また、高さが16cmを超えかつ勾配が1/20を超える部分には、両側に手すりを設ける。 ③段がある部分および傾斜路を除き、幅は180cm以上とする。
駐車場	①車いす使用者用駐車施設を1以上設け、その幅は350cm以上とする。	①車いす使用者用駐車施設の数は、全駐車台数が200以下の場合はその1/50以上、全駐車台数が200を超える場合はその1/100＋2以上とする。
ホテル・旅館の客室	①客室数が50以上の場合、車いす使用者が円滑に利用できる客室を1以上設ける。	①車いす使用者が円滑に利用できる客室数は、客室数が200以下の場合はその1/50以上、客室数が200を超える場合はその1/100＋2以上とする。

* 道などから利用居室までの経路、利用居室から車いす使用者用便房までの経路、車いす使用者用駐車施設から利用居室までの経路のそれぞれについては、そのうちの1以上を高齢者・障害者等が円滑に利用できる経路（移動等円滑化経路）とする。この経路上には傾斜路や昇降機を併設する場合を除き、階段または段を設けてはならない。

が利用するものは、特別特定建築物として同令5条で定められている。

2）建築物特定施設（バリアフリー法2条、同令6条）

　建築物特定施設には、出入口、廊下その他これに類するもの、階段（踊場も含む）、傾斜路、昇降機、便所、駐車場、敷地内の通路、ホテル・旅館の客室、浴室またはシャワー室がある。

❸ 特別特定建築物の基準適合義務（バリアフリー法14条、15条）

　建築主は、特別特定建築物のうち2000m²（公衆便所は50m²）以上のものを建築（用途変更を含む）する場合、建築物移動等円滑化基準（バリアフリー令11条～23条、表6・12）に適合させなければならない。この規定の違反に対しては、所管行政庁（同法2条二十号）は是正を命ずることができる。

❹ 特定建築物の努力義務（バリアフリー法16条）

　前記以外の特定建築物を建築（用途変更を含む）・修繕・模様替しようとする者は、建築物移動等円滑化基準に適合させるよう努力しなければならない。この行為に対し所管行政庁は、設計・施工に係わる事項について指導、助言を行うことができる。

❺ 認定建築物（バリアフリー法17条、19条）

　特定建築物の建築（用途変更を含む）・修繕・模様替しようとする者は、これらの行為および維持保全の計画を作成し、所管行政庁の認定を申請することができる。この計画が建築物移動等円滑化誘導基準（表6・12）に適合する場合は、所管行政庁は認定をすることができる。認定を受けた建築物の建築物特定施設の床面積のうち通常の床面積を超える部分については、延べ面積の10分の1を限度として容積率算定床面積に算入しない。

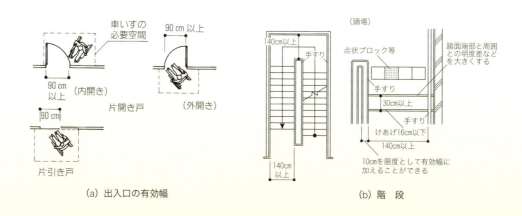

(a) 出入口の有効幅　　(b) 階段

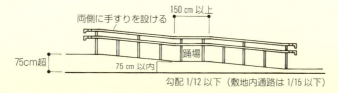

(c) 傾斜路（スロープ）

図6・5　建築物移動等円滑化誘導基準の例

6・4 住宅品質確保法

❶品確法の概要

　住宅は、完成して建築主に引き渡されるとき、壁や天井の内部は見えにくいので、建築主に約束された性能どおりのものとなっているかどうか、または、かくれた欠陥（瑕疵(かし)）がないかどうかがわかりにくい。そこで、この法律は、品質を確保し、建築主や買主の利益を保護するために制定された。法の正式名称は、「住宅の品質確保の促進等に関する法律」といい、一般に「品確法」と略称される。

　この法律に基づいて、国土交通大臣は、住宅の性能に関する表示基準および評価の制度を設けるとともに、住宅にかかわる紛争が起きた場合の紛争処理機関を指定する。性能評価や紛争処理に関する概要は、図6・6のようになる。また、この法律によって、新築住宅の請負契約または売買契約における瑕疵担保責任*の範囲と期間を明確にしている。

❷住宅の性能表示基準と性能評価（品確法3条、5条～6条、58条）

　国土交通大臣は、住宅の性能に関する表示の適正化を図るため、共通のルールとして表6・13に示す「日本住宅性能表示基準」を定め、また、これに従って検査および評価を行うための「評価方法基準」を定める。ただし、特別の建築材料や構造方法を用いる場合は、国土交通大臣の認定により、特別な評価方法に代えることができる。

　住宅の性能表示基準と評価基準に従ってなされる「住宅性能評価」は、国土交通大臣の登録を受けた「登録住宅性能評価機関」が建築主や設計者などの申請によって行い、「住宅性能評価書」を交付する。この評価書には、設計段階のものと建設された段階のものがあり、それぞれ「設計住宅性能評価

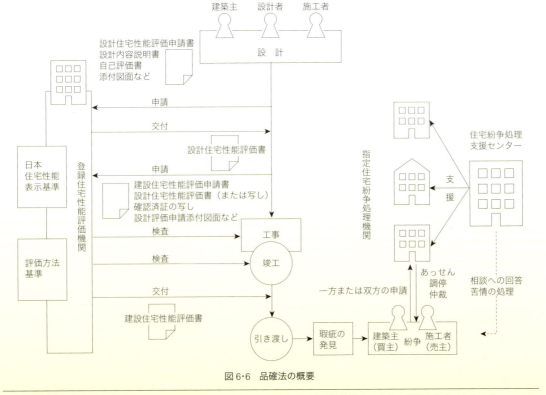

図6・6　品確法の概要

---
*　瑕疵担保責任とは、引き渡された住宅に瑕疵があった場合、その部分の修理や賠償金の支払い義務を負うことをいう。

書」、「建設住宅性能評価書」という。この設計住宅性能評価書を住宅の建設工事の請負人が請負契約書に添付した場合は、その性能を有する住宅の建設工事を行うことを契約したものとみなす。また、住宅の売主が、建設住宅性能評価書を売買契約書に添付した場合も同様に、その性能を有する住宅を引き渡すことを契約したものとみなす。

❸ 紛争処理体制の整備（品確法66条、67条、82条、83条）

国土交通大臣は、紛争処理の業務を公正かつ適格に行うことができる者を「指定住宅紛争処理機関」として指定する。この機関は、建設住宅性能評価書が交付された住宅に関して紛争が起きた場合に、あっせんや調停などを行う。また、国土交通大臣は、紛争処理機関の業務の支援のために、全国に一つだけ「住宅紛争処理支援センター」を指定することができる。

❹ 瑕疵担保責任（品確法94条～97条）

住宅の工事の請負人または売主は、住宅の「構造耐力上主要な部分」または「雨水の浸入を防止する部分」の瑕疵について補修、損害賠償、代金減額などの民法上の責任を負う。この瑕疵担保期間は、新築住宅の工事の請負契約においては、請負人が建築主に引き渡したときから10年間、売買契約においては売主が買主に引き渡したときから10年間とする。

この規定に反する特約で、建築主または買主に不利なものは無効となる。また、その他の瑕疵も含め、瑕疵担保期間は20年を限度に伸ばすことができる。

表6・13 日本住宅性能表示基準の評価項目

評価項目		表示事項
(1)	構造の安定	耐震等級（倒壊防止と損傷防止）、免震建物であるか否かの表示、耐風等級、耐雪等級、地盤または杭の支持力など、基礎の構造方法など
(2)	火災時の安全	感知警報装置設置等級（自住戸火災、他住戸等火災）、避難安全対策、脱出対策、耐火等級（延焼のおそれのある部分の開口部とそれ以外、界壁および界床）
(3)	劣化の軽減	劣化対策等級
(4)	維持管理・更新への配慮	維持管理対策等級（専用配管、共用配管）、更新対策（共用排水管、住戸専用部）
(5)	温熱環境・エネルギー消費量	断熱等性能等級、一次エネルギー消費量等級
(6)	空気環境	ホルムアルデヒド対策（内装および天井裏等）、換気対策、室内空気中の化学物質の濃度など
(7)	光・視環境	単純開口率、方位別開口比
(8)	音環境	重量床衝撃音対策、軽量床衝撃音対策、透過損失等級（界壁、外壁開口部）
(9)	高齢者への配慮	高齢者等配慮対策等級（専用部分、共用部分）
(10)	防犯	開口部の侵入防止対策

注1 既存住宅については、評価項目に「現状検査により認められる劣化等の状況」が加わり、(6)空気環境の表示事項に「石綿含有建材の有無」「室内空気中の石綿の粉じん濃度など」が加わる。
注2 既存住宅については、(3)、(5)、(8)の評価項目と(6)のホルムアルデヒド対策が除外される。

6・5 耐震改修促進法

❶耐震改修促進法の目的

「建築物の耐震改修の促進に関する法律」は、一般に耐震改修促進法と呼ばれる。この法律は、阪神・淡路大震災（図1・6、p.12）により、現行の建築基準法の耐震基準に適合しない既存の建築物が多数倒壊し、多くの人命が失われたことをふまえ、1995年に制定された。この法律は、地震による建築物の倒壊や破損などの被害を未然に防ぐことにより、国民の生命や財産を保護するため、なるべく早く現行の耐震基準に適合しない既存の建築物の耐震改修（除却を含む）を促進し、建築物の地震に対する安全性の向上を図ることを目的としている。

❷基本方針と耐震改修促進計画（耐促法4条～6条）

国土交通大臣は、耐震診断および耐震改修の促進を図るため、技術上の指針などを含む「基本方針」を定める。都道府県は、基本方針に基づき「都道府県耐震改修促進計画」を定め、市町村は、これに基づき「市町村耐震改修促進計画」を定める。

❸要安全確認計画記載建築物（耐促法7条、11条、12条）

病院、官公署など大地震時に公益上必要な建築物、または大地震時に倒壊すると主要道路の通行妨害となる建築物で、地震に対する安全性が不明な建築物として都道府県または市町村の耐震改修促進計画に記載された建築物の所有者は、耐震診断の義務を負い、耐震改修に努めなければならない。

都道府県知事または市町村長（所管行政庁）は、これらの要安全確認計画記載建築物に対して必要と認めるときは、耐震改修についての指導・助言・指示をすることができる。

❹特定既存耐震不適格建築物の所有者の努力（耐促法14条、耐促令6条、7条）

1）特定建築物の用途・規模

地震に対する安全性に係る建築基準法令に適合せず、建築基準法3条2項の適用を受けているもの（既存不適格建築物）のうち、次の①～③に示す建築物を特定既存耐震不適格建築物（以下、特定建築物）という。

①学校、体育館、病院、劇場、観覧場、集会場、展示場、百貨店、事務所、老人ホームなど、表6・14に示す用途・規模のもの。

表6・14 耐震改修の対象となる特定既存耐震不適格建築物

	特定建築物の用途	規模
(1)	体育館	床面積の合計≧1000m²
(2)	幼稚園、幼保連携型認定こども園、保育所	階数≧2 かつ 床面積の合計≧500m²
(3)	小学校、中学校、義務教育学校、中等教育学校の前期課程、特別支援学校	階数≧2 かつ 床面積の合計≧1000m²
(4)	老人ホーム、老人短期入所施設、福祉ホーム、老人福祉センター、児童厚生施設など	
(5)	上記以外の学校、病院、劇場、観覧場、集会場、展示場、百貨店、事務所	階数≧3 かつ 床面積の合計≧1000m²
(6)	運動施設、物品販売店舗、ホテル、賃貸共同住宅、図書館、公衆浴場、飲食店、工場など（耐促令6条一号～七号、十号～十八号に規定）	

表6・16 耐震改修計画に示す事項

- 建築物の位置
- 建築物の階数、延べ面積、構造方法および用途
- 建築物の耐震改修の事業の内容
- 建築物の耐震改修の事業に関する資金計画
- 建築物の建築面積および耐震改修の事業の実施時期

②火薬類、石油類などの危険物で、政令で定める数量以上のものの貯蔵場または処理場。
③地震によって倒壊した場合に道路の通行を妨げ、多数者の円滑な避難を困難とするおそれのある建築物。

2）所有者の努力

特定建築物の所有者は、当該特定建築物の耐震診断を行い、必要に応じて耐震改修を行うよう努めなければならない。

5 特定既存耐震不適格建築物の所有者への指導・助言・指示（耐促法 15 条、耐促令 8 条）

所管行政庁は、特定建築物の耐震診断および耐震改修の的確な実施を確保するため、特定建築物の所有者に対し、技術上の指針を勘案して必要な指導および助言をすることができる。さらに所管行政庁は、次の①～④に示す特定建築物のうち、政令で定める用途・規模のものについて必要な耐震診断または耐震改修が行われていないと認めるときは、その所有者に対し、指針に基づいて必要な指示をすることができる。

①病院・劇場・集会場・百貨店など、表 6・15 に示す不特定多数者が利用するもの。
②小学校、老人ホームなど、表 6・15 に示す避難上特に配慮を要する者が主として利用するもの。
③火薬類、石油類などの危険物で、政令で定める数量以上のものの貯蔵場または処理場のうち床面積の合計が 500m² 以上のもの。
④ **4** 1）③の建築物

6 計画の認定（耐促法 17 条）

建築物の耐震改修をしようとする者は、耐震改修の計画を作成し、所管行政庁の認定を申請することができる。計画には、表 6・16（p.162）に示す事項を記載しなければならない。耐震改修を行う場合、耐震規定以外にも既存不適格部分をもち、改修後にその不適格部分が残ることは許される。

所管行政庁は、計画が国土交通大臣の定める基準（H18 告示第 185 号）に適合すると認めるときは、計画の認定をすることができる。この認定によって、建築確認があったものとみなされる。

表 6・15　所管行政庁が指針を勘案して、必要な指示を行うことができる特定既存耐震不適格建築物（耐促令 8 条）

特定建築物の用途			特定建築物の規模
不特定多数者が利用するもの	(1)	体育館（一般公共の用に供されるものに限る）、ボーリング場、スケート場、水泳場、その他これらに類する運動施設	(体育館は階数≧1)
	(2)	病院または診療所	床面積の合計 ≧ 2000m² （階数≧3）
	(3)	劇場、観覧場、映画館または演芸場	
	(4)	集会場または公会堂	
	(5)	展示場	
	(6)	百貨店、マーケット、その他の物品販売業を営む店舗	
	(7)	ホテルまたは旅館	
	(8)	老人福祉センター、児童厚生施設、身体障害者福祉センター、その他これらに類するもの	
	(9)	博物館、美術館、または図書館	
	(10)	遊技場	
	(11)	公衆浴場	
	(12)	飲食店、キャバレー、料理店、ナイトクラブ、ダンスホール、その他これらに類するもの	
	(13)	理髪店、質屋、貸衣装屋、銀行、その他これらに類するサービス業を営む店舗	
	(14)	車両の停車場または船舶若しくは航空機の発着場を構成する建築物で旅客の乗降または待合の用に供するもの	
	(15)	自動車車庫その他の自動車または自転車の停留または駐車のための施設で、一般公共の用に供されるもの	
	(16)	保健所、税務署、その他これらに類する公益上必要な建築物	
避難上配慮を要するもの	(17)	老人ホーム、老人短期入所施設、福祉ホーム、その他これらに類するもの	(階数≧2)
	(18)	小学校、中学校、義務教育学校、中等教育学校の前期課程、特別支援学校	階数≧2 かつ 床面積の合計 ≧ 1500m²
	(19)	幼稚園、幼保連携型認定こども園、保育所	階数≧2 かつ 床面積の合計≧ 750m²

6・6 建築士法

1 建築士法の概要

建築士法は1950年（昭和25年）に建築基準法が制定されると同時に制定された。この法律は、建築物の設計、工事監理などを行う技術者の資格を定めて、その業務の適正をはかり、これにより建築物の質の向上に寄与させることを目的としている。そのため、この法律は主に、建築士の免許とその試験、業務および建築士事務所の登録などを規定している。

2 建築士の種類

建築士とは、次に示すような一級建築士、二級建築士、木造建築士をいう。

1）一級建築士

一級建築士は、国土交通大臣の免許を受け、一級建築士の名称を用いて、設計・工事監理などの業務を行う者をいう。一級建築士として5年以上構造設計または設備設計の業務に従事し、登録講習機関の講習を受けた者、またはこれと同等以上の知識・技能を有する者は、構造設計一級建築士または設備設計一級建築士となることができる。

2）二級建築士と木造建築士

二級建築士は、都道府県知事の免許を受け、二級建築士の名称を用いて、設計・工事監理などの業務を行う者をいい、木造建築士は、都道府県知事の免許を受け、木造建築士の名称を用いて、設計・工事監理などの業務を行う者をいう。

3 建築士でなければできない設計・工事監理

建築物の設計または工事監理を行うことができる資格は表6・17のように定められている。

表6・17　建築士でなければできない設計監理

構造	木造				鉄筋コンクリート造、鉄骨造、石造、れんが造、コンクリートブロック造、無筋コンクリート造		
高さ 階数	高さ13m かつ軒高9m 以下[*1]			高さ13m または軒高9mを超えるもの[*2]	高さ13m 軒高9m 以下[*1]		高さ13m または軒高9mを超えるもの[*2]
延べ面積（増改築などはその面積）(m²)	階数1	階数2	階数3以上		階数2以下	階数3以上	
≦ 30	だれでもできる			一級建築士	だれでもできる		一級建築士
≦ 100	一級、二級、木造建築士				一級、二級建築士		
≦ 300							
≦ 500	一級、二級建築士						
≦ 1000							
1000 <							

注1）▨で示した規模の学校、病院、劇場、映画館、観覧場、公会堂、オーディトリアムのある集会場、百貨店については、一級建築士でなければできない。
超高層建築物または二次設計が必要な規模の建築物の確認申請書は、構造設計一級建築士が設計または確認した構造設計によらなければ受理されない。また、階数3以上かつ床面積の合計から5000m2を超える建築物の確認申請書は、設備設計一級建築士が設計または確認した設備設計によらなければ受理されない（建築基準法6条3項、士法20条の2、20条の3）。
注2）2025年4月の改正で、*1は高さ16m以下、*2は高さ16m超または地階を除く階数4以上となる。

4 建築士の業務の内容

　建築士は、設計・工事監理のほか、建築工事契約に関する事務、建築工事の指導監督、建築物に関する調査や鑑定、法令や条例に基づく手続きの代理等の業務を行うことができる。

　設計とは、その者の責任において設計図書を作成すること、工事監理とは、その者の責任において工事を設計図書と照合し、それが設計図書のとおりに実施されているかいないかを確認することをいう。建築士には、法規に定められた基準に適合するように設計し、また、設計図書どおりに施工されているかを監理することが義務づけられている。もし、工事が設計図書どおりに施工されていないときは、直ちに施工者に注意を与え、施工者が従わないときはその旨を建築主に報告しなければならない。

　建築士が設計を行った場合には、その設計図書に一級建築士、二級建築士または木造建築士であることの表示をし、記名しなければならない。また、設計図書を一部変更した場合にも同じようにする。そして工事監理が終了したときは直ちに国土交通省令の定めるところにより、その結果を建築主に対して文書で報告しければならない。

　なお、建築士が大規模な建築物などの建築設備の設計や工事監理を行う場合に、建築設備士の意見を聞いたときは、設計図書や工事監理報告書のいずれかにそのことを明らかにするよう定められている。

5 建築士事務所

　建築士または建築士を使用する者は、設計・工事監理などの業務を行い報酬を得ることを業とする場合、建築士事務所を定め、その所在地の都道府県知事の登録を受けなければならない（図6・7）。たとえ建築士の資格があっても登録を受けないで報酬を得ることは違反になる。登録は5年間有効で、継続する場合には更新の登録を受けなければならない。また、建築士事務所はそれぞれの事務所ごとに専任の建築士が管理しなければならない。

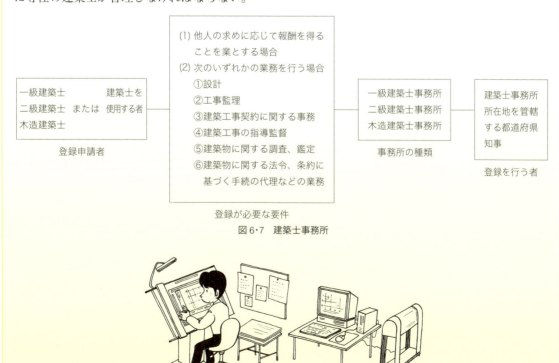

図6・7　建築士事務所

6・7 建設業法

❶建設業法の概要

建設業法は、建設業を営む者の資質の向上、建設工事の請負契約の適正化などを図ることによって、適正な施工を確保し、発注者を保護するとともに、建設業の健全な発達を促進することを目的としている。そのために業法では、建設業を営む者の基準を定め、基準に適合している者に許可を与え、有資格者だけが業務を遂行できるようにしている。

❷建設業の許可

1）許可の区分（業法3条）

建設業とは、元請・下請に関係なく建設工事を請け負う営業をいい、表6・18のような種類がある。建設業は、営業を行う区域および下請負金額などにより、次のように分類されている。

ⓐ営業所による許可区分　2以上の都道府県の区域内に営業所を設けて営業をしようとする場合は、国土交通大臣の許可、一つの都道府県の区域内にのみ営業所を設て営業しようとする場合は、都道府県知事の許可を受けなければならない。

ⓑ下請代金の額による区分　下請代金による区分は次のようになる。

ア）特定建設業　発注者から直接請け負う1件の建設工事について、その工事の全部または一部を、下請代金の額が4500万円（建築工事業では、7000万円）以上となる下請契約を結び施工する建設業。ただし、下請契約が2以上あるときは、その合計金額による。

イ）一般建設業　特定建設業以外の建設業をいう。

表6・18　建設業の種類

建設工事の種類	建設業の区分
①土木一式工事	土木工事業
②建築一式工事	建築工事業
③大工工事	大工工事業
④左官工事	左官工事業
⑤とび・土工・コンクリート工事	とび・土工工事業
⑥石工事	石工事業
⑦屋根工事	屋根工事業
⑧電気工事	電気工事業
⑨管工事	管工事業
⑩タイル・れんが・ブロック工事	タイル・れんが・ブロック工事業
⑪鋼構造物工事	鋼構造物工事業
⑫鉄筋工事	鉄筋工事業
⑬ほ装工事	ほ装工事業
⑭しゅんせつ工事	しゅんせつ工事業
⑮板金工事	板金工事業
⑯ガラス工事	ガラス工事業
⑰塗装工事	塗装工事業
⑱防水工事	防水工事業
⑲内装仕上工事	内装仕上工事業
⑳機械器具設置工事	機械器具設置工事業
㉑熱絶縁工事	熱絶縁工事業
㉒電気通信工事	電気通信工事業
㉓造園工事	造園工事業
㉔さく井工事	さく井工事業
㉕建具工事	建具工事業
㉖水道施設工事	水道施設工事業
㉗消防施設工事	消防施設工事業
㉘清掃施設工事	清掃施設工事業
㉙解体工事	解体工事業

2）許可を必要としないもの

次に該当する軽微な建設工事のみを請け負うことを営業とする者は、建設業の許可を必要としない。

① 建築一式工事における、工事1件の請負代金が1500万円未満の工事、または、延べ面積が150m²未満の木造住宅工事。

② 建築一式工事以外の工事における、工事1件の請負代金が500万円未満の工事。

3）許可の基準

一般建設業（業法7条）、特定建設業（業法15条）のそれぞれについて、建設業者の構成員や財産的基礎、営業所に置く専任者の資格などの許可の基準が定められている。

4）許可の有効期間

許可の有効期間は5年間とし、その後も継続するときは、更新が必要である。

❸ 建設工事の請負契約

1）請負契約の原則（業法18条）

建設工事の請負契約の当事者は、各々の対等な立場における合意に基づいて公正な契約を締結し、信義に従って誠実にこれを履行しなければならない。

2）請負契約の内容（業法19条）

請負契約の当事者は、表6・19に示す事項を書面に記載し、署名または記名押印して相互に交付しなければならない。契約内容を変更する場合は、変更の内容を記載し、署名または記名押印して相互に交付しなければならない。

表6・19　請負契約の内容

①工事内容
②請負代金の額
③工事着手の時期および工事完成の時期
④請負代金の全部、一部の前金払、出来形部分[*1]に対する支払を定めるときは、その時期および方法
⑤当事者の一方から設計変更、工事着手の延期、工事の全部または一部の中止の申出があった場合の工期の変更、請負代金の額の変更、損害の負担およびそれらの額の算定方法に関する定め
⑥天災その他不可抗力による工期の変更または損害の負担およびその額の算定方法に関する定め
⑦価格などの変動、変更による請負代金の額または工事内容の変更
⑧工事の施工により第三者が損害を受けた場合における賠償金の負担に関する定め
⑨注文者が工事に使用する資材を提供し、または建設機械その他の機械を貸与するときは、その内容および方法に関する定め
⑩注文者が工事の全部または一部の完成を確認するための検査の時期・方法、引渡しの時期
⑪工事完成後の請負代金の支払の時期および方法
⑫工事の目的物の瑕疵担保責任[*2]またはその履行に関する保証保険契約の締結などを定めるときは、その内容
⑬各当事者の履行の遅滞その他債務の不履行の場合における延滞利息、違約金その他の損害金
⑭契約に関する紛争の解決方法

＊1　工事によって施工された部分
＊2　工事に隠れた不具合があった場合に修繕・賠償などを行う責任

◢4◣ 主任技術者と監理技術者(業法26条)

建設業者は、設計図書に従って建設工事を適正に実施するために必要な専門の知識を有する技術者(表6・20)を置かなければならない。

1) 主任技術者

建設業者が、請負工事を施工するときに置く技術者をいい、工事現場における建設工事の施工の技術上の管理をつかさどる者である。

2) 監理技術者

特定建設業者が、発注者から直接建設工事を請負い、下請契約の額の合計が4500万円(建築工事業では7000万円)以上となる建築工事を施工するときに置く技術者をいい、工事現場における建設工事の施工の技術上の管理をつかさどる者である。

3) 専任の主任技術者・監理技術者

国、地方公共団体などが発注する工事や学校、図書館、百貨店、事務所など公共性のある施設や多数者が利用する施設の工事で、請負代金の額が4000万円(建築一式工事では8000万円)以上のものは、工事現場ごとに専任の主任技術者または監理技術者を置かなければならない。

表6・20 技術者の区分と資格

技術者の区分	資　格
主任技術者	①許可を受けようとする建設業にかかわる工事に関して指定学科を修め、高等学校卒業後5年以上、大学、短大、高等専門学校卒業後3年以上の実務経験を有する者 ②許可を受けようとする建設業にかかわる工事に関して10年以上の実務経験を有する者 ③国土交通大臣が①または②と同等以上の能力があると認定した者
監理技術者	①1級建築施工管理技士などの国家試験に合格した者 ②主任技術者になれる資格があり、許可を受けようとする建設業にかかわる工事に関して、発注者から直接請け負い、その請負代金の額が4500万円以上であるものに関し2年以上直接指導監督した実務経験を有する者 ③国土交通大臣が①および②と同等以上の能力があると認定した者

7章

実例の検討

7・1 木造2階建住宅

図7・1に示す条件の敷地に建つ木造2階建住宅について、平面図、立面図、断面図（図7・2～図7・5）を見ながら（　）内を埋め、法令の規定を満足しているかどうかを確認してみよう。解答は、右ページ（下線部）である。

1 集団規定関連事項

1）用途地域と建築物の用途（法48条、法別表第2）

用途地域は（　　）なので、この建築物の用途である（　　）は建築できる。

2）道路（法42条）

道路の種類は（　　）で、幅員は（　　）mなので、法42条1項の規定を満足している。また、敷地の接道は（　　）mであり、（　　）m以上という接道義務を満足している。

3）容積率と建ぺい率（法52条、法53条）

敷地面積は（　　）m^2、1階床面積は（　　）m^2、2階床面積は（　　）m^2、延べ面積は（　　）m^2、そのうち容積算定床面積は（　　）m^2、建築面積は（　　）m^2となる。従って、容積率は（　　）%、建ぺい率は（　　）%になる。

ここで、指定容積率は（　　）%、道路幅m員による容積率の限度は（　　）%なので、満足すべき容積率は（　　）%になる。また、建ぺい率の限度は（　　）%になる。従って、この建築物は、容積率、建ぺい率とも規定を満足している。

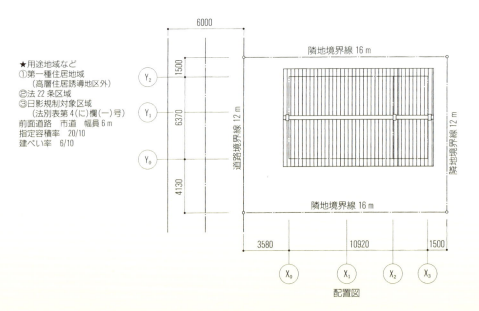

図7・1　配置図と敷地の条件

1 集団規定関連事項（解説）

1）用途地域と建築物の用途（法48条、法別表第2）

用途地域は第1種住居地域なので、この建築物の用途である住宅（専用住宅）は建築できる。

2）道路（法42条）

道路の種類は市道（道路法による道路）で、幅員は6mなので、法42条第1項の規定を満足している。また、敷地の接道は12mであり、2m以上という接道義務を満足している。

3）容積率と建ぺい率（法52条、法53条）

敷地面積は12m×16m＝192m²である。床面積については、図7・2のように計算すればよい。結果は、1階床面積は67.90m²、2階床面積は52.17m²、延べ面積は120.07m²となる。また、地下室も駐車場もないので、容積算定床面積は120.07m²になる。図7・2より、建築面積は69.56m²となる。従って容積率は、延べ面積を敷地面積で除して62.5％、建ぺい率は、建築面積を敷地面積で除して36.2％になる。

ここで、指定容積率は200％、道路幅員による容積率の限度は、道路幅員に4/10を乗じて240％になる。満足すべき容積率は、指定容積率と道路幅員による容積率の限度のうち小さい方の数値になるので、200％になる。また、建ぺい率の限度は、用途地域が第1種住居地域で、敷地が角地でなく、建築物が防火地域内の耐火建築物でもないので、60％になる。従って、この建築物は、容積率、建ぺい率とも規定を満足している。

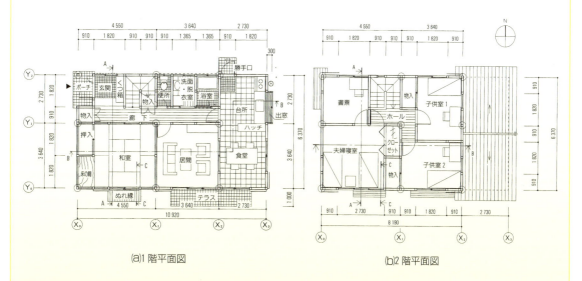

(a) 1階平面図　　　　(b) 2階平面図

◆床面積の計算
① 1階床面積　6.37×10.92−1.82×0.91＝67.90 m²
　（断面図（図7・5）により、出窓は、窓台の床からの高さが30cm以上、出幅が50cm以下、開口部分が出窓の見付面積の1/2以上なので、面積不算入）
② 2階床面積　6.37×8.19＝52.17 m²
③ 延べ面積　67.90＋52.17＝120.07 m²

◆建築面積の計算
　6.37×10.92＝69.56 m²

図7・2　1、2階平面図（出典：〈建築のテキスト〉編集委員会編『初めての建築製図』学芸出版社による）

4）道路斜線制限（法56条1項、法別表第3）

法別表第3 1項より、第一種住居地域で容積率の限度が（　　）％なので、適用距離は（　　）m、斜線勾配は（　　）になる。また、建築物のセットバック距離は（　　）mである。従って、図7・3により、この建築物は規制を満足している。

5）その他の形態制限

第1種住居地域なので、絶対高さの制限や、北側斜線制限はない。建築物の高さが（　　）mなので、明らかに隣地斜線制限の検討は不要であり、また、法別表第4(ろ)欄により、日影規制の対象建築物にも該当しない。

2 単体規定関連事項

1）構造と規模（法21条）

建築物の高さは（　　）m、軒高は（　　）m、延べ面積は（　　）m^2 であるから、法21条に抵触しない。従って、主要構造部を木造とすることができる。

2）屋根と外壁（法22条、法23条）

法22条区域なので、屋根は延焼防止の性能をもち、外壁の延焼のおそれのある部分を土塗り壁などの準防火性能をもつ構造としなければならない。屋根は（　　）、外壁は（　　）なので、これを満足している。

3）居室の採光（法28条、令19条2項）

1階の南面および東面の採光補正係数は、図7・4のようになる。また、各室の採光有効面積は、表7・1のとおり居室の床面積の（　　）を満足している。

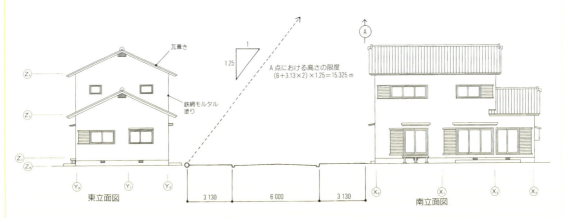

図7・3 立面図（『初めての建築製図』をもとに作図）

表7・1 有効採光面積

階	居室	床面積 A (m^2)	$A \times 1/7$ (m^2)	有効採光面積 L (m^2)
1階	和室	13.25	1.89	$1.7 \times 1.8 \times 3.0 = 9.18$
	居間	13.25	1.89	$2.61 \times 1.8 \times 3.0 = 14.09$
	食堂・台所	17.39	2.48	$1.7 \times 1.8 \times 3.0 + 1.7 \times 0.9 \times 2 = 12.51$
2階	子供室1	9.94	1.42	$1.7 \times 0.9 \times 2.92 + 0.79 \times 0.6 \times 3.0 = 5.88$
	子供室2	9.94	1.42	$1.7 \times 0.9 \times 3.0 + 0.79 \times 0.6 \times 3.0 = 6.01$
	夫婦寝室	13.25	1.89	$2.61 \times 0.9 \times 3.0 = 7.04$
	書斎	7.45	1.06	$1.7 \times 0.9 \times 2.92 = 4.46$

注　窓の幅は柱間から0.12mを減じた値とし、窓の内法高さは小さいものから順に0.6m、0.9m、1.8mとした。

4）道路斜線制限（法56条1項、法別表第3）

　法別表第3第1項より、第一種住居地域で容積率の限度が200％なので、適用距離は20m、斜線勾配は1.25になる。また、建築物のセットバック距離は3.58mである。従って、図7・3により、この建築物は規制を満足している。

5）その他の形態制限

　第一種住居地域なので、絶対高さの制限や、北側斜線制限はない。図7・5より建築物の高さが7.98mなので、明らかに隣地斜線制限の検討は不要であり、また、法別表第4(ろ)欄により、日影規制の対象建築物にもならない。

2 単体規定関連事項（解説）

1）構造と規模（法21条）

　建築物の高さは7.98m、軒高は6.2m、延べ面積は120.07m²であるから、法21条に抵触しない。従って、主要構造部を木造とすることができる。

2）屋根と外壁（法22条、法23条）

　法22条区域なので、屋根および外壁の延焼のおそれのある部分を、延焼防止の構造とする。図7・3より屋根は瓦葺き、外壁は鉄網モルタル塗りなので、これを満足している。

3）居室の採光（法28条、令19条2項）

　1階の南面および東面の採光補正係数は、図7・4のようになる。また、各室の採光有効面積は、表7・1のとおり居室の床面積の1/7を満足している。

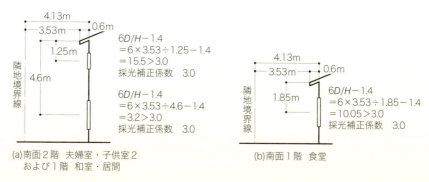

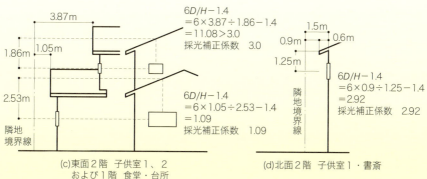

図7・4　採光補正係数の検討

4) 居室の換気、石綿・化学物質の飛散・発散に対する措置（法28条、法28条の2）

子供室東側の回転角45°以上のすべり出し窓の開口部有効率は（　）、居間と夫婦寝室南側の3枚引き窓の有効率は（　）、その他の開口部はすべて2枚の引き違い窓なので有効率は（　）となり、換気上有効な開口部面積は、表7・2に示すように、いずれも居室の床面積の（　）以上を満足している。なお、法28条の2に基づき、居室の建築材料の使用制限と換気設備の設置は義務づけられて（　）。

5) 居室の排煙（H12年告示1436号）

階数が（　）以下で、延べ面積が（　）m² 以下の住宅で、居室床面積の（　）以上の換気上有効な窓等を有するので、排煙設備は不要である。

6) 居室の天井高と床高（令21条、令22条）

居室の天井高はすべて（　）m であり、令21条の（　）m 以上を満足している。

1階の床高は（　）cm で、地盤面からの盛土を5cmとすると、直下の地面から床の上面まで（　）cm 以上を満足している。

7) 階段（令23条）

階段の幅は（　）cm ≧ 75cm、けあげは（　）cm ≦ 23cm、踏面は（　）cm ≧ 15cm、回り階段の部分の踏面は（　）cm ≧ 15cm であり、いずれも規制を満足している（図7・6）。

8) 調理室の換気設備（法28条3項、令20条の3）

住宅の延べ面積が（　）m² を超えるので、調理室には換気設備が必要である。

9) 調理室の内装制限

台所は2階建住宅の1階にあるので、内装制限の適用を（　）。

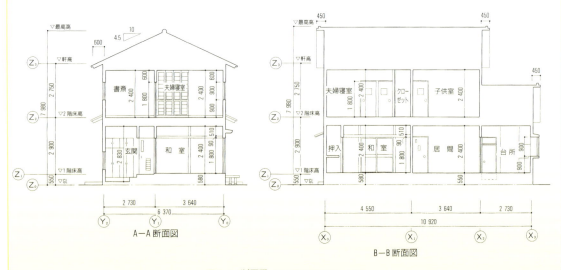

図7・5　断面図（『初めての建築製図』より）

4）居室の換気、石綿・化学物質の飛散・発散に対する措置（法 28 条、法 28 条の 2）

　子供室東側の回転角 45°以上のすべり出し窓の開口部有効率は 1、居間と夫婦寝室南側の 3 枚引き窓の有効率は 2/3、その他の開口部はすべて 2 枚の引き違い窓なので有効率は 1/2 となり、換気上有効な開口部面積は、表 7・2 に示すように、いずれも居室の床面積の 1/20 以上を満足している。なお、法 28 条の 2 に基づき、居室の建築材料の使用制限と換気設備の設置は義務づけられている。

5）居室の排煙（H12 年告示 1436 号）

　階数が 2 以下で、延べ面積が 200m² 以下の住宅で、居室床面積の 1/20 以上の換気上有効な窓などを有するので、排煙設備は不要である。

6）居室の天井高と床高（令 21 条、令 22 条）

　居室の天井高はすべて 2.4m であり、令 21 条の 2.1m 以上を満足している。

　1 階の床高は 55cm で、地盤面からの盛土を 5cm とすると、直下の地面から床の上面まで 45cm 以上を満足している。

7）階段（令 23 条）

　壁厚を 15cm とすると、階段の幅は 76cm、けあげは 290cm÷13 ≒ 22.3cm、踏面は 91cm÷4 ≒ 22.8cm、回り階段の部分の踏面は内側から 30cm の位置で 28cm であり、いずれも規制を満足している（図 7・6）。

8）調理室の換気設備（法 28 条 3 項、令 20 条の 3）

　住宅の延べ面積が 100m² を超えるので、調理室には換気設備が必要である。

9）調理室の内装制限

　台所は 2 階建住宅の 1 階にあるので、内装制限の適用を受ける。

表 7・2　有効換気面積

階	居室	床面積 A (m²)	$A \times 1/20$ (m²)	有効換気面積 L (m²)
1階	和室	13.25	0.663	1.7×1.8×1/2 = 1.53
1階	居間	13.25	0.663	2.61×1.8×2/3 = 3.13
1階	食堂・台所	17.39	0.870	(1.7×1.8 + 1.7×0.9×2) ×1/2 = 3.06
2階	子供室 1	9.94	0.479	1.7×0.9×7/2 + 0.79×0.6 = 1.24
2階	子供室 2	9.94	0.479	1.7×0.9×7/2 + 0.79×0.6 = 1.24
2階	夫婦寝室	13.25	0.663	2.61×0.9×2/3 = 1.57
2階	書斎	7.45	0.373	1.7×0.9×1/2 = 0.765

注　窓の幅は柱間から 0.12m を減じた値とし、窓の内法高さは小さいものから順に 0.6m、0.9m、1.8m とした。

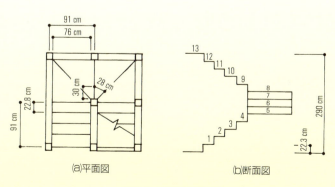

図 7・6　階段の各部寸法

10）軸組の検討

ⓐ 軸組の壁量　令46条4項表1より、外壁の倍率は（　　）、間仕切壁の倍率は（　　）である。軸組の長さにこの数値を乗じた長さの合計（壁量）は、1階梁間方向が（　　）m、1階桁行方向が（　　）m、2階梁間方向が（　　）m、2階桁行方向が（　　）mとなる。

ⓑ 地震力の検討　1階の床面積は（　　）m^2、2階の床面積は（　　）m^2である。令46条4項表2より、床面積に乗じる数値は、1階が（　　）、2階が（　　）になるので、地震力に対する軸組の必要長さは1階が（　　）m、2階が（　　）mになる。

ⓒ 風圧力の検討　梁間方向検討用見付面積は、1階が（　　）m^2、2階が（　　）m^2、桁行方向検討用見付面積は、1階が（　　）m^2、2階が（　　）m^2となる。風圧力に対する軸組の必要長さは風圧力計算用の見付面積に、令46条4項表3より、一般地域の数値（　　）を乗じて求め、1階梁間方向が（　　）m、1階桁行方向が（　　）m、2階梁間方向が（　　）m、2階桁行方向が（　　）mとなる。

ⓓ 壁量の検討　以上により、軸組の長さに軸組の種類に応じた倍率を乗じた数値の方が、地震力と風圧力による必要長さよりも大きいので、この建築物は必要な壁量を満足している。

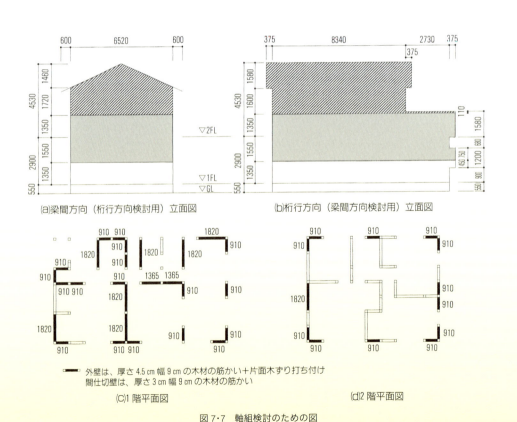

図7・7　軸組検討のための図

10) 軸組の検討

ⓐ 軸組の壁量　まず、令46条4項表1より、片面木ずり打ち付けの倍率は0.5、厚さ4.5cm幅9cmの木材の筋かいの倍率は2.0、厚さ3cm幅9cmの木材の筋かいの倍率は1.5であるから、外壁の倍率は2.5、間仕切壁の倍率は1.5である。平面図より求めた壁量は、1階梁間方向が32.76m、1階桁行方向が27.75m、2階梁間方向が18.20m、2階桁行方向が13.65mとなる。

ⓑ 地震力の検討　1階の床面積は67.90m^2、2階の床面積は52.17m^2である。令46条4項表2より、床面積に乗じる数値は、1階が33、2階が21になるので、地震力に対する軸組の必要長さは1階が22.41m、2階が10.96mになる。

ⓒ 風圧力の検討　風圧力計算の場合、梁間方向の軸組検討には桁行方向の見付面積を、桁行方向の軸組検討には梁間方向の見付面積を用いる。梁間方向検討用の見付面積は、1階が60.99m^2、2階が28.05m^2、桁行方向検討用の見付面積は、1階が34.89m^2、2階が15.98m^2となる。風圧力に対する軸組の必要長さは風圧力計算用の見付面積に、令46条4項表3より、一般地域の数値50を乗じて求め、1階梁間方向が30.50m、1階桁行方向が17.45m、2階梁間方向が14.03m、2階桁行方向が7.99mとなる。

ⓓ 壁量の検討　以上をまとめると、表7·3のようになる。軸組の壁量の方が、地震力と風圧力による必要長さよりも大きいので、この建築物は必要な壁量を満足している。

表7·3　軸組の壁量の検討

検討部分			軸組の長さ×倍率の合計		地震力に対する必要長さ		風圧力に対する必要長さ	
梁間方向の検討	1階	外　壁	5.46×2.5 ＝13.65	32.76m	67.90×33 ＝2240.7cm	22.41m	60.99×50 ＝3049.5cm	30.50m
		間仕切壁	12.74×1.5 ＝19.11					
	2階	外　壁	7.28×2.5 ＝18.20	18.20m	52.17×21 ＝1095.57cm	10.96m	28.05×50 ＝1402.5cm	14.03m
桁行方向の検討	1階	外　壁	7.28×2.5 ＝18.20	27.75m	67.90×33 ＝2240.7cm	22.41m	34.89×50 ＝1744.5cm	17.45m
		間仕切壁	6.37×1.5 ＝9.555					
	2階	外　壁	5.46×2.5 ＝13.65	13.65m	52.17×21 ＝1095.57cm	10.96m	15.98×50 ＝799cm	7.99m

❺側端部分の軸組の配置　　側端部分は、図7・8の部分である。側端部分の存在壁量、壁量充足率、壁率比について、図7・9の順に従って検討する。

ア）側端部分の存在壁量　側端部分のそれぞれについて、存在壁量（軸組の長さとその倍率の積）は次のようになる。

　　1階　　梁間（西）（　　　　　　　　　　）＝（　　　）m
　　　　　　梁間（東）（　　　　　　　　　　）＝（　　　）m
　　　　　　桁行（北）（　　　　　　　　　　）＝（　　　）m
　　　　　　桁行（南）（　　　　　　　　　　）＝（　　　）m
　　2階　　梁間（西）（　　　　　　　　　　）＝（　　　）m
　　　　　　梁間（東）（　　　　　　　　　　）＝（　　　）m
　　　　　　桁行（北）（　　　　　　　　　　）＝（　　　）m
　　　　　　桁行（南）（　　　　　　　　　　）＝（　　　）m

イ）必要壁量　各側端部分の必要壁量は、各部床面積に令46条表2の数値を乗じて求める。

　　1階　　梁間（西、東）（　　　　　　　　）＝（　　　）cm＝（　　　）m
　　　　　　桁行（北、南）（　　　　　　　　）＝（　　　）cm＝（　　　）m
　　2階　　梁間（西、東）（　　　　　　　　）＝（　　　）cm＝（　　　）m
　　　　　　桁行（北、南）（　　　　　　　　）＝（　　　）cm＝（　　　）m

ウ）壁量充足率と壁率比　壁量充足率を求めると、表7・4のようになる。壁量充足率がいずれも（　　）を超えるので、壁率比の検討は必要（　　）。

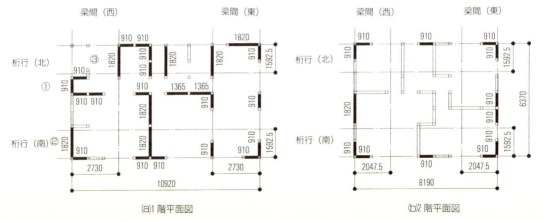

図7・8　側端部分の検討

❺ 側端分の軸組の配置　側端部分は、端部から壁の長さの1/4までの部分をいい、図7・8に示す部分になる。側端部分の存在壁量、壁量充足率、壁率比について検討する。

ア）側端部分の存在壁量　側端部分のそれぞれについて、存在壁量（軸組の長さとその倍率の積）は次のようになる。

1階　梁間（西）　$(0.91 + 1.82) \times 2.5 + 1.82 \times 1.5 = 9.555$m
　　　梁間（東）　$(0.91 + 0.91 + 0.91) \times 2.5 + (0.91 + 0.91 + 1.82) \times 1.5 = 12.285$m
　　　桁行（北）　$(0.91 + 0.91 + 1.82) \times 2.5 = 9.1$m
　　　桁行（南）　$(0.91 + 0.91 + 0.91 + 0.91) \times 2.5 = 9.1$m
2階　梁間（西、東）　$(0.91 + 1.82 + 0.91) \times 2.5 = 9.1$m
　　　桁行（北、南）　$(0.91 + 0.91 + 0.91) \times 2.5 = 6.825$m

イ）必要壁量　各側端部分の必要壁量は、各部床面積に令46条表2の数値を乗じて求める。このとき1階梁間（東）は、2階部分が側端部に掛かるので、2階建の1階とする。

1階　梁間（西、東）　$2.73 \times 6.37 \times 33 = 573.87$cm $= 5.74$m
　　　桁行（北、南）　$1.5925 \times 10.29 \times 33 = 573.87$cm $= 5.741$m
2階　梁間（西、東）　$2.0475 \times 3.37 \times 21 = 273.89$cm $= 2.74$m
　　　桁行（北、南）　$1.5925 \times 8.19 \times 21 = 273.89$cm $= 2.74$m

ウ）壁量充足率と壁率比　壁量充足率を求めると、表7・4のようになる。壁量充足率がいずれも1を超えるので、壁率比の検討は必要ない。

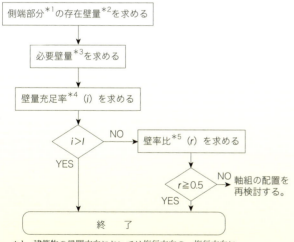

表7・4　壁量充足率の計算

側端部分		壁量充足率
階	方　向	
1階	梁間（西）	$9.555 \div 5.74 = 1.66$
	梁間（東）	$12.285 \div 5.74 = 2.14$
	桁行（北）	$9.1 \div 5.74 = 1.58$
	桁行（南）	$9.1 \div 5.74 = 1.58$
2階	梁間（西、東）	$9.1 \div 2.74 = 3.32$
	桁行（北、南）	$6.825 \div 2.74 = 2.49$

*1　建築物の梁間方向においては桁行方向の、桁行方向においては梁間方向の両端からそれぞれ1/4の部分
*2　側端部分の軸組長さに令46条4項表1の数値を乗じた値
*3　側端部分の床面積に令46条4項表2の数値を乗じた値
*4　存在壁量を必要壁量で除した値
*5　各階の梁間方向と桁行方向のそれぞれについて、壁量充足率の小さい方を大きい方で除した値

図7・9　側端部分の軸組の検討

7·2 鉄筋コンクリート6階建事務所

図7·10に示す条件の敷地に建つ、鉄筋コンクリート増6階建の事務所について、前節と同様に（　）内を埋めながら、構造強度に関する部分を除いて、法令の規定を満足しているかどうかを確認してみよう。解答は、右ページ（下線部）である。

１ 集団規定関連事項

1）用途地域と建築物の用途（法48条、法別表第2）

用途地域は（　）なので、この建築物の用途である（　）は建築できる。

2）道路（法42条）

道路の種類は（　）で、幅員は（　）mなので、法42条1項の規定を満足している。また、敷地の接道は（　）mであり、（　）m以上という接道義務を満足している。

3）容積率と建ぺい率（法52条、法53条）

敷地面積は（　）m²、1階床面積は（　）m²、基準階（2～6階）床面積は（　）m²、塔屋床面積は（　）m²、延べ面積は（　）m²、そのうち容積算定床面積は（　）m²、建築面積は（　）m²となる。従って、容積率は（　）％、建ぺい率は（　）％になる。

ここで、指定容積率は（　）％、道路幅員による容積率の限度は（　）％なので、満足すべき容積率は（　）％になる。また、建ぺい率の限度は（　）％である。従って、この建築物は、容積率、建ぺい率とも規制を満足している。

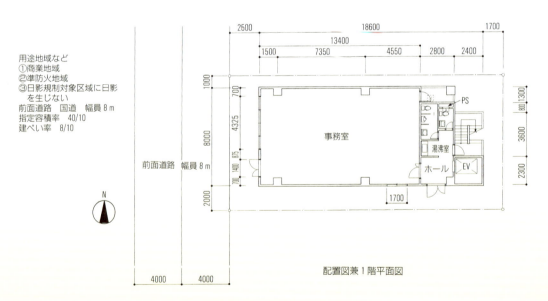

図7·10　配置図兼1階平面図と敷地の条件

1 集団規定関連事項（解説）

1）用途地域と建築物の用途（法 48 条、法別表第 2）

用途地域は<u>商業地域</u>なので、この建築物の用途である<u>事務所</u>は建築できる。

2）道路（法 42 条）

道路の種類は<u>国道</u>（道路法による道路）で、幅員は<u>8m</u>なので、法 42 条 1 項の規定を満足している。また、敷地の接道は<u>11m</u>であり、<u>2m</u>以上という接道義務を満足している。なお、建築物の規模などにより、接道長さの制限が、条例で付加される場合があるので注意を要する。

3）容積率と建ぺい率（法 52 条、法 53 条）

敷地面積は 11m×22.8m＝<u>250.8m²</u>である。床面積については、図 7・11 のように計算すればよい。結果は、1 階床面積は<u>131.48m²</u>、基準階床面積は<u>131.48m²</u>、塔屋床面積は<u>11.96m²</u>、延べ面積は<u>800.84</u>m² となる。エレベーターの昇降路の床面積は 1 階から 6 階まで不算入となるので、容積算定床面積は<u>767.72</u>m² になる。図 7・11 より、建築面積は<u>143.76m²</u>となる。従って、容積率は延べ面積を敷地面積で除して<u>306.11</u>％、建ぺい率は、建築面積を敷地面積で除して<u>57.32</u>％になる。

ここで、指定容積率は 40/10＝4→<u>400</u>％、道路幅員による容積率の限度は、道路幅員に 6/10 を乗じて 8×6/10＝4.8→<u>480</u>％になる。満足すべき容積率は、指定容積率と道路幅員による容積率の限度のうち小さい方の数値になるので、<u>400</u>％になる。また、建ぺい率の限度は、用途地域が商業地域で、敷地が角地でなく、建築物が「防火地域内の耐火建築物」ではないので<u>80</u>％である。従って、この建築物は、容積率、建ぺい率とも規制を満足している。

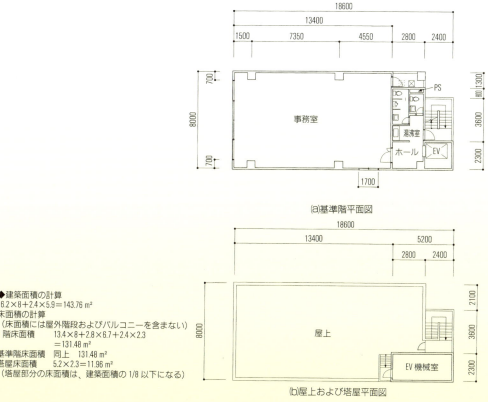

図 7・11　建築面積と床面積の計算

4）道路斜線制限（法56条1項、法別表第3）

　法別表第3第1項より、商業地域で容積率の限度が（　）％なので、適用距離は（　）m、斜線勾配は（　）になる。また、建築物のセットバック距離は（　）mである。従って、図7・12により、この建築物は規制を満足している。

5）隣地斜線制限（法56条2項）

　商業地域で建築物の高さが（　）mなので、明らかに隣地斜線制限の検討は不要である。

6）日影規制（法56条の2、法別表第4）

　法別表第4(い)欄により、日影規制の対象建築物にならない。

7）準防火地域の規制（法61条、令136条の2）

　準防火地域において、延べ面積が（　）m²、階数が（　）なので、（　）建築物にしなければならないが、この建築物はこれを満足している。

2 単体規定関連事項

1）居室の換気、石綿・化学物質の飛散・発散に対する措置（法28条、法28条の2）

　1階事務室の換気上有効な開口部面積は（　）m²、基準階の事務室の換気上有効な開口部面積は（　）m²で、表7・5に示すように、いずれも各居室の床面積の（　）以上を満足している。なお、法28条の2に基づき、居室の建築材料の使用制限と換気設備の設置は義務付けられて（　）。

2）居室の天井高（令21条）

　事務室の天井高はすべて令21条の（　）m以上を満足している。

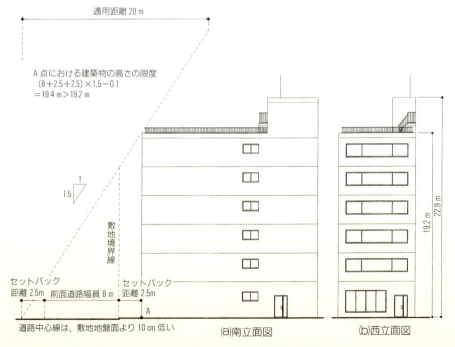

図7・12　立面図および道路斜線制限の検討

4）道路斜線制限（法 56 条 1 項、法別表第 3）

　法別表第 3 第 1 項より、商業地域で容積率の限度が <u>400</u>％なので、適用距離は <u>20</u>m、斜線勾配は <u>1.5</u> になる。また、建築物のセットバック距離は <u>2.5</u>m である。従って、図 7・12 により、この建築物は規制を満足している。

5）隣地斜線制限（法 56 条 2 項）

　商業地域で建築物の高さが <u>19.2</u>m なので、明らかに隣地斜線制限の検討は不要である。

6）日影規制（法 56 条の 2、法別表第 4）

　敷地の条件（図 7・10）より、商業地域で日影規制の対象区域に日影を生じないので、対象建築物にならない。

7）準防火地域の規制（法 61 条、令 136 条の 2）

　準防火地域において、延べ面積が <u>800.84</u>m²、階数が <u>6</u> なので、<u>耐火</u>建築物（または同等以上の延焼防止性能を有する建築物）にしなければならない。この建築物は主要構造部が耐火構造で、延焼のおそれのある部分に防火戸を設けている。

2 単体規定関連事項（解説）

1）居室の換気、石綿・化学物質の飛散・発散に対する措置（法 28 条、法 28 条の 2）

　引違い窓の場合、実開口面積の 1/2 を換気上有効とする。図 7・13 に示すように、1 階事務室の換気上有効な開口部面積は <u>5.82</u>m²、基準階の事務室の換気上有効な開口部面積は <u>5.47</u>m² で、表 7・5 に示すように、いずれも各居室の床面積の <u>1/20</u> 以上を満足している。なお、法 28 条の 2 に基づき、居室の建築材料の使用制限と換気設備の設置は義務づけられて<u>いる</u>。

2）居室の天井高（令 21 条）

　図 7・17 より、1 階の事務室の天井高は 2.8m、2～6 階の事務室の天井高はすべて 2.6m であり、令 21 条の <u>2.1</u>m 以上を満足している。

表 7・5　有効換気面積

室	床面積 (m²)	$A \times 1/20$ (m²)	有効換気面積 V (m²)
1 階 事 務 室	107.20	5.36	5.82
基準階事務室	107.20	5.36	5.47

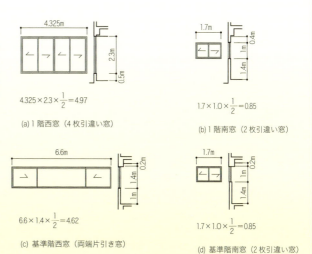

図 7・13　換気上有効な開口部面積の計算

3）無窓居室の有無

令116条の2に該当する避難施設等（避難と防災設備）に関する無窓居室は（　　）。

4）階段の設置と構造（令23条、令120条〜令123条）

居室各部から直通階段までの距離は、明らかに令120条を満足している（図7・16）。6階建なので、令121条1項五号イにより、原則として2以上の直通階段を必要とするが、避難上有効な（　　）、および（　　）避難階段を有するので、直通階段は一つでよい。この階段は、屋外避難階段の条件である、階段の幅が（　　）cm以上、出入口以外の一般開口部から（　　）m以上の距離に設けるという条件も満足している。階段の各部寸法は、令23条の表の（　　）項に該当し、けあげは（　　）cm以下、踏面は（　　）cm以上を満足している。

5）廊下の幅（令119条）

各階の居室の床面積の合計がそれぞれ（　　）m²以下なので、令119条による規制はない。

6）敷地内通路（令128条）

この建築物の周囲の空きは、令128条による屋外避難階段から道に達する（　　）m以上の敷地内通路の設置義務を満足している。

7）防火区画（令112条）

令112条により、耐火建築物で延べ面積が（　　）m²以下なので、（　　）区画については考慮しなくてもよい。エレベーターには（　　）、パイプスペースには（　　）が設けられているので、（　　）区画についての規制を満足している。異種用途区画については考慮しなくてよい。

表7・6　無窓居室の検討

室	床面積 A (m²)	$A \times 1/20$ (m²)	有効採光面積 L (m²)	$A \times 1/50$ (m²)	有効排煙面積 S (m²)
1階事務室	107.20	5.36	9.95×3 + 1.7 + 0.11 = 30.04	2.144	1.73 + 0.42 + 0.34 = 2.49
2階事務室			9.24×3 + 1.7×0.4 = 28.4		0.51 + 1.98 = 2.49
3階事務室			9.24×3 + 1.7×0.79 = 29.06		
4階事務室			9.24×3 + 1.7×1.5 = 30.27		
5、6階事務室			9.24×3 + 1.7×3 = 32.82		

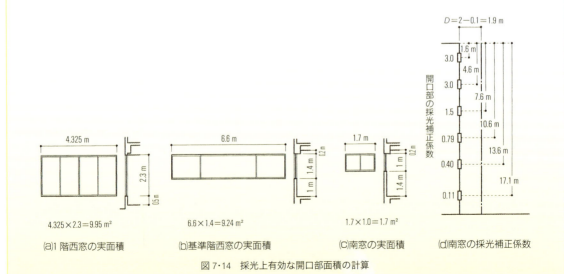

(a) 1階西窓の実面積　　(b) 基準階西窓の実面積　　(c) 南窓の実面積　　(d) 南窓の採光補正係数

図7・14　採光上有効な開口部面積の計算

3）無窓居室の有無

令116条の2に該当する避難施設等に関する無窓居室は**ない**（図7・14、図7・15、表7・6）。

4）階段の設置と構造（令23条、令120条～令123条）

居室各部から直通階段までの距離は、明らかに令120条を満足している（図7・16）。6階建なので、令121条1項五号イにより、原則として2以上の直通階段を必要とするが、避難上有効な**バルコニー**、および**屋外**避難階段を有するので、直通階段は一つでよい。この階段は、屋外避難階段の条件である、階段の幅が90cm以上、出入口以外の一般開口部から2m以上の距離に設けるという条件も満足している。なお、避難上有効なバルコニーは、その一方に有効幅75cm以上の通路が必要である。階段の各部寸法は、令23条の表の4項に該当し、けあげは22cm以下、踏面は21cm以上を満足している。

5）廊下の幅（令119条）

各階の居室の床面積の合計がそれぞれ200m²以下なので、令119条による規制はない。

6）敷地内通路（令128条）

図7・10に示すように、建築物の東側と南側の空きが、令128条による屋外避難階段から道に達する1.5m以上の敷地内通路を満足している。

7）防火区画（令112条）

耐火建築物で延べ面積が1500m²以下なので、**面積**区画については考慮しなくてもよい。エレベーターには**特定防火設備**、パイプスペースには**防火設備**が設けられているので、**竪穴**区画についての規制を満足している（図7・18）。異種用途（令112条18項）に該当する部分はない。

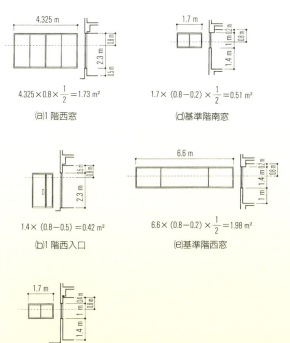

図7・15　排煙上有効な開口部面積の計算

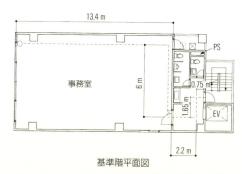

基準階平面図

事務室内の避難経路は、室の使用状態を考慮して矩折れとする。
13.4 + 6.0 + 2.2 + 1.65 + 0.75 = 24 m < 60 m

図7・16　直通階段までの距離

8) 排煙設備（令126条の2）

令126条の2により、階数が（　）以上で、延べ面積が（　）m² を超えているので、原則として排煙設備が必要である。しかし、建築物の高さが31m以下で、居室内において仕上を（　）材料とした防煙垂れ壁や間仕切壁により、（　）m² 以内ごとに区画されているので、排煙設備は不要である（図7・18）。

9) 非常用照明（令126条の4）

令126条の4により、階数が（　）以上で、延べ面積が（　）m² を超えているので、居室および廊下に非常用の照明設備を設けなければならない。

10) 非常用の進入口（令126条の6）

この建築物の（　）階以上の階の道に面する外壁面に、幅（　）cm以上、高さ（　）m以上の開口部があるので、非常用の進入口は不要である。

11) 内装制限（令128条の4、令128条の5）

令128条の4により、階数が（　）以上で、延べ面積が（　）m² を超えているので、内装制限を受ける。このとき令128条の5第4項により、居室の壁（床面から1.2m以下を除く）と天井は（　）材料とし、廊下の壁と天井は（　）材料としなければならない。ただし、排煙設備を設けないので、居室の壁と天井の仕上げを（　）材料とする。湯沸室も廊下と同じ内装制限を受ける。

12) 避雷設備（法33条）

建築物の高さは（　）mで、（　）mを超えているので、避雷設備が必要である。

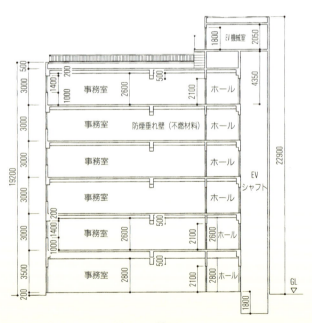

図7・17　断面図

8）排煙設備（令126条の2）

令126条の2により、階数が3以上で、延べ面積が500m²を超えているので、原則として排煙設備が必要である。しかし、建築物の高さが31m以下で、居室内において仕上を不燃材料とした防煙垂れ壁や間仕切壁により、100m²以内ごとに区画されているので、排煙設備は不要である（図7・18）。

9）非常用照明（令126条の4）

令126条の4により、階数が3以上で、延べ面積が500m²を超えているので、居室および廊下に非常用の照明設備を設けなければならない。

10）非常用の進入口（令126条の6）

この建築物の3階以上の階の道に面する外壁面に、幅75cm以上、高さ1.2m以上の開口部があり、建築物の間口が8mなので、10m以内ごとに設けられていることになる。従って、令126条の6二号により非常用の進入口は不要である。

11）内装制限（令128条の4、令128条の5）

令128条の4により、階数が3以上で、延べ面積が500m²を超えているので、内装制限を受ける。このとき令128条の5第4項により、居室の壁（床面から1.2m以下を除く）と天井は難燃材料とし、廊下の壁と天井は準不燃材料としなければならない。ただし、排煙設備を設けないでいいように、100m²以内ごとに防煙区画としたので、居室の仕上げを不燃材料としなければならない。湯沸室は火を使用するので、廊下と同じ内装制限を受ける。

12）避雷設備（法33条）

塔屋を含む建築物の高さは22.9mで、20mを超えているので、避雷設備が必要である。

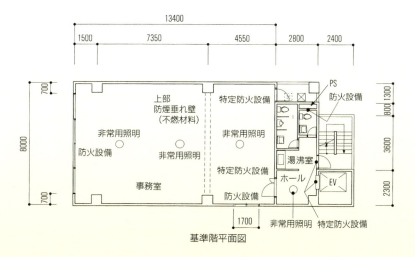

図7・18　防火区画、排煙区画などの検討

索 引

【あ】

項目	ページ
異種用途区画	75
イ準耐	28
以上・以下	15
位置指定道路	94
一団地認定の制度	125
一人協定	128
一般建設業	166
移転	31
飲料水設備	90
請負契約	167
エスカレーター	92
エレベーター	92
エレベーター強度検証法	92
延焼のおそれのある部分	21
屋外火災保有耐火時間	28
屋外消火栓設備	157
屋外避難階段	83
屋上広場	84
屋内火災保有耐火時間	28
屋内消火栓設備	156
屋内避難階段	82
踊場	51
汚物処理性能	91
及び	15

【か】

項目	ページ
階数	38
階段	51
改築	31
開発許可	153
開発行為	152
階避難安全検証法	88
界壁	50
火気使用室	78
確認	130
確認検査員	32
確認申請書	130
確認済証	132
火災の継続時間	28
瑕疵担保責任	160
仮設建築物	137
型式適合認定	135
型式部材等	136
火熱遮断壁等	70
可燃物燃焼温度	23
かぶり厚さ	64
壁率比	179
壁量	57
壁量充足率	179
臥梁	58,60
簡易な構造の建築物	137
換気設備に関する性能基準	45
監理技術者	168
完了検査	142
完了検査済証	142
機械換気設備	45
既存不適格建築物	137
北側斜線制限	116
行政代執行	145
許可	134
居室	19
許容応力度等計算	53,67
けあげ	51
計画道路	106
景観地区	100
傾斜路	52
限界耐力計算	53,66
建設業	166
建設業法	166
建設工事	166
建築	31
建築基準関係規定	130
建築基準法	14
建築基準法施行規則	14
建築基準法施行令	14
建築協定	128
建築工事届	140
建築士	164
建築士事務所	165
建築士法	164
建築主事	32
建築審査会	33
建築設備	19
建築物	18
建築物移動等円滑化基準	158,159
建築物移動等円滑化誘導基準	158,159
建築物除却届	140
建築物特定施設	158,159
建築物の高さ	37
建築面積	34
建ぺい率	108
公開空地	125
公開による聴聞	135
公共用歩廊	97
工作物	20
工事監理	165
剛性率	67
高層階区画	75
構造計算適合性判定	132
高層住居誘導地区	99,105
構造設計一級建築士	164
構造耐力上主要な部分	54
高度地区	99
高度利用地区	99
超える・未満	15
国土交通省告示	14
固定荷重	68
この限りでない	16

【さ】

項目	ページ
採光関係比率	42
採光補正係数	41
市街化区域	98
市街化調整区域	98
敷地内通路	87
敷地面積	34
軸組	56
地震層せん断力係数	69
地震力	69
自然換気設備	44
シックハウス症候群	47
実体規定	15
指定確認検査機関	32
指定構造計算適合性判定機関	132
指定住宅紛争処理機関	161
指定容積率	103
私道	97
屎尿浄化槽	91

地盤面	38,40	組積造	58	道路斜線制限	111
遮炎性	23	存在壁量	179	道路幅員	94
遮炎性能	30	損傷限界固有周期	66	特殊建築物	19
遮音性能	50	損傷限界耐力	66	特定街区	99
遮熱性	23	損傷限界変位	66	特定既存耐震不適格建築物	162
住宅性能評価書	161			特定行政庁	33
集団規定	15			特定建設業	166
主任技術者	168	【た】		特定建築物	65,158,162
主要構造部	21	第一種特定工作物	152	特定工程	141
準遮炎性能	30	耐火建築物	26	特定主要構造部	26
準耐火建築物	28	耐火構造	23	特定天井	53,67
準耐火構造	24	耐火性能	23	特定道路	105
準耐火性能	24	耐火性能検証法	27	特定避難時間	74
準地下街	155	大規模の修繕	31	特定防火設備	30
準都市計画区域	150	大規模の模様替	31	特定防火対象物	155
準不燃材料	26	耐久性等関係規定	53	特定用途制限地域	99
準防火性能	71	耐震改修促進法	162	特地用途誘導地区	103
準防火地域	123	第二種特定工作物	152	特別避難階段	83
準用工作物	20	耐力壁	59,64	特別用途地区	99
準用する	16	多雪区域	68	特例許可	135
消防法	154	ただし書	15	特例敷地	107
新築	31	竪穴区画	75	特例容積率	107
		単体規定	15	特例容積率適用地区	106
垂直積雪量	68			都市計画区域	150
スプリンクラー設備	157	地階	38	都市計画法	150
スプロール現象	152	地下街	155		
		地区計画等	127		
性能規定化	11	地区整備計画	127	【な】	
積載荷重	68	中央管理室	46	内装制限	78
積雪荷重	68	中央管理方式の空気調和設備	45	並びに	15
積雪単位重量	68	中間検査	141	難燃材料	26
石綿	47	中間検査合格証	141		
是正命令	145	超高層建築物	53	2項道路	95
設計	165	直通階段	81	二方向避難	80
絶対高さの制限	110			日本住宅性能表示基準	160
接道義務	96	定期報告	140	認可	135
接道長さ	96	適用距離	111	認証形式部材等製造者	136
セットバック	112	適用容積率	111	認定	135
設備設計一級建築士	164	手すり	52		
全館避難安全検証法	88	鉄筋コンクリート造	62	軒の高さ	37
前面道路幅員	103	鉄骨造	61	延べ面積	36
		手続き規定	15		
層間変形角	65	天空率	113		
総合設計制度	125	天井の高さ	49	【は】	
総合的設計による一団地の建築物	125	伝統的建造物群保存地区	136	排煙口	85
増築	31	添付図書	130	排煙設備	84
遡及適用	157			配管設備	89
側端部分	57	道路	94	排水設備	90
速度圧	68	登録住宅性能評価機関	160	罰則	146

バリアフリー法	158	無窓階	156
日影規制	119	面積区画	75
非常用エレベーター	86		
非常用の照明設備	85	木造	54
非常用の進入口	85	木造建築物等	71
非損傷性	23	若しくは	16
必要軸組長さ	56		
避難階	81		
避難階段	82		
評価方法基準	160	【や】	
避雷設備	92	有効換気面積	44
品確法	160	有効採光面積	41
		床の高さ	49
風圧力	68	床面積	35
風致地区	100		
風力係数	69	要安全確認計画記載建築物	162
複合用途防火対象物	154	容積率	103
不燃材料	25	用途地域	98
不燃性能	25	用途変更	131
踏面	51		
フラッシュオーバー	78		
		【ら】	
平均地盤面	38, 120	立体道路制度	97
壁面線	97	隣地斜線制限	114
壁面の位置の制限	127		
偏心率	67	冷却塔設備	91
		連結散水設備	157
防煙壁	85	連結送水管	157
防火区画	75	連担建築物制度	126
防火区画検証法	30		
防火構造	25	廊下の幅	80
防火性能	25	ロ準耐一号	29
防火設備	29	ロ準耐二号	29
防火対象物	154		
防火地域	122		
防火壁	72		
法22条区域	70		
補強コンクリートブロック造	59		
歩行距離	81		
保有水平耐力	65		
保有水平耐力計算	53, 65		
本文	15		
【ま】			
又は	16		
見付面積	56		

〈建築のテキスト〉編集委員会

● 編集委員長
　前田　幸夫　（大阪府立西野田工業高等学校）

● 編集委員
　上田　正三　（大阪府立東住吉工業高等学校）
　大西　正宜　（大阪府立今宮工業高等学校）
　岡本　展好　（大阪市立第二工芸高等学校）
　神野　茂　　（大阪府立西野田工業高等学校）
　辻尾　育功　（大阪府立今宮工業高等学校）
　内藤　康男　（兵庫県立東播工業高等学校）
　丸山　正巳　（奈良県立吉野高等学校）
　吉井　淳　　（岡山県立水島工業高等学校）

● 執筆者
　大西　正宜　（大阪府立今宮工業高等学校）
　奥居　久人　（大阪府立今宮工業高等学校）
　佐久間英謙　（大阪府立布施工業高等学校）
　中津　義智　（兵庫県立神戸工業高等学校）
　山岡　徹　　（堺市立工業高等学校）
　油淺　保雄　（兵庫県立兵庫工業高等学校）

（上記の所属校は 2000 年当時のものである）

本書は『初めての建築法規』の改訂版です。
2000年11月20日　第1版第1刷　発行
2003年10月20日　第2版第1刷　発行
2005年　1月20日　第3版第1刷　発行
2006年　2月20日　第4版第1刷　発行
2007年　3月20日　第5版第1刷　発行
2008年　3月20日　第6版第1刷　発行
2009年　2月20日　第7版第1刷　発行
2011年　2月20日　第8版第1刷　発行

[改訂版]　初めての建築法規

2015 年 11 月 10 日　第 1 版第 1 刷発行
2017 年 2 月 20 日　第 2 版第 1 刷発行
2018 年 3 月 20 日　第 3 版第 1 刷発行
2019 年 3 月 20 日　第 4 版第 1 刷発行
2020 年 3 月 20 日　第 5 版第 1 刷発行
2021 年 2 月 20 日　第 6 版第 1 刷発行
2024 年 3 月 20 日　第 7 版第 1 刷発行
2025 年 3 月 20 日　第 8 版第 1 刷発行

※第 8 版第 1 刷では、2025 年 1 月 1 日現在までの法改正を反映しています。

編　者　〈建築のテキスト〉編集委員会
発行者　井口夏実
発行所　株式会社　学芸出版社
　　　　京都市下京区木津屋橋通西洞院東入
　　　　〒600-8216　☎ 075-343-0811
　　　　http://www.gakugei-pub.jp/
　　　　E-mail：info@gakugei-pub.jp

イチダ写真製版／新生製本
装丁：KOTO DESIGN Inc. 山本剛史
イラスト：石田芳子

©〈建築のテキスト〉編集委員会 2000, 2015
Printed in Japan
ISBN978-4-7615-2611-5

JCOPY 〈(社)出版者著作権管理機構委託出版物〉
本書の無断複写（電子化を含む）は著作権法上での例外を除き禁じられています。複写される場合は、そのつど事前に、(社)出版者著作権管理機構（電話 03-5244-5088、FAX 03-5244-5089、e-mail: info@jcopy.or.jp）の許諾を得てください。
また本書を代行業者等の第三者に依頼してスキャンやデジタル化することは、たとえ個人や家庭内での利用でも著作権法違反です。

好評既刊

今村仁美・田中美都 著
改訂版 図説 やさしい建築法規

B5変・232頁（2色176頁）・定価 本体3200円+税

2019年6月施行の建築基準法（防火・準防火地域、大規模木造建築物、防火区画等）への対応に加え、関連法規として新たに建築物省エネ法を収録。2色刷の明解な文章と豊富なイラスト図解で、年々複雑になる建築基準法や関連法規の要点も一目瞭然！建築士受験対策にも最適と評判の累計3万部のベストセラー、待望の改訂版。

小嶋和平 著
図説 建築法規

B5変・208頁・定価 本体2800円+税

建築を仕事にするうえで欠かせない建築基準法と関連法令を学ぶ、初学者のための入門書。著者の長年の講義経験に基づき、主に建築基準法の条項の順に項目を並べ、関連する法令の条番号を丁寧に示し、数多くの図表を使ってわかりやすく解説しており、実践的な知識を身につけることができる。一級建築士試験対応の練習問題付き。

福田健策・渡邊亮一 著
専門士課程 建築法規

B5・208頁・定価 本体2800円+税

本書は、二級建築士受験を目指す専門学校の学生に向けて編集されたテキストである。左ページに解説、右ページに図版という、わかりやすく、簡潔な構成で、馴染みやすくした。また、各章末には、演習問題を掲載し、その解答を巻末に記載して、学習への意欲に配慮した。

小嶋和平 著
図解 これだけでわかる 建築基準法

B5・176頁・定価 本体2800円+税

建築を仕事にするなら避けては通れない建築基準法。難解な条文の中から、仕事に必要な最低限の知識を、読みやすい文章と多数の写真・図版でわかりやすく解説。重要ポイントや関連する条文、重要語句が一目でわかるようにシンプルに色分けされているので、法令を読む手引きとして、一級建築士試験のための入門書として最適。

武藏靖毅 著
第二版〈二級建築士受験〉5日でわかる法規計算

A5・144頁・定価 本体1900円+税

試験ではほぼ毎年出題される法規分野の計算問題を、5章6単元でまとめた受験対策本。過去問題の難易度にあわせて、ポイントアップ→演習問題→レベルアップという流れで、スムーズに理解できるよう工夫。苦手で食わず嫌い、分厚い参考書は敬遠したい、そんな受験生でも合格圏へ進むための1冊。最新問題を追加した全面改訂版。

坂和章平 著
まちづくりの法律がわかる本

A5・192頁・定価 本体2500円+税

都市計画法だけを読んでも、まちづくりの法律はわからない！複雑・膨大な法体系に横串を通し、要点だけをわかりやすく解説。また、戦後の復興期から人口減少時代の現在まで、時代的・政治的背景も含めて読みとくことで、なぜ、どういう経緯で今の法体系になっているのか、実際のまちづくりにどう活かせるのかがわかる1冊。

全日本建築士会 監修　建築資格試験研究会 編
二級建築士試験 出題キーワード別問題集

A5・548頁・定価 本体3000円+税

確実な実力アップをサポートする二級建築士学科試験の解説付き過去問集。これまでの出題傾向を徹底分析、過去7年分の問題を出題キーワード別に収録し、そのすべてに解法・ポイントを的確に解説した。さらに巻頭には出題頻度や傾向が一目でわかる一覧表を掲載。苦手分野の集中学習にも役立つ。効率的な試験対策で合格を目指そう！

建築資格試験研究会 編著
スタンダード 二級建築士

A5・448頁・定価 本体3200円+税

学科試験4科目の復習と整理、過去問3年分がこの1冊でできる、建築士受験の王道をいく定番テキスト。過去の出題や新傾向の難問を吟味し、出題された重要語句や内容すべてが基本に戻って学べるよう、初歩から丁寧に解説し、理解力UPをはかる。2色刷でポイントがよくわかり、解答は切り離し可能で学習しやすい！

神無修二+最端製図.com 著
二級建築士 はじめの一歩 学科対策テキスト

A5・220頁・定価 本体2200円+税

96項目の見開き構成で簡潔にわかりやすくポイント解説。イラストを多数用い、身近な話題に引き寄せて理解しやすくまとめた、楽しく学べる受験書。初めて建築を勉強する人はもちろん、ポケットブックとして常にチェックできる内容で試験対策も万全。幅広く建築を勉強する前に、まずはおさえておきたい建築士試験の基本知識。

大西正宜 改訂監修　中井多喜雄・石田芳子 著
改訂版 イラストでわかる二級建築士用語集

A5・336頁・定価 本体3000円+税

イラストでイメージできて覚えやすい。平易で便利な初学者のための用語集。二級建築士受験に不可欠な2千語を厳選し、学科別にテーマをしぼり見開き解説、用語の全てにルビを付した。巻末の索引利用で、手軽な建築用語事典としても活用でき、現場でも役立つ。初版から20年余のロングセラーを最新の法令、事例に準拠して刷新。